서울리뷰오브북스

Seoul Review of Books

KB194463

편집실에서

일곱 권째 《서울리뷰오브북스》를 내면서 일곱 번째 특집을 묶는다. 이번 호 특집은 '계보의 계보'다. 기원이며 탄생이며 계보 같은 어휘가 유행하기 시작한 지 20여 년, 낯선 과거를 발굴함으로써 현재를 성찰한다는 발상은 꽤 익숙해졌다. 근대를 특권화하거나 때로 신기 취미에 영합하는 폐가 없지 않았겠으나, '잊어버린 과거'가 엄연한 상황에서 그것은 일종의 기억술로서의 가치를 확보해 왔다.

우리는 자꾸 잊는다. 사물이든 제도든 욕망이든 익숙해지면 당연해진다. 십수 년 전만 해도 상상 밖이었던 오늘날의 상황과 의제—예컨대 AI며 코로나19며 기본소득 같은 문제와 씨름하다 보면 어쩔 수 없는 일인지도 모른다. 한국의 근현대 경험이 두터워진 만큼 현재에 이른 내력을 기억하기는 점점 어려워진다. 그럼에도 미래를 모색하기 위해서는 당연히 지금까지 걸어온 길, 또 가지 않았던 길에 대한 토의가 필요하다.

특집 '계보의 계보'에서는 근현대의 '잊어버린 과거'를 복원하려 한 최근 책들을 대상으로 서평 다섯 편을 실었다. 한반도 안과 밖에서 미술시장의 형성과 그 영향을 살핀 『미술시장의 탄생』, 『시장미술의 탄생』, 경제 정책의 역사에서 1950년대를 부각시킨 『한국 경제의 설계자들』, 개발국가 시절의 정책·기술 인력을 조명한 『뮌헨에서 시작된 대한민국의 기적』, 『전길남, 연결의 탄생』, 1960-1970년대 편에 이어 1980-1990년대 편을 보탠 『한국 팝의 고고학』 증보판, 그리고 최근 반중주의를 비판해 화제가 된 『짱깨주의의 탄생』이 서평 대상의 목록이다.

다행히 예술과 대중문화, 경제 정책과 과학기술, 타자 인식과 대외 관계 등 여러 분야의 책을 골고루 다룰 수 있었다. 이들 책을 읽다 보면 과거가 가깝게 다가들고 현재가 의문스러워 보인다. 필자 중 한 분의 말마따나 '현미경으로 과거를 보고 망원경으로 현재를 보는' 느낌이다. 서평자들께서는 저자들의 땀에 경복하고 그 용기에 찬탄하면서도 날카로운 이의 제기를 망설이지 않았다. 흥미진진하다.

특집 외 서평을 묶은 '리뷰'로는 다섯 편을 실었다. 지난 6호에 예고한 대로 '조선판 마르탱 게르' 유유의 귀향 사건을 다룬 책 두 권에 대한 서평이 첫머리에 온다. 그 밖에 인공지능 개발에서 딥러닝 편중의 획일주의를 우려한 『2029 기계가 멈추는 날』, 이미지의 역사를 개척한 바르부르크를 깊이 조명한 『잔존하는 이미지』, 명왕성을 왜소행성으로 규정한 국제천문협회 결정에 반발하는 Welcome Back, Pluto, 일본 내 철학 교양의 사례를 보여 주는 『중동태의 세계』를 차례대로 소개·논의했다. 역시 논쟁적인 글이 많아 일독의 흥미가 더하다.

'리뷰 밖의 리뷰', 즉 제2호부터 시작된 '이마고 문디'나 제3호부터 시작된 '디자인 리뷰'와 제4호부터 시작된 '북&메이커'도 이제 자리를 잡아간다는 생각이다. 책뿐 아니라 이미지를 읽고, 글자뿐 아니라 책의 물성과 환경에 대해 생각하는 경험이 쌓이면서 텍스트를 더 즐기고 사랑할 수 있게 되는 듯하다. 《서리북》 독자들께서도 그러시다면 좋겠다.

'문학'에서는 최제훈 작가의 「드림캐처」를 실을 수 있었다. 지난 호 김보영 작가의 단편에 이어 죽음과 애도의 문제를 생각하게 하는 소설이다. 죽음의 과정에마저 계층의 낙인은 선명하지만, 슬픔은 그 낙인에 오래 맞선다. 기억과 꿈을 잃어버린다면 과연 우리는 어떤 존재가 될까. 이정모·손민규 두 분의 에세이는 유쾌하고도 사려 깊게 마음의 근육을 2퍼센트 더 활성화시켜 준다. '책'을 소재로 이렇듯 다양한 대화를 주고받을 수 있다니. 《서리북》에서 문학 코너를 고집하는 보람을 느낀다.

창간준비호까지 포함하면 《서리북》을 내기 시작한 지 이번 호로써 2년째가 된다. 현 편집위원 체제로 약속했던 제1기의 절반이 훌쩍 넘은 셈이다. 감사해야 할 갖가지 인연으로 그동안을 지탱할 수 있었다. 이번 호부터는 독서플랫폼 그믐(www.gmeum.com)을 통해 《서리북》을 읽는 온라인 독서 모임도 시작할 예정이다. 제1기 이후를 준비하면서 필진을 확충하고 판형을 바꿀 의논도 시동 중이다.

각종 새로운 미디어의 가치를 부정할 수 없겠지만, 공들여 읽고 오래 생각하는 습관이 사라지고 있다는 걸 생각하면 바짝 정신이 든다. 나 자신 점점 '읽는 인간'보다 '보는 인간'에 가까워지고 있어 더 그렇다. 너무나 많은 정보와 취향 속에서 길을 잃었다가, 가깝고 익숙한 의견에 게으르게 기댔다가. 지금까지의 길을 돌이키고 다른 미래를 상상하기 위해서는 좀 더 찬찬히, 자유롭게 생각할 수 있어야 할 텐데. 《서리북》의 독자들께선 부디 그러실 수 있길 바란다.

편집위원 권보드래

"내가 읽는 이 전기의 원형을 만든 사람은 누구인가?
이 전기는 위인에 대한 특정한 이미지와 영웅 서사를 만들고 있는가?"
▼ 40쪽, 홍성욱 「인물을 통해 찾는 우리나라 기술 발전의 계보」

"'비판적 중국학'의 과제는 무엇인가"

▼ 50쪽, 하남석 「비판적 중국 연구를 고민하다—『짱깨주의의 탄생』이 남긴 것들」

"이 책이 다루는 핵심 문제는
경제 정책이 '어떻게' 형성되어 왔는가이지
'누가' 만들었느냐가 아니다."
▼ 61쪽, 김두얼 「'긴 50년대'의 복권?」

"1960년대의 레스토랑은
2022년, 아트페어의 부스와 입장권으로
변화했다."

▼ 70쪽, 현시원 「미술과 시장은 어디에서 만나는가」

“우리에겐 케이팝이 전부가 아니다.”

▼ 88쪽, 김작가 「한국 대중음악의 통사를 다시 쓰다」

"정상성과 비정상성의 스펙트럼에서
당신은 어디쯤 서 있는가."
▼ 140쪽, 김영민 「진실은 사라졌는가」

"태초에 행위가 있었다."

▼ 146쪽, 김태진 「능동과 수동, 지배와 피지배를 넘어」

"이미지는 문명 이전의 근원적인 불안,
세계에 대한 감정 이입적 합일과 그로부터 거리를
취하는 반성이라는 양극성 사이에 존재한다."
▼ 159쪽, 김남시 「미술사를 뛰어넘는 이미지의 힘」

L'image
survivante

잔존하는 이미지:
바르부르크의 미술사와
유령의 시간

L'image survivante. Histoire de l'art
et temps des fantômes selon Aby Warburg

조르주 디디-위베르만 | 김병선 옮김

NOUVELLE VAGUE

NOUVELLE
VAGUE 8

8

새물결

“인공지능처럼 너무나 유행하는, 인기 있는 주제
주변에는 소위 ‘사짜’들이 판치게 마련이다.”

▼ 176쪽, 박진호「인공지능이 인간을 더 닮으려면?」

"행성에 인격을 부여하거나
사회·문화적 서사를 부여하는 것은
아주 즐겁고 멋진 일이지만,
그건 과학의 영역이 아니다."

▼ 191쪽, 심채경 「개념과 정의의 숨바꼭질—누가 명왕성을 사랑했나」

차례

일러두기

1. 《서울리뷰오브북스》에 수록된 서평은 직접 구매한
   도서로 작성하는 것을 원칙으로 합니다.

2. 《서울리뷰오브북스》에서 다루기 위해 선정된 도서와
   필자 사이에 이해 충돌이 발생하는 경우,
   주석에서 이를 밝히는 것을 원칙으로 합니다.

3. 단행본, 소설집, 시집, 논문집은 겹낫표『 』
   신문 및 잡지는 겹화살괄호《 》,
   단편소설, 논문,신문기사 제목은 홑낫표「 」,
   영화, 음악, 팟캐스트, 미술작품은 홑화살괄호〈 〉로
   묶어 표기했습니다.

4. 아직 한국에 번역 출간되지 않은 도서를 다룰 경우에는
   한국어로 번역한 가제와 원서 제목을 병기했습니다.

특집 리뷰
계보의 계보

서울리뷰오브북스
Seoul Review of Books

『뮌헨에서 시작된 대한민국의 기적: 한국 산업화의 설계자 김재관』,
홍하상 지음, 백년동안, 2022

『전길남, 연결의 탄생: 한국 인터넷의 개척자 전길남 이야기』,
구본권 지음, 김영사, 2022

인물을 통해 찾는 우리나라 기술 발전의 계보

홍성욱

서평의 대상이 된 두 책은 한국 산업기술사에 족적을 남긴 선구자에 대한 전기(傳記)다. 홍하상의『뮌헨에서 시작된 대한민국의 기적: 한국 산업화의 설계자 김재관』(이후『뮌헨에서』)은 KIST(한국과학기술연구소)와 상공부에서 한국 산업 정책의 큰 틀을 짠 김재관 박사에 대한 전기이며, 구본권의『전길남, 연결의 탄생: 한국 인터넷의 개척자 전길남 이야기』(이후『연결의 탄생』)는 한국에 인터넷을 도입해서 그 발전의 역사를 이끌어 온 전길남 박사에 대한 전기이다.

두 책은 김재관과 전길남이라는 걸출한 인물과 그 업적에 대해 충실하게 서술하고 있다. 지금 기준으로 봐도 김재관이나 전길남은 수재 중 수재에 속한 사람들이다. 1933년에 태어난 김재관은 6·25가 터지던 1950년에 서울대학교 기계공학과에 입학해서 대구와 부산에서 피난하면서 공부

청와대 수출진흥확대회의 직후 그달의 수출품으로 전시된 자동차 부품들에 대해 박정희 대통령에게 설명하고 있는 김재관.(1972)
(출처: 『뮌헨에서 시작된 대한민국의 기적』 176쪽, 백년동안 제공)

했고, 졸업한 뒤에 유학을 떠나 독일 뮌헨 공대에서 기계공학, 금속공학을
공부한 뒤에 박사학위를 받았다. 그는 1964년에 독일을 방문한 박정희 대
통령에게 자신이 만든 「한국의 철강공업 육성방안」이라는 보고서를 건네
주었고, 박정희는 이 보고서를 기억했다가 KIST를 세울 때 불러들였다.
KIST 연구원과 상공부 차관보를 하면서 김재관은 포항제철, 자동차산업,
그리고 더 넓게는 한국 중공업 육성의 정책적 밑그림을 그렸다. 1970년대
초엽에는 한국이 설계한 '고유 모델' 자동차를 만들어 내수는 물론 수출
까지 해야 한다는 정책을 제안했는데, 당시는 우리가 자전거도 잘 못 만들
던 시절이었다. 그렇지만 결국 그의 정책에 힘입어 현대의 '포니(Pony)' 자
동차가, 그리고 지금은 거대해진 한국의 자동차산업이 출발했다.

재일 교포로 1943년에 일본 오사카에서 태어난 전길남은 고등학생 때 난해하기로 악명 높은 러셀(Bertrand Russel)과 화이트헤드(Alfred N. Whitehead)의 『수학의 원리』를 읽을 정도로 뛰어난 학생이었고, 대학을 졸업한 뒤에 UCLA에서 컴퓨터 공학을 전공한 뒤에 1979년에 전자기술연구소가 해외 우수 인력을 초빙할 때 책임연구원으로 귀국했다. 그는 곧 KAIST로 자리를 옮겨 교수를 하면서 인터넷 같은 컴퓨터 네트워크의 연구와 교육 모두에서 큰 발자취를 남겼으며, 무엇보다 인터넷에 사용된 TCP/IP 프로토콜을 기반으로 1982년에 한국 최초의 (그리고 미국에 이어 세계 두 번째로) 컴퓨터 네트워크를 구축하는 데 성공했다. 이게 1982년에 있었던 일인데, 당시 유럽의 선진국은 물론 일본에도 이런 네트워크가 없었다. 한국에는 컴퓨터조차 많지 않았던 때였다. 정부는 전길남에게 국산 컴퓨터 개발 계획을 맡겼는데, 전길남은 컴퓨터 네트워크를 만들어 서울대-KAIST-전자기술연구소의 컴퓨터를 연결하고 이메일을 주고받고 있었다. 당시 정부 관료의 눈에 전길남은 나랏돈으로 쓸모없는 일을 하는 사람으로 비추어졌지만, 『연결의 탄생』은 그 덕분에 우리의 인터넷이 다른 나라보다 10년 일찍 출범했다고 강조한다.

『뮌헨에서』, 『연결의 탄생』은 각각 책 주인공의 삶과 업적을 감동적으로 그려 낸다. 독자는 1960-1970년대(김재관), 1980-1990년대(전길남)에 우리나라 산업 발전의 초석을 놓은 선구자들의 삶을 따라가 보면서, 이들이 살았던 시절의 어려움을 간접적으로 체험할 수 있다. 책을 읽다 보면 우리가 세계 10위권의 경제 대국에서 불볕더위를 무서워하지 않으면서 빵빵하게 에어컨을 틀고 사는 데에는 이런 선구자들의 헌신과 노력이 있었다는 사실을 새삼 다시 깨달을 수 있다. 독자가 이렇게 느낀다면 이것으로 책의 목표는 일정 정도 달성했으리라.

그런데 이런 감동 외에 『뮌헨에서』와 『연결의 탄생』은 어떤 주장을, 그것도 상당히 강한 주장을 담고 있다. 이 주장은 둘 다 '계보'와 연관이 있는데, 좀 꼼꼼하게 따져 볼 필요가 있다.

중공업의 계보

『뮌헨에서』는 1970년대 박정희 시대에 급속도로 추진된 한국 중화학공업의 설계자로 김재관과 그의 KIST 동료들을 꼽는다. 그 이전까지 중화학공업은 1973년 1월에 "중화학공업화"를 선언한 박정희의 의지가 관철된, 박정희를 대표하는 정책으로 평가되었다. 그리고 박정희 바로 옆에서 이를 추진한 인물로는 '중화학공업추진위원회 기획단' 단장을 지낸 오원철 제2경제수석이 꼽힌다. 각각의 산업 단위로 내려가면 포항제철의 '제철보국' 신화를 만든 박태준, 허허벌판 울산에 조선소를 지어 조선산업을 일으킨 정주영, 포니를 만들어 수출한 현대자동차의 정세영(이후 '포니 정'이라는 별명이 붙었다), 그리고 1980년대에 한국 반도체 신화를 이룩한 삼성의 이병철 등이 주역으로 꼽힌다. 그런데 『뮌헨에서』는 이 모든 사업의 중심에 김재관과 KIST 동료들이 있다고 주장한다. 중화학공업의 '대부'는 오원철이 아니라 김재관이며, 한국 공업화의 계보 역시 김재관으로부터 시작하는 것으로 다시 그려져야 한다는 주장이다.

조금 자세히 살펴보자. 포항제철은 종합제철소를 가져서 제철 강국을 이뤄야 한다는 이승만 대통령부터의 꿈이 박정희에 이르러 맺은 결실이다. 포항제철의 역사는 1950-1960년대의 열악한 철강 상황, 제철소 건설을 위한 해외 차관의 실패, 박정희의 대일 청구권 자금 투입 결심, 포항제철 사장으로 임명된 뒤에 공장 설립을 주야로 지휘한 박태준의 리더십이라는 '영웅 서사'를 따라 서술된다. 포항제철은 설립 7주년에 사사(社史)를

고유 모델 정책에 의해 제작된 현대 포니(1975).(출처: 현대자동차 홈페이지)

출판했을 정도로 역사 만들기에 관심이 컸는데, 이 역사의 대부분은 박정희-박태준 신화, 특히 박태준의 역할을 강고하게 구축한 것이었다. 박태준이 '실패하면 모두 우향우해서 영일만에 빠져 죽자'고 외치며 부하들을 채찍질했고, 군화를 신고 속칭 '조인트'를 까대면서 건설을 밀어붙였다는 얘기는 지금도 회자된다.

　박태준의 "우향우 정신"만큼 유명한 것이 현대 정주영 회장의 "하면 된다 정신"이다. 정주영은 1971년에 조선소 건립에 들어가는 돈을 빌리기 위해 찾은 영국 바클레이스 은행이 대출을 거절하자, 애플도어 조선소의 롱바텀(Charles Longbottom) 회장을 찾아 자신과 은행을 연결해 달라고 요청했다. 롱바텀이 이를 거절하자, (전설에 의하면) 정주영은 거북선이 그려진 500원짜리 지폐를 책상에 놓으면서 이미 몇백 년 전에 우리 조상은 이런 철갑선을 지었다, 한국인의 조선 실력을 믿어달라고 설득했다고 한다. 결국 롱바텀 회장은 그의 언변에 설득당했고, 정주영과 바클레이스 은행을 연결시켰다. 이후 정주영은 조선소와 배를 동시에 지을 수 있다면서 선주를 설득해서 계약을 따냈다. 실제로 현대조선중공업은 울산에 조선소를 지으면서 동시에 26만 톤짜리 유조선을 만들어 진수했다. 현대자동차의 포니로 상징되는 자동차산업에 대해서도 비슷한 신화가 여럿 있다.

『뮌헨에서』는 이런 신화 뒤에 김재관을 비롯한 KIST 연구원들의 치밀한 계산과 정책적 뒷받침이 있었음을 보여 준다. 1967-1970년 사이에 쟁쟁한 명성을 가진 국제 자문단이 제철소 건립안을 만들어서 세계은행에 차관을 신청했지만, 타당성이 없다고 거절당했었다. 또, 한일외교정상화(1965) 당시 약조받은 대일청구권 자금을 제철소 건설에 사용하기 위해서는 일본을 상대로 그 안이 타당하다는 사실을 설득해야 했는데, 이를 위해 철강에 대한 수요 조사부터 공장에 필요한 설비와 기계까지 모든 것을 다시 계산해야 했다. 김재관과 KIST 경제분석실장을 맡고 있던 윤여경이 밤을 새워 가면서 종합제철건설안을 만들었고, 과학적으로 타당한 이 안을 들고 한국은 일본과의 협상에서 우위를 점할 수 있었다. 돈을 확보한 뒤에 김재관이 포항제철의 용광로 설계와 공장 마스터플랜까지 작성했다고 『뮌헨에서』는 전한다.

조선산업은 김재관과 함께 중공업 개발의 계획을 짠 KIST 연구원 김훈철이 주로 담당했다. 김훈철은 한국이 30만 톤 이상의 배를 만들어야 하며, 이런 대형 선박을 위한 조선소를 지어야 한다고 주장했던 사람이다. 이런 주장은 당시에 정치인과 관료는 물론, KIST의 동료 연구원도 설득하기 힘든 '황당한' 것이었다. 그렇지만 그는 자기주장의 타당성을 지속적으로 설파했고, 애플도어사의 부사장을 지내는 제임스 티스데일(James Tisdale)을 한국으로 불러서 같이 술을 마시고 토론을 하면서 한국 조선산업의 미래 가능성을 설득했다. 티스데일은 한국과 애플도어의 롱바텀 회장과의 연결을 약속했고, 대신 애플도어의 부품을 수입할 것을 요구했다. 부품에 대한 협약이 끝나고, 조선산업이 당시 정부가 추진하던 '4대 핵공장 사업'(책에는 '4대 핵심공장'으로 기술되지만, 당시에는 주로 이렇게 불렸다)에 포함된 뒤에, 김훈철과 김재관은 청와대에서 박정희와 함께 정주영을 면담해서 현대가 조선산업에 뛰어드는 것을 약속받았다.

『뮌헨에서』는 김재관의 역할이 결정적이었던 분야로 자동차산업을 꼽는다. 김재관은 1970년부터 한국의 자동차산업이 고유 모델 자동차를 대량생산 하는 식으로 재편되어야 한다고 주장했다. 반대로, 당시 정부의 정책은 모델 자체에 크게 신경을 쓰지 않은 채로 부품들, 특히 자동차의 꽃이라고 할 수 있는 엔진과 섀시(차대)의 100퍼센트 국산화를 추진하고 있었다. 1973년 초에 김재관이 상공부의 중공업 차관보로 임명된 후에도, 청와대에서 중화학공업을 지휘하던 김재관의 상관 격인 오원철은 고유 모델 정책에 계속 반대했다. 『뮌헨에서』에 의하면 김재관은 박정희와의 독대를 성사시켜서, 자동차산업이 고유 모델을 개발하는 것으로 정책 전환을 이뤄야 한다고 그를 설득했다. 결국 김재관의 기획안에 설득된 박정희는 국산화 정책에서 고유 모델 정책으로 자동차 정책을 전면 바꾸었다. 이후 김재관은 정세영과 면담을 해서 현대가 고유 모델 자동차를 생산하면 정부 지원을 아끼지 않겠다고 약속했다. 외국에서 제작된 자동차 설계도면을 읽기도 힘들어 했던 현대자동차는 회사의 사운을 걸고 이 일에 뛰어들어, 1974년에 국제 모터쇼에서 포니를 선보이고 1976년에 포니를 출시하면서 수출 또한 시작했다.

『뮌헨에서』는 중화학공업 전체의 그림을 그리는 데에도 KIST와 김재관의 역할이 핵심적이었다고 주장한다. 1969년에 경질된 박충훈에 이어 부총리 겸 경제기획원 장관으로 임명된 김학렬은 중공업 발전 계획을 세우기 위해서 KIST에 그 임무를 맡겼다. 김재관과 미국 바텔연구소의 수석연구원 해리 최(Harry Choi, 최영화)가 이 일을 맡아서 「한국기계공업육성방안」 보고서를 작성해서 제출했는데, 이 보고서의 요지는 주물선 공장, 특수강 공장, 중기계 공장, 조선소라는 '4대 핵공장'을 짓는 것이었다. 포항제철과 비슷한 방식으로 정부가 주도해서 건설하는 4대 핵공장은 민간과 군수 산업을 다 포괄하는 것으로, 김학렬 경제팀의 중공업 진흥 기획의 요체였다.

『뮌헨에서』는 이미 건설되었던 포항제철에, 4대 핵공장, 그리고 김재관이 설계한 자동차산업을 더하면, 이것들이 1973년 초에 박정희가 선언한 중화학공업 추진 사업과 실제적인 차이가 없었다고 강조한다. 김학렬 부총리가 1972년에 49세의 나이로 요절하고, 김재관은 상공부 차관보에서 표준시험소 소장으로 자리를 옮긴 상태에서, 1974년 이후의 중화학공업은 오원철에 의해서 추진되었다. 그렇지만, 그 실질적인 내용은 상공부가 아니라 KIST와 경제기획원이 만들었다는 것이다. 책에는 김재관과 공동연구를 했던 해리 최가 오원철이 들고 온 서류를 면전에서 집어 던진 일화와 김학렬이 "상공부 놈들이 기계공업에 대해서 뭘 안다고 그래"라고 푸념했다는 일화가 소개된다. 이런 서술은 한국 중화학공업의 계보가 상공부 출신의 오원철과 역시 상공부 출신의 김정렴(당시 박정희 비서실장) 같은 기술관료로부터 출발했다는 기존의 역사 해석에 대한 강력한 이의 제기인 셈이다.

이런 수정주의적 계보 찾기는 소위 '정통' 사사와 전문 연구자들의 역사 연구에도 반영이 되고 있다. 최근에 포항제철(포스코)은 KIST 연구자들의 기여를 사사에 언급함으로써, 박정희-박태준 신화에서 한발 거리를 두는 모습을 보였다. 기술사와 기업사를 연구하는 연구자들도 한국의 철강 산업, 자동차공업, 조선산업의 초기 발전에 김재관 같은 KIST 연구원들의 기여가 결정적으로 중요했다는 연구 결과를 내놓고 있다.[*] 김재관이나 KIST에 주목하면서 중화학공업화에 대한 역사 서술이 박정희, 박태준, 정주영, 오원철 같은 몇몇 인물이 '한강의 기적'을 만들었다는 영웅 신화식 서술에서 조금씩 벗어나는 조짐을 보이는 것이다.

인터넷의 계보

인터넷은 1950년대 냉전 시기에 핵전쟁의 공포로부터 탄생했다. 미국 군부는 적의 핵무기가 미국의 통신 시설을 파괴할 때도 통신이 가능할 수 있는 네트워크를 설계하려고 했고, 이 목적을 위해 핵전략을 짜던 랜드 연구소의 폴 배런(Paul Baran)은 중심이 없는 분산된 통신 네트워크라는 개념을 창안했다. 1960년대에 군부의 지원을 받은 아르파(ARPA)[**]는 군부와 대학의 컴퓨터를 서로 잇는 '아르파넷'을 만드는 프로젝트를 시작했다. 아르파에서는 로버트 테일러(Robert Taylor)와 로렌스 로버츠(Lawrence Roberts)가 강한 추진력을 갖고 이 프로젝트를 이끌었다. 이때 서로 다른 컴퓨터를 잇는 데 핵심 역할을 하는 라우터(router) IMP를 만들었고, 상이한 컴퓨터들 사이에 소통이 가능하도록 (몇 번의 발전 단계를 거쳐서) 빈트 서프(Vint Cerf)와 로버트 칸(Robert E. Kahn)이 TCP/IP라는 프로토콜을 개발했다. 연구자들은 이 인터넷을 통해 이메일과 파일 같은 정보를 교환했고, 한참

---

[*] 일례로 기술경영경제학회가 출판하는 《기술혁신연구》 2019년 5호의 'KIST 특집'에 실린 논문들을 보라.

[**] Advanced Research Projects Agency(고등연구계획국). 1958년에 창립된 미 국방성의 연구개발 담당 전담 조직. 1972년에 Defense Advanced Research Projects Agency, DARPA(방위고등연구계획국)로 이름을 바꾸었다.

뒤인 1989년에 CERN(유럽입자물리학연구소)의 팀 버너스리(Tim Berners-Lee)가 하이퍼링크를 통해 웹 문서를 읽는 http라는 프로토콜을 개발했다. 이후 인터넷 백본(backbone, 중심 연결망)이 일반 시민에게 개방되고, 모자이크(Mosaic)라는 웹 브라우저와 서치 엔진이 만들어지면서 쉽게 인터넷을 사용할 수 있게 되었다. 군부와 대학의 연구자를 위해 개발된 인터넷은 1990년대 초반부터 일반 접속이 허용되었고, 기업과 시민 개개인은 인터넷에서 정보를 찾고, 자신만의 웹사이트를 만들고, 공개된 게시판에 의견을 올리기 시작했다. 인터넷은 1960년대에 그것이 만들어졌을 때와는 전혀 다른 방향으로, 아무도 생각하지 못한 빠른 속도로 성장했다.[*]

미국의 경우에는 '인터넷의 대부'를 찾기가 쉽지 않다. 많은 이들은 TCP/IP를 만든 빈트 서프와 로버트 칸을 인터넷의 대부로 꼽아야 한다고 한다. 그렇지만 http를 만든 팀 버너스리가 그 타이틀을 거머쥐어야 한다고 주장하는 사람들도 있다. 아르파넷을 강력하게 추진했던 로버트 테일러와 로렌스 로버츠를 포함해야 한다는 사람도 있다. 사실 이들의 노력이 모두 합쳐져서 인터넷을 가능하게 했다. 혁신적으로 새로운 기술은 한 명의 기술자가 어떤 순간에 발명하는 것이 아니라, 여러 다른 노력과 인공물들이 융합되고 모여서 하나의 형태를 띠어 가는 것이기 때문이다. 이런 과정에서 인터넷 같은 기술은 미국 사회가 가진 다양한 정치적·사회적·문화적 가치를 포함하면서, 처음과는 매우 다른, 지금의 민주적이고, 분산적이고, 탈중심적인 모습을 형성해 나갔다. 간단히 말해서 미국의 인터넷은 '사회적으로 구성된 기술(socially constructed technology)'의 대표적 사례였다.

전길남은 UCLA에서 석사와 박사를 했는데, 이 대학의 컴퓨터 공학과

---

[*] Janet Abbate, *Inventing the Internet*, Cambridge, MA: MIT Press, 1999.

는 아르파넷의 첫 4개의 노드(Node) 중 하나를 관장했을 정도로 인터넷 발전에 중추적 역할을 한 조직이었다. 전길남의 지도교수는 레너드 클라인락(Leonard Kleinrock)으로, 이메일 전송 등의 핵심 방법이 된 패킷 스위칭을 개발한 사람이었다. 이 학과에는 후일 TCP/IP를 설계한 빈트 서프, 프로토콜을 개발하던 대학원생 조직인 네트워크 워킹 그룹을 관장한 존 포스텔(Jon Postel)이 함께 대학원생으로 있었고, 전길남은 이들의 일을 옆에서 지켜볼 수 있었다. 『연결의 탄생』에는 나오지 않지만 다른 회고에 따르면, 외국인이었던 전길남은 국방부가 주도하는 아르파넷(인터넷) 프로젝트에는 참여할 수 없었고, 전길남 자신도 미국의 군사 프로젝트에 참여하는 것이 내키지 않았다고 한다.* 미국은 1950년대에 상업용 컴퓨터를 만들었고, 1960년대에는 미니 컴퓨터를 만들어서 대학과 연구기관에서 널리 사용하고 있었다. 1970년대 초반부터는 인텔의 마이크로프로세서를 이용한 PC 혁명의 바람이 서서히 불고 있었다.

전길남은 미국에서 컴퓨터 제작이 아니라, 컴퓨터를 네트워킹하는 게 소위 '핫한' 분야라는 사실을 목도한 상황에서 전자기술연구소의 책임연구원이 되어 귀국했다. 그렇지만 그에게 주어진 임무는 국산 컴퓨터의 개발이었다. 『연결의 탄생』에 자세히 서술되어 있지만, 그는 아르파넷을 닮은 SDN(System Development Network)을 만들기 위한 연구비를 신청했지만 떨어졌고, 국산 컴퓨터 제조 프로젝트에 SDN을 끼워서 네트워킹 연구를 간신히 지원받을 수 있었다.** 이 지원을 이용해서 1982년 5월, 서울대학교와 구미 전자기술연구소의 컴퓨터가 첫 통신을 했다. 한국에서 TCP/IP

---

* Cyrus Farivar, *The Internet of Elsewhere: The Emergent Effects of a Wired World* (Rutgers University Press, 2011), p. 31.
** 이때 SDN을 소프트웨어 개발을 위해 꼭 필요한 Software Development Network라고 했다는 일화가 존재한다.

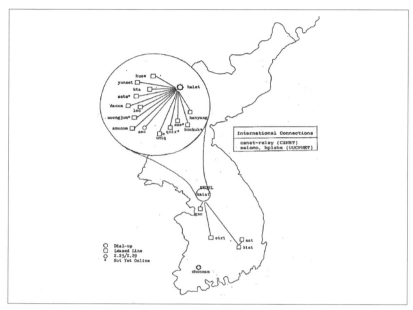

1985년경 한국의 SDN 네트워크. 카이스트를 중심으로 별 모양의 네트워크를 그리고 있음을 알 수 있다.
(출처: Kilnam Chon et al., "A Brief History of the Internet in Korea", 2005.)

라는 인터넷 프로토콜을 사용해서 구현한 첫 컴퓨터 네트워킹이었다.

단지 외국 기술을 베껴서 이런 성과를 낸 것만은 아니었다. 『연결의 탄생』은 당시 이 프로젝트의 어려움을 상세히 기술하고 있는데, 우선 한국에서는 미국의 아르파넷에서 핵심 장치로 사용된 라우터 IMP를 구할 수 없었다. 그렇지만 천만다행으로 1981년에 소프트웨어로 라우터 기능을 구현한 UNET가 출시되어서 이를 사용할 수 있었다. 그런데 이 프로그램은 유닉스(UNIX) OS에서 구동되는 것이었고, 국내 연구자들에게는 유닉스가 매우 낯설었다. 매뉴얼을 사다가 유닉스부터 공부해야 했다. 그렇게 유닉스 위에 UNET을 깔았지만 통신이 되지 않았다. 백방으로 노력해서 유닉스의 업그레이드 버전이 이 문제를 해결해 줄 수 있다는 걸 알아냈다.

그러나 또 다른 문제가 생겼고, 이를 해결하기 위해 골머리를 앓아야 했다. 첫 네트워킹은 이런 일련의 시행착오를 거치고, 난제들을 해결해 가면서 이루어졌다.

1982년 이후에는 정부의 지원마저 끊겼다. 그는 KAIST로 옮긴 뒤에 다른 프로젝트들을 하면서 컴퓨터 네트워킹 연구를 계속했고, 네트워킹된 기관을 2곳에서 3곳으로, 그리고 10개 기관으로, 1980년대 후반에는 20개로 늘렸다. 이 과정에서 일본에 기술 이전을 하기도 했다. SDN은 미국의 CSNET나 NSFNET와도 연결됐고, 1990년에는 인터넷에 접속된 기관들이 경비를 분담해 하나망(HANANet)을 구성한 뒤에 하와이 대학교와 위성으로 연결되는 네트워크를 구축하기도 했다. 전길남이 KAIST에서 운영한 시스템구조연구실(SALAB)은 전국에서 가장 성능 좋은 컴퓨터를 보유한데다, 지도교수가 가진 높은 명성에 힘입어서 가장 뛰어난 대학원생을 불러들였다. 전길남은 이들을 혹독하게 훈련했으며, 나중에 한국 컴퓨터 산업계에 큰 족적을 남긴 제자들을 배출했다. 인터넷 전용 서비스를 제공하는 아이네트를 창립한 허진호, 두루넷을 창업한 박현제, 휴먼 컴퓨터를 창업한 정철이 모두 그의 실험실 출신이다.

『연결의 탄생』을 읽으면서 드는 의문은 왜 전길남이 그렇게 네트워킹에 전념했느냐는 것이다. 그가 귀국할 당시 정부는 국산 컴퓨터를 개발하는 데 집중했다. 1970년대 한국에서는 종합제철소를 짓고, 조선소와 유조선을 만들고, 국산 자동차를 만들어서 세계시장에 수출했다. 세상은 한국이 불가능한 일에 도전한다고 비웃었지만, 정부와 기업과 연구소가 협력해서 이 성취를 이루었다. 1970년대 말부터 1980년대 초 즈음에 정부는 컴퓨터와 반도체를 만드는 것을 과업으로 삼았다. 그때 일본은 컴퓨터와 반도체를 만들어 수출하고 있었지만, 우리는 이런 전자 산업을 이제 막 시작한 단계였다. 당시, 수출을 할 만한 국산 컴퓨터를 만드는 것도 쉽지 않

전길남 박사와 빈트 서프. (출처: 『전길남, 연결의 탄생』 396쪽, 김영사 제공)

은 도전이었다. 그런데 왜 전길남은 자신에게 주어진 국산 컴퓨터 제조라는 임무를 제쳐두고, 컴퓨터 네트워킹이라는 프로젝트를 추진했을까?

전길남은 아르파넷 개발 과정을 UCLA에서 목도했고, 그래서 TCP/IP 프로토콜을 이용할 생각을 할 수 있었지만, 그가 인터넷을 아주 잘 아는 엔지니어는 아니었다. 그의 정체성은 시스템 공학자라고 할 수 있었다. 사실 미국의 쟁쟁한 컴퓨터 엔지니어들이 인터넷을 개발할 때도 인터넷에 대한 전문가는 존재하지 않았다. 인터넷은 이미 존재하는 것을 개량하는 프로젝트가 아니라, 없는 것을 새롭게 만드는 것이었기 때문이다. IMP는 로버트 칸이 이끄는 BBN사에서 개발했고, 아르파넷의 첫 프로토콜인 NCP 프로토콜은 UCLA 대학원생 스티븐 크로커가 이끈 NWG가

주축이 되어 개발했다. NCP를 고쳐서 만든 것이 대학원생 빈톤 서프와 BBN 출신의 로버트 칸이 개발한 TCP였는데, 이 과정도 둘이 모든 일을 한 것이 아니라, 대학원생 존 포스텔이 이끄는 NWG 내의 RFC(Request for Comments)와 같은 네트워킹 그룹의 도움을 받은 것이었다. 인터넷 통신을 가능하게 한 프로토콜은 젊은 대학원생 연구자들의 자발적인 기여와 협업으로 만들어진 것이지, 한 명의 전설적인 엔지니어가 처음부터 끝까지 죽 써 내려간 것이 아니었다.

상상을 해보자. 전길남이 1979년에 미국에서 귀국했을 때, 일본은 컴퓨터와 반도체를 만들어서 수출하고 있었다. 당시 한국 정부의 국산 컴퓨터 개발 프로젝트는, 1970년대 중화학공업이 그랬듯이, 일본이 밟은 길을 따라가는 것이었다. 당시에는 한국의 인건비가 쌌기 때문에, 잘만 하면 국제 시장에서 가격 경쟁력을 가진 국산 컴퓨터를 만들어 팔 수 있을 것 같았다. 이게 당시 관료들과 기업인들의 생각이었을 것이다. 그런데 전길남은 미국의 컴퓨터 엔지니어들이 네트워킹에 전념하는 것을 보았다. 미국에서는 컴퓨터를 만드는 일은 이미 어느 정도 루틴(routine)한 일이었고, 정말 도전적이고 창의적인 일이 컴퓨터를 연결하는 것이었다. 우리가 네트워킹에 도전해서 성공한다면? 그러면 한국의 컴퓨터 공학은 일본을 넘어 세계 최고인 미국과 바로 겨루는 단계에 진입할 수 있지 않을까? 적어도 KAIST의 SALAB 출신의 엔지니어는 컴퓨터계에서 가장 첨단의 문제를 해결하면서, 최상위 레벨의 지식을 가진 사람으로 성장할 수 있지 않을까?

그에게 컴퓨터 네트워킹은 가장 높은 수준의 연구와 교육을 가능케 하는, 일종의 '리서치 프로그램(research program)'이었던 것 같다. 책은 전길남이 "미국의 앞선 환경을 경험하고 온 내가 판단하는데, 이 시스템은 굉장히 유익하고 좋은 것이다. 우리가 잘 만들면 국가 기술 발전은 물론이고 세계 기술 발전에 좋은 기여를 하는 것이다"(『연결의 탄생』, 111쪽)라고 반복해서 강조했음을 보여 준다. SALAB의 대학원생들은 자신이 하는 연구가 왜 중요한지, 무슨 의미를 갖는지 몰랐지만, 교수가 중요하다고 하니까 뛰어들었고, 해결이 안 될 것 같았던 문제가 풀리는 재미가 쏠쏠해서 몰입했다. 전길남에게 컴퓨터 네트워킹은 당시 한국 사회에 꼭 필요해서가 아니라, 자신이 만난 미국의 뛰어난 컴퓨터 엔지니어들이 달라붙어서 연구하고 있었기 때문에 중요했다.

1980년대 전길남의 실험이 한국 인터넷의 출발이었을까? 그의 네트워크가 TCP/IP 프로토콜을 사용했기 때문에 그렇다고 할 수 있겠다. 이런 제한된 의미에서 전길남을 '한국 인터넷의 대부'라고 해도 좋을 것 같다. 사실 이에 대해서는 토를 다는 사람도 없다. 그런데 이 실험이 한국 인터넷 시대를 10년 앞당겼을까? 이 실험이 한국의 초고속 인터넷 개발로 이어져서, 2000년대 초반에 초고속 인터넷 보급률 세계 1위를 달성하는 데 시발점이 되었을까? 『연결의 탄생』은 그렇다고 한다. 저자는 이렇게 평가한다.

> 인터넷은 일본이나 제3국을 통해 한국에 소개된 게 아니다. 한국에서 자체적으로 인터넷 프로토콜을 구축해 글로벌 인터넷에 연결한 것이고, 전국적인 초고속 인터넷망을 구축해 세계 어느 나라보다 일찍 인터넷 대중화 시대를 경험했다. 전길남은 한국의 인터넷 시대를 10년 앞당긴 공로자로 평가받는다. 그가 나서서 1982년 TCP/IP 기반의 SDN을 만들지 않았다면, 여느 기술처럼 미국과 일본을 거쳐 10년쯤 지난 뒤에야 한국에 도입되었을 것이다.(『연결의 탄생』, 249쪽)

그렇지만 이런 주장은 꼼꼼하게 따져 봐야 한다. 우선 중화학공업으로 돌아간 뒤에 다시 인터넷으로 돌아와 보자.

중화학공업 계보의 명과 암

『뮌헨에서』에서 등장하지 않는 단어는 '10월 유신'이다. 1972년의 10월 17일에 단행된 10월 유신 직후에 박정희가 중화학공업화를 선언하면서 김재관은 차관보로 임명되었다. 박정희는 1969년에 야당과 학생들의 반대를 진압하고 3선개헌을 통과시켰고, 이 바뀐 헌법을 가지고 1971년의 대통령 선거에서 김대중을 이기고 다시 대통령이 되었다. 그렇지만 김대중-박정희의 표 차이가 크지 않았고, 관권이 무차별적으로 동원된 것을 생각할 때 많은 이들이 이 선거를 박정희의 정치적 실패라고 평가했다. 게다가 그는 선거 유세 중에 '다시는 선거에서 표를 달라고 안 하겠다'고 맹세했다. 권력을 더 유지하고 싶었는데, 이제 4선을 가능하게 하는 헌법 개정도, 선거도 할 수 없었다. 이런 상황에서 나온 것이 실질적인 종신 집권을 가능케 한 폭력적인 10월 유신이었다.

최측근 몇 사람만의 극비사항으로 10월 유신을 기획하면서 박정희는 자신의 장기 집권을 정당화할 수 있는 정치적 어젠다를 고민했던 것으로 보인다. "1980년에 100억 불 수출, 1,000불 국민소득"이 이렇게 만들어진 구호였다. 그는 1972년 5월에 이를 달성할 방법에 대해 제2경제수석인 오원철에게 질문했고, 오원철은 중화학공업의 전면적인 추진이 이 목표를 가능하게 할 것이라고 답했다. 김학렬은 김재관의 도움을 받아 '4대 핵공장' 사업을 입안했지만, 박정희는 김학렬의 경제기획원이 제시한 8퍼센트 성장, 1980년의 55억 불 수출에 만족할 수 없었다. 이 정도 목표가 10년을 더 집권하겠다는 정치적 야심을 정당화할 수 없었기 때문이다. 박정희와 술잔을 기울이던 친구 사이였던 구상 시인은 1970년대 초반에 박정희의 나락에 대해서 이렇게 읊었다.

그는 샤먼이 되어 있었다.
그 장하던 의기가
돈키호테의 광기로 변하고
그 질박하던 성정이
방자로 바뀌어 있었다.

정교한 산업 정책만을 만들던 김재관과 달리 오원철은 박정희의 정치적 야심을 간파하고 있었던 것으로 보인다. 오원철은 중화학공업화 정책을 꾸준히 밀고 나가기 위해서는 최고 결정권자와 정부의 강력한 리더십이 10년간 보장되어야 한다는 논리를 설파했고, 나중에는 "중화학공업화가 10월 유신이고, 10월 유신이 중화학공업화다"라고 강조했다. 급속한 중화학공업화를 위해서는 나라 전체를 동원해야 하는데, 이를 정치적으로 가능케 한 것이 10월 유신이었다는 것이다. 반면에 박정희의 신뢰를 받아오던 경제 관료 김학렬은 이런 정치적 야심을 이해하지 못한 채로 '4대 핵공장'을 추진했다. 일본과의 차관 체결이 원칙적으로 이루어졌지만, 그 실행이 지지부진하자 박정희는 김학렬에게 실망을 표시했고, 이를 빌미로 중화학공업화의 전권을 김학렬과 경제기획원에서 대통령 직속 중화학공업추진기획단과 상공부에 이양했다.*

4대 핵공장은 성공적으로 안착한 포항제철을 모델로 해서, 군수와 민간 수요를 모두 충족하는 형태의 산업화를 꾀하는 것이었다. 반면에 오원철의 중화학공업화는 (비상시 군수용으로 전환할 수 있지만) 민간 재벌의 추동력을 주축으로 하는 수출 산업 위주였다. 박정희의 신임을 잃은 김학렬은 췌장

* 김정수, 『내 아버지의 꿈: 칠순 기자 아들이 전하는 40대 부총리 김학렬 이야기』(덴스토리, 2020), 345-346쪽.

암 진단을 받아 사망했고, 상공부 중공업 차관보로 발탁되어 자동차산업을 설계한 김재관은 오원철과의 갈등 이후에 (아마도 오원철의 입김에 의해) 표준시험소 소장이라는 한직으로 밀려났다. 오원철은 1974년에 기획단의 단장으로 임명되어 박정희가 사망할 때까지 중화학공업화 전반을 진두 지휘했다. 이 시기 동안 한국의 재벌들이 주도한 경제성장은 실로 놀라운 것이었는데, 박정희가 약속한 1,000불 국민소득은 1977년에 달성했고, 1980년에는 이것이 1,600불을 넘었다.

1970년대 한국의 중화학공업화 정책은 그저 산업 정책, 경제 정책이 아니었다. 이는 박정희의 장기 집권, 10월 유신과 한 덩어리였다. 박정희의 독재가 강고해지고, 반대자에 대한 탄압이 거세지고, 재벌의 힘이 무소불위로 커지며, 개발과 '한탕'에 대한 욕망이 폭발하던 과정과 한 덩어리였다.* '중화학공업의 설계자'라는 계보를 움켜쥐는 게 꼭 영광스럽지 않을 수도 있다는 얘기다.

한국 인터넷에 대부가 있는가?

1980년대 전길남에 의한 컴퓨터 네트워킹의 구현이 인터넷으로 이어졌는가? 미국의 경우는 그랬다. 1960년대에 시작한 아르파넷이 1970년대를 통해 확장되고, 아르파넷과 다른 로컬 네트워크들의 '인터'넷(inter-net)이 만들어지고, NSF가 새로운 백본 NSFNET을 만들고, 군부가 아르파넷에서 분리되어 따로 독립적인 네트워크를 만들고, NSFNET을 중심으로 네트워크가 커지고, http가 생기면서 데이터의 연동과 교환이 쉬워지고,

---

* 《서울리뷰오브북스》 제6호에 실린 내 에세이 「개발의 시대, 단상들」을 보라.

이 풍요로운 데이터를 시민들도 사용할 수 있게 '아메리칸온라인' 같은 민간 ISP(Internet Service Provider)가 백본에 노드를 얻어 사업을 시작했다. 같은 시기에 모자이크 같은 웹 브라우저와 서치 엔진이 가동되었다. 이렇게 아르파넷이 자라고, 그것을 모체로 다른 네트워크들을 흡수하면서 인터넷이 성장했다.

그런데 한국의 경우는 그렇지 않다. 1980년대를 통해 한국은 일본에 네트워킹 기술을 가르쳐 주었을 정도로 선도적이었지만, 1980년대 말이 되어도 한국의 인터넷에 접속한 기관의 수는 소수였고, 개인 사용자들은 더 적었다. 네트워크를 운영하던 전길남의 학생은 이 시기에 (우리가 기술을 전수한) 일본의 컴퓨터 네트워킹이 우리보다 10배 더 활발하게 작동하고 있다는 사실을 알고 낙담했다.* 국내의 컴퓨터 산업과 컴퓨터 공학 전반이 낙후된 상황에서 네트워킹만 앞서가는 데에는 한계가 있었다. 오히려 당시 한국의 컴퓨터 기술은 국산 컴퓨터를 만들었던 삼보 컴퓨터, 전화선을 이용해서 PC 통신을 했던 데이콤과 여기서 파생된 천리안, 그리고 PC 통신 기반으로 구동되던 온라인 게임 등이 주도했다. 『연결의 탄생』은 전길남의 학생 중에 컴퓨터 네트워킹 사업을 한 벤처 사업가가 많았다는 점을 지적하는데, 허진호(아이네트)와 박현제(두루넷)는 모두 고속 인터넷 통신이 개통된 뒤에 사업을 시작했거나, PC 통신으로 닦인 기반에서 출발했다. 사실 전길남의 학생 중에서 가장 유명해진 사람은 이들이 아니라 게임 회사 넥슨의 공동 창업자인 송재경과 김정주인데, 이 두 사람은 모두 실험실을 중퇴하고 게임을 개발한 사람들이었다. 송재경이 개발해서 '대박'을 터트린 '바람의 나라'는 인터넷이 아니라 PC 통신을 기반으로 출발했다.

---

* 안정배, "박현제 인터뷰", 〈한국인터넷역사프로젝트〉, 2012. 5. 18. https://sites.google.com/site/koreainternethistory/interview/interview-for-writing-a-book/hjpark

이런 사실들만 고려해도 전길남의 SDN 프로젝트가 한국의 초고속 인터넷으로 그대로 이어졌다고 보기에는 어려움이 많다. SDN의 영향력은 극히 제한된 전문 연구자들에 국한되었고, 네트워크도 크게 자라지 못했다. 1990년대 중반 이후 급속하게 성장한 한국의 인터넷은 PC 통신에서 성장한 사용자들이 초고속통신망을 통해 인터넷에 접속하면서 폭발적으로 커지기 시작했다. 1994-1995년에 김영삼 정부가 추진한 초고속통신망 사업은 1980년대의 국가기간전산망사업을 이어받은 것이었다. 여기에 1997년 외환위기와 이를 극복하기 위해 IT 벤처 붐을 조성했던 김대중 정부의 정책도 한몫했다. 한국의 인터넷은 SDN이 성장해서가 아니라, 1990년대 한국적인 맥락 속에서 이질적인 행위자들과 (SDN을 포함한) 인공물들이 얽히면서 탄생했다고 보는 게 더 적절하다.

전기를 어떻게 읽어야 하는가

『뮌헨에서』와 『연결의 탄생』은 전기이다. 전기를 읽음으로써 우리는 위대한 인물과 그가 살았던 시대를 조금 더 잘 이해할 수 있다. 전기는 위인의 삶을 간접적으로 체험함으로써 교훈을 주고 감동을 안겨 주기도 한다. 그런데 전기는 주로 한 명의 위인에 초점을 맞추기 때문에, 그의 삶과 업적을 지나치게 강조하기 쉽다. 특히 전기의 대상이 되는 인물을 집중적으로 인터뷰하거나, 그나 그의 가족에게서 자료를 받아서 전기를 서술하는 경우 더욱 그러하다.

노벨상을 두 번이나 받은 마리 퀴리(Marie Curie)가 사망하고 3년 뒤인 1937년에 그녀의 둘째 딸 에브 퀴리(Eve Curie)는 전기 『퀴리 부인』을 출간했다. 퀴리 부인의 전기를 처음 쓴 작가가 퀴리의 딸이었다는 점은 의미심장한데, 특히 그 뒤로 나온 전기 대부분이 에브 퀴리의 전기를 조금씩 각색한 것이기 때문이다. 이 전기에서 마리 퀴리는 진리를 찾기 위한 과학 연구에 몰두하고, 남편과 자식에게 신실하고, 폴란드에 대해 애국심을 잃지 않은 '성인(聖人)'으로 그려졌다. 반면 딸의 전기에는 마리 퀴리가 주변 사람을 잘 동원했던 전략가라는 점, 그녀가 산업체와 적극적으로 상호 호혜적인 관계를 맺은 사실 등이 포함되지 않았고, 남편 피에르 퀴리(Pierre Curie)의 죽음 후에 유부남이었던 제자 랑주뱅과의 (당시 세상을 떠들썩하게 만든) 스캔들도 등장하지 않는다. 딸은 세상이 엄마에 대해 기억하게 하고 싶었던 이야기들만 골라서 마리 퀴리의 전기를 썼다.*

따라서 비판적인 독자들은 이런 질문들을 던지면서 전기를 읽어야 한다. 내가 읽는 이 전기의 원형을 만든 사람은 누구인가? 이 전기는 위인에 대한 특정한 이미지와 영웅 서사를 만들고 있는가? 이런 이야기에서 왜곡되거나, 과장된 것은 없는가? 여기에서 사실과 달리 작가에 의해 삽입되거나 빠진 부분은 없는가? 이런 질문을 하면서 전기를 읽으면 전기가 역사적 사실의 충실한 집합체가 아니라, 몇몇 사람에 의해 선택되고 선별된 이야기들을 모아 하나의 서사를 만들기 위해 짜여진 직물이라는 점을 발견할 수 있을지도 모른다.**

---

* 이에 대해서는 내가 쓴 『크로스 사이언스』(21세기북스, 2019) 제2장 참조.
** 이 글의 초고에 대해서 도움이 되는 논평을 해주신 부산대학교의 송성수 교수, 《서울리뷰오브북스》 편집위원들께 감사의 말을 전한다.

홍성욱
과학기술과 사회의 관계를 연구하는 과학기술학자. 《서울리뷰오브북스》 편집장. 가습기 살균제나 세월호 참사 같은 과학기술과 재난 관련 주제들, 그리고 이와는 상당히 다르지만 1960-1980년대 산업화와 기술발전에 대해서 연구하고 있다.

『중공업 가족의 유토피아: 산업도시 거제, 빛과 그림자』 양승훈 지음, 오월의 봄, 2019

1970년대부터 급속하게 성장한 한국 조선산업의 21세기 현재를, 조선산업의 중심지인 거제에서의 현장 연구를 통해 선명하게 드러낸다.

"산업도시 거제에서 중공업 가족의 '유토피아'는 영원히 지속될 것만 같았다. 보장된 정년과 높은 연봉으로 대표되던 정규직 노동자들은 유연성과 저성장의 세계에서 화석 같은 존재가 되었다."

— 책 속에서

Inventing the Internet, Janet Abbate, Cambridge, MA: MIT Press, 1999

200쪽이 조금 넘는 짧은 책이지만, 지금까지 나온 인터넷의 역사 중에서 제일 괜찮은 책이다.

"통신 매체로서의 인터넷의 정체성은 기술 자체에 내재했던 것이 아니다. 그것은 일련의 사회적 선택에 의해서 구성되었던 것이다. 인터넷의 구조와 목적을 정의하는 데에는 컴퓨터나 전화선만큼이나 시스템 구축자의 창의성과 사용자들의 실천이 결정적으로 중요했다. 이것이 이 책의 제목('인터넷 발명하기')이 말하려 했던 것이다."

— 책 속에서

『짱깨주의의 탄생』김희교 지음, 보리, 2022

비판적 중국 연구를 고민하다
──『짱깨주의의 탄생』이 남긴 것들

하남석

'계보의 계보'라는 특집 제호 아래『짱깨주의의 탄생』의 서평 의뢰를 받았을 때 들었던 고민은 과연 이 책을 어떤 계보 아래 놓아야 할 것인가였다. 우선 문재인 전 대통령이 자신의 SNS에서 이 책을 추천해 화제가 되었으니 '정치인이 추천한 책' 내지는 '정치인들의 중국관'의 계보로 이어가 볼까 하는 생각이 들었다.* 그다음으로는 이 책이 시도하고 있는 바가 한편으로 언론의 중국 보도 행태에 대한 비판이자 한국의 진보적 중국 연구자들에 대한 실명 비판이기에 격렬한 논쟁을 마다하지 않는 '강준만 방

---

* 이 계보 속에서 미국의 오바마 전 대통령이 추천했던 책의 목록 중에 중국과 관련이 있었던 책들도 떠올려 봤다. 오바마는 중국의 유명한 SF소설인 류츠신의『삼체』를 추천한 적도 있고, 중국 특파원으로 오랫동안 일한 에번 오스노스의 탁월한 중국 관찰기인『야망의 시대』를 딸들과 함께 동네서점에서 구입해 화제가 되기도 했었다. 그 외 여러 나라들의 주요 정치 지도자들이 중국과 관련해 추천한 책들의 목록으로 그 계보들을 비교해 볼까 하는 생각을 해봤다.

식의 언론 비판과 실명 비판을 시도한 책'의 계보로 이 책을 비평할 필요가 있다고 생각했다. 마지막으로 이 책의 저자가 스스로를 '비판적 중국학 내지는 실천적 중국학'의 계보에 있는 것으로 여기고 있으니 그에 대해서도 반드시 다룰 지점이 있었다. 이 서평에서는 그 계보들 속에서 이 책이 성취한 바는 무엇이고 실패한 것은 무엇인지 따져보고자 한다.

반중(反中)과 포퓰리즘 시대에 대한 문제 제기

동아시아 여러 나라와 지역들은 식민과 탈식민, 냉전과 탈냉전이 복잡하게 겹쳐 있는 데다가 최근 이 지역에 민족주의와 애국주의, 포퓰리즘이 더욱 강화되며 복잡하게 요동하고 있다. 무엇보다 각 국가에서 포퓰리즘이 득세하자 여기에 환심을 얻으려는 정치인이나 지식인이 많이 나타나고 있으며, 이는 다시 포퓰리즘을 강화하면서 대중 내부에 극단적 의견 충돌을 야기하는 악순환을 불러일으키고 있다.

　한국에서도 기존의 반일 정서에 더해 반중 감정까지 날이 갈수록 더 커지고 있다. 한편에서 "총선은 한일전"이라고 하면, 다른 한편에서는 "대선은 한중전"으로 맞서며 서로를 친일 반민족주의자와 친중 공산주의자로 몰아붙이고 음모론과 가짜뉴스를 마구 생산하고 유포시킨다. 최근 몇 년간 특히 젊은 세대에서 반중 정서가 거세지자 몇 달 전 대선에서는 여야 후보가 모두 반중 정서에 올라타는 모습까지 보였다. 당시 여당의 어느 후보는 유세 중에 중국의 어선이 넘어오면 "격침하겠다"는 표현을 사용했다. "국제법에 따라 원칙적이고 단호하게 대응하겠다" 정도로 발언하면 될 일을 일부러 극단적으로 말한 것이다. 정의당을 비롯해 진보 좌파들이 불평등을 해소하기 위해 최고 임금 제한법, 일명 '살찐 고양이법'을 주장하자 그 후보는 이 법안에 반대 의견을 내면서 인재들이 중국으로 유출되는 '시진핑 미소법'이라고 했다. "최고 임금을 제한하면 인재가 해외로 유출될 우려가 있다" 정도로 말하면 될 것을 굳이 반중 정서를 이용하기 위해 그런 표현을 사용한 것이다. 여야를 가리지 않고 표를 얻기 위해 포퓰리즘에 올라타는 행위가 대중의 혐오 정서를 더 악화시키고 지역의 평화 체제 구축에 심각한 영향을 끼치고 있다.

이런 정세 속에서 문재인 전 대통령이 퇴임 이후 SNS에서 처음 소개한 책이 바로 『짱깨주의의 탄생』이었다. 이 책은 일견 앞서 얘기했던 반중 정서와 포퓰리즘에 용감하게 맞서는 책으로 보인다. 한국에서 날로 커지는 반중 감정과 혐중 정서, 그리고 그 기반이 되는 신식민주의적 인식의 틀을 "짱깨주의"라고 명명하고 비판하면서 샌프란시스코 체제*로 회귀하려는 신냉전 전략을 넘어서야 한다고 주장하고 있기 때문이다. 하지만 이 책은 반공 보수 세력의 반중주의만을 비판하는 것이 아니다. 진보 언론이나 진보 좌파 학계의 여러 중국 연구자들을 실명 비판하면서, 과도하게 이상적인 사회주의적 가치나 자유주의적 보편 가치를 중국에 들이대어 "미국도 문제지만 중국도 문제다"라고 하는 태도가 결론적으로 안보 보수 세력에게 도움이 되고 있다고 주장한다. 나 자신도 몇 차례 언론에서 중국을 언급하고 한국의 반중 정서를 분석했다가 온갖 악플 세례를 경험해 본 적이 있는 만큼, 내용이나 주장에 대한 동의 여부를 떠나 이 책이 어려운 시기에 용기 있는 문제 제기를 했다는 사실은 틀림없다고 생각한다. 하지만 그

---

* 샌프란시스코 체제는 1951년 제2차 세계대전 이후 일본과 연합국 48개국이 맺은 샌프란시스코 평화조약에서 비롯되었다. 냉전이 시작되자 미국은 아시아에서 소련을 비롯한 공산주의 진영의 영향력을 봉쇄하려 했으며 일본을 진영 대결의 전진 기지로 만들고자 했다. 이에 따라 이 조약은 전범국인 일본에 유리하게 체결되었으며, 주변의 전쟁 피해국들과 영토 문제와 배상 문제에 있어 많은 갈등을 낳게 되었다.

문제 제기는 과연 제대로 이뤄진 것일까?

돌아오는 부메랑: 사실 확인과 왜곡 보도

이 책의 전반부는 대부분 언론의 중국 보도 행태에 대한 비판이다. 한국의 언론들이 중국을 제대로 이해하거나 사실에 따라 취재하지 않고 반중 프레임을 가진 해외 언론을 인용하는 데 급급하거나 침소봉대 혹은 왜곡 보도에 빠져 있다는 것을 많은 사례를 통해 입증하려고 한다. 그렇다면 저자 역시 사실에 제대로 입각해야하는 것이 아닐까? 서평 지면의 한계로 모든 사례를 다루지는 못하지만 책에서 다룬 사례 하나를 구체적으로 살펴보자.

　저자는 외신에 종속되어 있는 한국 언론의 중국 보도 행태를 비판하며 지난 코로나19 사태 초기에 벌어졌던 일을 거론한다. 외신에 실린 "쉬장룬(徐章潤) 칭화대 교수와 해외 망명 학자 쉬즈융(許志永)이 사태에 대한 책임을 중국 정부에 물었다는 내용"을 한국 언론이 받아쓰며, "중국 학자 두 명의 비판을 국민의 의견으로 만들어 버렸"고, 그럼으로써 중국이 불안한 나라고 문제가 많은 나라라는 편견을 심어 줬다는 것이다.(319-320쪽) 일단 사실 확인부터 해보자. 저자는 쉬즈융을 해외 망명 학자라고 했지만 쉬즈융은 해외 망명을 한 적이 없으며, 2020년 2월 당국에 체포되어 현재 비공개 재판을 받는 중으로 알려져 있다. 그리고 코로나19 사태 초기에 리원량(李文亮) 의사 사건*이 전국적으로 알려지며 많은 중국 인민들이 추모와

---

* 2019년 12월 우한에서 새로운 질병에 대한 지역 보건 당국의 정보 통제가 있는 상황에서 우한 중심병원에 재직 중이었던 의사 리원량은 이 질병이 사스와 유사하다는 보고서를 보고 이 내용을 의대 동창생들과의 위챗 대화방에 공유했다. 이 내용이 SNS를 타고 확산되자 지역의 공안국

비판의 목소리를 높인 것은 엄연한 사실로서, 단순히 학자 두 명만 비판에 나선 것은 전혀 아니었다. 중국 정부가 정보를 통제하고 표현의 자유를 억압한 것에 대해 수백여 명의 지식인들이 전국인민대표대회에 공개적으로 '온라인 청원서'를 제출했었다. 그리고 상당수의 네티즌들이 언론의 자유를 요구하는 글이나 성명서를 인터넷에 올렸다가 검열되는 일이 많았다. 당시 네티즌들은 내부고발자(whistle blower)였던 리원량을 추모하기 위해 휘파람을 부는 동영상을 올리고, 삭제된 기사를 검열이 불가능한 여러 다른 외국어나 금석문 등으로 옮겨서 서로 퍼 날랐으며, 리원량의 웨이보에는 추모의 댓글이 90만 개가 넘게 달렸다. 이런 사실을 고려하면 당시 언론의 기사는 저자가 얘기하듯이 "몇몇 네티즌의 발언을 전체 중국의 문제로 확대하거나 근거 없는 소문을 그대로 인용 보도한 것"이 아니다.(320쪽) 오히려 저자의 이러한 프레임은 당국의 통제와 검열에도 불구하고 중국 사회가 다른 사회 못지않게 나름의 역동성을 가지고 있다는 사실을 왜곡하고 있는 것은 아닐까?

실명 비판이나 학술 인용에 따르는 책임

어떤 논쟁이든, 특히 그 논쟁이 학술적인 것이라면 상대를 실명 비판하기 위해서 가장 우선시해야 하고 중요한 것은 정확한 이해와 인용에 따른 비판이다. 하지만 이 책은 그런 면에서 가장 아쉬움을 남긴다. 몇 가지 사례만 들어 보자.

은 그를 소환하여 유언비어를 퍼뜨렸다는 이유로 경고하며 훈계서를 작성시켰다. 이후 리원량은 코로나19 환자들을 돌보다가 2월 7일 사망했으며, 이 소식이 알려져 중국에서는 그를 추모하며 정보를 투명하게 공개하지 않고 통제하는 중국 당국을 비판하는 움직임이 크게 확산되었다.

우선 백승욱의 학술 작업에 대한 인용이다. 저자가 요약한 바에 따르면, 백승욱은 "문화대혁명은 마오가 중심이 된 따라잡기식 중국의 발전 방향이 낳은 두 가지 문제, 즉 발전주의 구조와 국가주의 구조가 실패한 결과물이라는 점을 강조"하고 있으며, "문화대혁명 시기 추진된 국유화는 엘리트 중심의 계획 경제 속에서 관료적 형태로 고착화되는 국가주의 성격을 지니게 되었다고 비판한다."(619쪽) 하지만 저자가 인용한 백승욱 저작의 해당 부분*을 읽어 보면, 백승욱은 위와 같은 주장을 한 적이 없다. 저자는 백승욱의 주장을 문화대혁명 시기 추진된 국유화로 인해 관료적 형태가 고착화되어 중국이 국가주의적 성격을 지니게 된 것으로 요약하고 있지만, 오히려 백승욱은 문화대혁명 이전 시기에 형성된 발전주의적 구조와 국가주의적 구조, 고착화된 형태라는 문제를 해결하기 위해 그 정치적 실천으로 문화대혁명이 발생했다고 주장하고 있다.

한편, 저자는 중국의 당-국가 체제가 서구의 대의민주주의 체제보다 더 진보적일 수 있다는 자신의 주장을 입증하기 위해 왕후이(汪暉)를 그 근거로 삼는다. 저자에 따르면 왕후이는 "중국 공산당이 국가화되는 과정에서 특정 계급의 이익을 반영하는 정당이 아니라 국가처럼 중립화되어 각자 다른 계급의 이해관계를 조장하는 기능을 수행"하며, "자본가와 노동자가 탈계급화된 당-국가 체제 내에서는 국가가 기업의 이윤을 노동자와 함께 나눌 수 있기 때문에 굳이 적대적 계급투쟁에 호소할 필요가 없다"는 주장을 하는 지식인이다. 저자는 왕후이가 "지금 중국은 '탈정치화된 국가 체제'에 놓여 있다"고 보고 있으며, 이는 곧 그가 국가가 탈계급적 성격을 갖게 된 것을 긍정적으로 평가한 증거라고 해석한다.(622-623쪽) 과연 왕후이는 이렇게 주장했을까?

---

* 백승욱, 『세계화의 경계에 선 중국』(창비, 2008), 366-367쪽.

왕후이의 '탈정치화의 정치' 테제를 다시 한 번 살펴보자. 왕후이에 따르면*, 1960년대 이후 '탈정치화'는 중국은 물론이고 전 세계적으로 공히 나타나는 현상으로 정당들이 각자의 정치적 가치를 상실하고 국가기구로 함몰되어 결국 민의를 대변하지 못하고 국가의 동원기구로 전락하는 현상이다. 왕후이는 '정당-국가 체제'에서 '국가-정당 체제'로 변화하고 있는 탈정치화의 과정을 비판하면서 지난 혁명 역사 속에서의 경험을 되살려 기층 인민들의 목소리와 주장을 반영할 수 있도록 당 내부의 이론 및 노선 투쟁을 정비하고, 재정치화할 필요가 있다고 주장한다. 물론 왕후이는 중국에서 새로운 정치 체제를 상상하는 것은 아니기에 그의 주장은 현재 일당 독재를 옹호하는 것으로 읽히기도 한다. 하지만 왕후이는 현재 중국 공산당의 모습을 긍정하는 대신, 당이 자신의 사회주의적 혁명 전통으로 돌아가 인민들의 비판 역량을 제대로 흡수해 자신의 본질을 회복해야 현재의 모순적인 상황을 극복할 수 있다고 주장하고 있기에 저자의 해석은 오독이라고 할 수 있다. 때때로 오독은 창조적인 결과를 가져다주기도 하지만 만약 이 저작이 중국어로 번역되어 왕후이에게 읽힌다면 민망한 일이 발생할 수도 있을 것 같다.

또한 저자는 중국 체제가 미국 제국주의와는 달리 내부 지향적이어서 평화 체제 구축의 주축이 될 수 있다는 주장의 근거로 조반니 아리기(Giovanni Arrighi)를 자주 인용하고 있다. 아리기가 중국의 역사적 전통에 입각해 중국의 미래에 큰 기대를 거는 것은 사실이나 그는 항상 여러 단서 조항을 달았다. 아리기는 세상을 떠나기 전에 마지막으로 남긴 글인 『장기 20세기』 2판 후기에서 "지구 정치경제에서 중국의 점증하는 경제적 비중은 그 자체로 세계의 문화와 문명에 대한 상호 존중에 기초한 동아시

---

* 왕후이, 성근제 · 김진공 · 이현정 옮김, 『탈정치 시대의 정치』, 돌베개, 2014.

아 중심의 세계 시장 사회의 출현을 보장하지는 않는다"*고 했으며, 『베이징의 애덤 스미스』의 결론부에서도 중국이 "자국과 세계를 위해 생태적으로 지속가능한 발전 경로를 아직 개척하지 못했고", "방향 전환이 실패로 돌아간다면, 중국은 아마도 사회적, 정치적 대혼란의 새로운 진원지로 변모"할 지도 모른다는 점을 경계했다.**

저자는 이외에도 많은 국내외 학자들의 주장을 때로는 자의적으로 인용하거나 비판하고 있는데, 그를 통해 끌어낸 요지는 중국은 당-국가 체제가 탈계급화되어 중립적인 위치에서 자본의 이익을 대변하지 않는 국가라는 것이다. 그리고 중국은 아시아 평화 체제에 주요한 주체로 미국의 압박만 없다면 중국의 힘은 외부로 향하지 않고 절대 빈곤에 허덕이는 내부로 향할 것이라고 예측한다. 그래서 저자에 따르면 '시진핑의 중국'은 한국의 자본가들에게는 위협적이지만 평화 체제 세력에게는 희망을 준다. 과연 시진핑의 중국은 저자가 주장하듯이 자본 억제적이며 지역의 평화를 지향하는가?

'비판적 중국학'의 과제는 무엇인가?

이 책의 저자는 한국에 만연한 반중 정서가 어떤 편견과 오해 때문이라는 점은 잘 지적하고 있지만, 그 편견과 오해가 진보적 중국 연구자들의 잘못된 주장이나 침묵 때문이라고 비판하는 무리수를 두고 있다. 오히려 저자는 미국 제국주의에 대한 비판을 위해 막대기를 너무 구부려 중국 쪽으로

---

* Giovanni Arrighi, "Postscript to the Second Edition", *The Long Twentieth Century: Money, Power and the Origins of Our Times*, Verso: New York, 2010. p. 385.
** 조반니 아리기, 강진아 옮김, 『베이징의 애덤 스미스』(길, 2009), 534-535쪽.

가져간 것은 아닌가? 저자가 현재의 중국을 이상화해서 받아들임으로써 그 내부의 문제에 대해서는 일부러 눈을 감고 있는 것은 아닐까? 중국에서 사회주의 체제가 그 내부에서 민주적 사회주의와 인간다운 삶을 요구하는 노동자들과 학생들의 저항을 강제로 진압하는 일이 일어났다. 이는 자스커지(佳士科技) 사건*을 비롯해 지금도 중국 여러 곳에서 벌어지고 있다. 이런 시진핑의 중국에 대해 내재적으로 비판하는 것을 왜 아시아 평화 체제 구축에 방해가 된다고 여기는지 이해하기 힘들다.

　이런 논쟁은 지금 한국에서만 등장하지 않는다. 해외의 진보적 중국학계에서도 중국의 체제 성격을 놓고 치열한 논쟁이 많이 벌어지고 있다. 주요 쟁점은 중국이 미국을 중심으로 하는 제국주의와 신자유주의 체제에 대항하고 있으므로 진보적 변화의 근거가 될 수 있을지, 아니면 현재 중국이 아류 제국주의의 성격을 가지고 있고 이미 국가자본주의 체제에서 내부의 진보적 저항자들을 억압하는 권위주의 국가이기에 비판의 대상으로 삼아야 하는지 여부이다.

　한국에서 비판적 중국 연구는 저자도 거론하고 있듯이 고(故) 리영희 선생이 몸소 보여 줬던 방법으로 냉전 시기 반공주의에 함몰되지 않고 중국의 혁명 역사 속에서 대안적 근대 추구의 사상과 실천을 발굴하고 이를 통해 한국 사회의 인식의 지평을 넓히는 것이었다. 그렇기에 그동안 비판적 중국 연구는 내재적 접근법을 중심으로 서구 주류 사회과학의 외재적 시각을 비판하는 데 중점을 두었다. 하지만 중국도 개혁개방 이후 시장경제

---

* 2018년 자스커지라는 기업에서 비인간적인 처우를 개선하기 위해 노조를 건설하려는 젊은 농민공들이 지역 당국과 해당 기업의 탄압을 받자 이에 중국 여러 대학의 마르크스주의 동아리 학생들이 연대에 나섰다. 일종의 노학연대 활동이 일어나자 중국 당국은 2018년 겨울부터 50여 명이 넘는 관련자들을 구속시켰다. 이 사건에서 많은 이들이 사회주의 국가와 공산당이 사회주의적 주장을 하는 노동자와 학생들을 탄압하는 역설적인 상황을 비판하며, 시진핑 체제의 본질적 성격이 무엇인가라는 문제를 제기했다.

를 상당 부분 수용하면서 급격히 변화했으며, 도리어 자칭 사회주의 체제가 그 체제의 진짜 주인으로 호명되어 온 기층 인민들의 민주적 주장을 강력하게 탄압하는 모순에 직면해 있기도 하다. 그렇기에 내재적 접근에는 연구자 스스로의 비판적 시각이 매우 중요하다. 내재적 접근이 내재적 비판이 되지 않으면 그 관점의 객관성은 확보되지 않고 해당 체제의 특수성만을 강조하거나 그 체제의 관방(官方) 이데올로기가 선전하는 내용에 현혹되기 쉽다. 안 그래도 많은 중국 연구자들이 친중과 반중의 이분법 중에 선택을 강요받는 현실 속에서 저자는 누군가에게 어떤 '주의자'라는 낙인을 찍기 전에 일단 자신이 주장하는 근거를 좀 더 면밀하게 다듬고 살펴볼 필요가 있지 않을까?

하남석
서울시립대 중국어문화학과 부교수로 재직 중이며 현대 중국의 체제 변동과 대중 저항을 주로 연구하고 있다. 주요 논문으로는 「중국의 신자유주의 논쟁과 그 함의」, 「1989년 천안문 사건과 그 이후: 역사의 중첩과 트라우마의 재생산」, 「시진핑 시기 중국의 청년 노동 담론: 내권(內卷), 당평(躺平), 공동부유」 등이 있으며, 저역서로는 『차이나 붐』, 『아이폰을 위해 죽다』(공역), 『팬데믹 이후 중국의 길을 묻다』(공저), 『중국공산당 100년의 변천』(공저) 등이 있다.

『중국 딜레마: 위대함과 위태로움 사이에서, 시진핑 시대 열전』 박민희 지음,
한겨레출판, 2021

사마천의 『사기 열전』의 형식을 빌려 21세기 중국의 다양한 모습을
드러내 주는 책이다. 시진핑을 비롯해 중국의 정책을 수립하고 집행해
나가는 고위 관료들과 기업가들, 또 한편으로 아래로부터 중국을
변화시켜 나가려는 지식인과 민간의 모습을 통해 시진핑 시대의
중국을 이해할 수 있다.

"미-중 신냉전이 고조되고 있지만 어떤 나라도 거대하고 복잡한
중국을 외부의 압력으로 변화시킬 수는 없다. 중국은 내부에서
스스로 개선하고 변화해 나갈 수밖에 없을 것이다. 다만 수천 년 동안
중국과 어떻게 공존할까를 고민해 온 이웃으로서 한국의 시민들은
중국의 현실을 진지하게 보고, 협력하되 할 말을 하고, 한국의 원칙을
지키면서 공존하려는 노력을 포기하지 않고 계속할 수밖에 없다."
— 책 속에서

『민간중국: 21세기 중국인의 조각보』 조문영 엮음, 책과함께, 2020

한국 사람들의 편견 속에서 중국 사람들은 자기우월적이고 맹목적인
애국주의자의 모습으로 간단하고도 납작하게 일원화된다.
하지만 우리와 마찬가지로 중국 사람들도 현대사의 격류 속에서도
다양한 가치관을 가지고 자신의 일상을 살아내고 있다. 이 책은 중국을
연구해 온 여러 연구자와 활동가들이 중국 인민의 삶들을 다채롭게
보여 주고 있다.

"'국가 대 사회'라는 구도를 가정하면서 그 대립을 논하는 서구의
시각도, 이를 비판하면서 민과 관의 조화를 강조하는 중국 주류
학계의 시각도 대립과 합일 너머의 세세한 주름을 살피기엔 너무나
매끄럽다. "패러다임은 더 이상 당연하지 않게 되는 순간 그 자신의
모습을 드러낸다"는 혜안을 떠올려 봄직하다." — 책 속에서

역비한국학연구총서 40

한국 경제의 설계자들

| 국가 주도 산업화 정책과 경제개발계획의 탄생 |

정진아 지음

역사비평사

『한국 경제의 설계자들: 국가 주도 산업화 정책과 경제개발계획의 탄생』
정진아 지음, 역사비평사, 2022

'긴 50년대'의 복권?

김두얼

한국사의 긴 50년대

유럽사에서는 1450년부터 1630년까지를 긴 16세기라고 부른다. 혹은 역사학자들은 종종 1914년부터 1991년까지를 20세기로 상정하고 논의한다. 이런 명명을 우리 역사에도 도입한다면, 1945년부터 1961년의 기간은 긴 50년대로 불러도 좋겠다. 혹은 전쟁이 끝난 1953년부터 1961년을 짧은 50년대라고 명명하는 것도 나쁘지 않다. 이런 호칭은 50년대라는 단어가 가지는 사회적 약속을 훼손하지 않으면서도 하나의 시대로 묶을 수 있는 시간의 덩어리를 잘 표현해 준다.

긴 50년대가 표상하는 다양한 모습은 대개 극심한 가난으로부터 파생된 것이지 않을까 싶다. 해방 직후부터 1961년경까지 우리나라의 1인당

소득은 당시 금액으로 100달러, 지금 화폐 가치로 1,000달러 정도였다. 이것은 당시건 오늘날이건 가장 빈곤한 나라들의 소득 수준에 해당한다. 통상적으로 우리 사회에서는 이런 낮은 생활 수준이 식민지기 동안의 저발전과 해방 직후 일어난 한국전쟁으로 비롯되고 정치적 혼란 때문에 고착되었다고 여긴다.

1960년대에 들어서면서 우리 경제는 '지긋지긋한 가난의 굴레'를 벗어나기 시작한다. 그것도 전 세계 어느 나라에서도 유례를 찾기 힘들 정도로 빠르게 그리고 멈추지 않고 말이다. 그 결과 2017년 우리나라의 1인당 소득은 3만 달러를 넘어섰고, 2021년 유엔무역개발회의(UNCTAD)는 대한민국을 개발도상국에서 선진국으로 분류했다. 제2차 세계대전 이후 이런 정도의 변화를 겪은 나라는 우리나라를 제외하면 타이완, 홍콩, 싱가포르 정도뿐이다.

한국 경제의 눈부신 성과가 어떻게 가능했는지에 대한 설명은 다양하다. 하지만 연평균 성장률이 10퍼센트에 육박하는 고도성장이 1960년대 중엽부터 시작되었다는 사실로 인해, 많은 이들은 경제성장을 곧 박정희가 주도한 정치세력 변화의 결과라고 규정하는 데 익숙하다. 1950년대의 희망 없는 곤궁으로부터의 탈피는 구국의 결단으로 이루어진 쿠데타로부터 시작되었다는, '혁명사관'이라고 불리기도 하는 쿠데타 주역들의 역사관은 별다른 문제 제기 없이 오랫동안 널리 받아들여졌다. 심지어 박정희 정부에 비판적인 시각을 견지하는 학자들조차도 박정희 정부로부터 경제성장이 시작되었다는 명제는 받아들인 채, 경제성장의 과실이 일부에게 귀속되었다거나 정치적 탄압을 일삼았다는 것을 문제 삼았다.

쿠데타 세력이 정권을 잡은 이후부터 30년 가까운 기간 동안 고도성장이 있었고 이것이 오늘날 우리 경제의 토대가 되었다는 점은 이론의 여지가 없다. 문제는 1960년대 이래의 성과가 부각될수록 긴 50년대는 실제보다 어둡게 인식되었다는 사실이다. 혹은 1960년대 이래의 경제성장을 돋보이게 하는 과정에서 긴 50년대를 의식적으로건 무의식적으로건 폄훼하는 일이 일상적으로 이루어졌다. 연구자들은 오랜 기간 1950년대와 비교해서 1960년대에 무엇이 바뀌었는지 또는 1950년대와 1960년대에 어떤 단절이 일어났는지를 탐구했다. 이완범, 기미야 다다시(木宮正史), 박태균의 연구로 대표되는 국가 주도 경제개발정책의 기원을 분석한 초기 작업들도 이런 경향으로부터 자유롭지 않았다.

긴 50년대를 새롭게 보기

긴 50년대를 헤어날 수 없는 침체의 시기로 규정하고 1950년대와 1960년대를 단절로 이해하는 전통적 시각은 2000년대 중엽 이후 다양한 측면에서 비판받았다. 한국전쟁 전의 혼란은 어쩔 수 없다고 하더라도 1953-1961년의 경제성장률은 연평균 5.3퍼센트로, 사람들이 흔히 짐작하는 것만큼 낮지 않았다. 산업화와 도시화 역시 빠른 속도로 진행되고 있었다. 미국이 제공한 원조는 이런 경제성장과 산업화의 중요한 원천이었다. 이 시기의 생산 능력 확대는 1960년대 초 수출의 빠른 성장을 가능하게 함으로써 1960년대 수출 주도의 경제개발정책이 그저 책상 위의 서류에 머무르지 않고 현실화될 수 있는 토대를 제공했다.

정진아의 『한국 경제의 설계자들』은 박정희 정부 때 본격적으로 작동한 국가 주도 산업화 정책과 경제개발계획의 기원을 파헤침으로써 긴 50년대를 새로이 조명하고자 한다. 저자는 헌법 제정 및 개정과 관련한 논의, 경제학자들의 주장과 논쟁, 그리고 관료들의 정책을 아울러서 긴 50년대 동안 한국 경제 발전을 이끌어 간 정부 조직과 개발 전략이 어떻게 구체화되고 진화했는지를 추적한다. 그리고 긴 50년대를 "한국 자본주의 체계의 기본 구조가 설계된 시기"(26쪽)라고 규정한다.

이 언명의 의미는 세 개의 명제로 정리해 볼 수 있다. 첫째, 한국 경제의 기본 틀과 발전 방향을 어떻게 짤 것인지에 대해서는 해방 이전부터 다양한 시각이 존재했다. 분단과 미군정 등의 영향으로 인해 사회주의적 발전 경로는 일찍이 배제되고 자본주의 체제로의 발전이라는 기본 방향은 확정되었다. 그러나 자본주의 체제의 모습과 관련해서는 자본주의 계획경제론과 자유경제론이라는 두 가지 경향이 존재했다. 자본주의 계획경제론은 "사적 소유권의 보장을 전제한 가운데 국가의 계획과 협동조합 운영 등을 통해 지주와 자본가의 독점적 수탈을 방지하고 부의 불평등을 시정하는 한편 생산과 분배의 공동화, 협동화, 생산력 증진을 지향"했다.(88쪽) 자유경제론 역시 "자본주의 경제 정책에서 국가권력의 주도적 역할을 전제"하되, "국가가 자유경쟁을 용인하면서도 재정, 금융 정책을 통해 자본가에 대한 물적, 제도적 지원을 제공하여 궁극적으로 자본가를 한국 자본주의의 중심 계급으로 육성"하고자 했다.(88쪽) 두 시각은 헌법의 제정과 개정이라는 높은 차원으로부터 정부 조직이나 경제 정책의 기본 방향 정립, 그리고 개별 현안에 대한 정책에 이르기까지 다양한 층위에서 지속적으로 경합했다. 그러나 1950년대 말이 되면 자유경제론이 정부 정책의 기본 기조로 자리 잡는다.

둘째, 자유경제론이 자본주의 계획경제론을 누르고 경제 정책의 기본 형태로 자리잡는 데에는 자본가의 영향력 그리고 원조 제공을 조건으로 한 미국의 간섭과 압력이 크게 작용했다. 그로 인해 노동자, 농민의 삶은 피폐해졌으며, 궁극적으로는 그에 대한 불만이 4·19 혁명으로 귀결되었다.(36쪽, 377쪽)

셋째, 멀리는 해방 직후, 좀 더 가까이는 한국전쟁 이후부터 우리 정부는 경제개발을 총괄할 계획기구를 마련하고 경제개발계획을 다양한 방식으로 수립해 왔다. 이 과정에서 여러 가지 혼란이 있었고 계획의 내용 역시 여물지 못한 측면이 있었지만, 수년간의 시행착오 끝에 1950년대 말이 되면 견실한 경제계획기구와 경제개발계획이 마련된다. 5·16 군사정변 직후 설립된 경제기획원 그리고 1962년부터 시행된 제1차 경제개발 5개년 계획은 이런 발전의 결과물이었으며, 그렇기 때문에 한국은 고도성장을 이룰 수 있었다. 그런 의미에서 1960년대부터 오늘날까지 이어지는 우리나라 경제 정책 및 경제 관련 정부 조직의 기본 틀은 1950년대에 형성된 것이며, 경제성장이라는 성과 역시 여기에서 출발한다고 볼 수 있다.

정리하자면, 국가 주도 산업화 정책이 고도성장을 추동한 핵심 요인이었다면, 이러한 정책 기조가 1950년대에 형성되었다는 의미에서 저자는 이 시기에 한국 자본주의 체제의 기본 구조가 설계되었다고 주장한다. 이러한 견해는 기존 연구가 제시하는 긴 50년대에 대한 서로 연관된 두 가지 통념을 뒤엎는 것이다. 하나는 앞서 이야기한 바와 같이 긴 50년대를 혼란의 시기로 파악하고 1960년대에 새로운 제도가 탄생했다는 인식에 대한 반박이다. 둘째는 1950년대의 경제 정책이 미국에 의해 일방적으로 규정되었다는 관점에 대한 비판이다. 미국이 막대한 영향을 행사한 것은 사실이지만, 미국의 개입은 일방적으로 관철된 것이 아니라 우리나라 정부와의 협의 또는 충돌 속에서 수정·변형되는 과정을 거쳤다. 저자는 한국 경제의 기본 틀 나아가 장기적인 발전은 이러한 상호작용의 산물임을 강조한다.

성취와 한계

1945년부터 1960년까지 우리나라 역사는 너무도 복잡하다. 사회도 혼란스러웠고 제도 역시 허구한 날 바뀌곤 했다. 이런 시기를 관통하는 맥을 잡고 통찰을 끄집어내는 난제에 정면으로 도전했다는 것만으로도 저자는 높이 평가받을 만하다. 나아가 저자는 단순히 도전한 것에 그치지 않고, 방대한 사료와 관련 연구를 차분하게 소화해서 충실하게 정리한 성과를 내놓았다. 그런 연유로 이 책의 기초가 된 저자의 박사논문은 출간된 2007년 무렵부터 이미 긴 50년대를 이해하기 위해 거쳐 가야 할 필독서로 여겨졌다.

하지만 아무리 훌륭하게 이루어졌더라도 사실의 정리는 좋은 연구의 필요조건일뿐이다. 뛰어난 역사 연구는 그로부터 새로운 통찰을 끌어내야 한다. 물론 저자는 앞서 소개한 바와 같이 긴 50년대에 대한 나름의 견해를 제시했다. 문제는 저자의 시대 파악이 논리적으로 타당한지 그리고 역사적 사실로 뒷받침되는지 여부이다. 이런 면에서 저자는 충분한 성과를 거두었다고 할 수 있을까? 몇 가지 문제 때문에 나는 이 질문에 대해 선뜻 긍정적으로 답하지 못하겠다.

가장 먼저 이 책과 관련해서 지적할 것은 제목이다. 어느 누구건 이 책의 제목을 보았을 때 "음, 저자가 우리나라 경제발전의 기본 뼈대를 설계한 사람이 누구인지 제시하겠군" 하고 짐작할 것이다. 하지만 책을 덮을 때면 그게 누구인지 제시되지 않아 당황할 것이다. 물론 이 책에는 우리나라 경제 정책에 직간접적으로 관여한 수많은 정치인, 학자, 관료의 이름이 나오고 그들의 행적과 생각이 소개된다. 나아가 저자는 우리나라 경제 정책의 큰 흐름이 권력자 개인의 결단이나 정책 담당자의 일관된 정책, 학자들의 이론이 아니라 다양한 논쟁 속에서 형성되어 왔음을 주장

함으로써 어떤 면에서는 이들 모두가 설계자라는 견해를 제시했다고도
볼 수 있다.

하지만 경제 정책에 관여한 모든 사람이 설계자들이라는 암묵적인 주
장은 지나치다. 그건 아무것도 말하지 않은 것이나 마찬가지이기 때문이
다. 나아가 이 책이 다루는 핵심 문제는 경제 정책이 '어떻게' 형성되어 왔
는가이지 '누가' 만들었느냐가 아니다. 그런 의미에서 책 제목은 책의 핵
심 내용이 무엇인지 정확하게 전달하기보다는 독자를 오도한다. 여러 가
지 좋은 제목 중 최선의 제목을 선택하지 못한 것이 아니라 맞는 제목과
틀린 제목 중 후자를 선택한 잘못을 범했다.

부적절한 제목을 단 것은 저자의 잘못이다. 하지만 출판사, 좀 더 구체
적으로 담당 편집자는 제목과 내용의 부정합을 파악하고 바로잡았어야
했다. 그런 의미에서 제목 문제는 저자만큼이나 출판사의 과오다. 역사 분
야 책을 전문적으로 내는 대표적인 출판사가 이런 오류를 저질렀다는 것
이 실망스럽다.

저자의 선입견 혹은 주관이 사료 위에 군림하는 점이 다음으로 지적할
문제이다. 저자는 우리나라 경제 정책의 형성 과정을 자본주의 계획경제
론과 자유경제론의 경합으로 파악한다. 그런데 저자는 양자를 대등한 관
계로 보기보다는 전자가 바람직하고 우리나라가 나아갔어야 할 방향이었
다는 판단을 책 전반에 걸쳐 내비친다. 즉 자본주의 계획경제론의 구상대
로 우리 경제 정책의 흐름이 형성되는 것이 국가경제 발전과 국민 모두의
행복을 위해 바람직했지만, 자본가의 집요한 반대와 미국의 개입 때문에
이러한 노선은 좌절되었고, 노동자나 농민은 고통받았다고 주장한다.

자본주의 계획경제론을 보다 바람직하다고 보는 저자의 판단이 선입
관에서 비롯된 것인지, 아니면 수많은 사료 검토와 고민을 통해 얻은 결론
인지 모르겠다. 전자라면 이것은 역사학자가 가장 피해야 할 오류를 저지

른 것이다. 후자라고 하더라도 나는 이러한 저자의 결론에 동의하지 않는
다. 정책은 듣기 좋은 이야기의 집합이 아니라 모든 것을 할 수 없기 때문
에 무엇을 포기할지 결정하는 과정이다. 최빈국 수준의 소득 수준 그리고
심각한 재정 적자 상황에서 분배와 복지정책까지 추구해야 한다는 주장
을 현실성 있는 정책 방안이라고 할 수 있을까? 나는 정책의 실현 가능성
을 고려하지 않은 채 모든 주장에 동일한 위상을 부여한 뒤, 어느 것이 더
바람직한지 평가하는 것이야말로 저자가 추구한다고 쓴 "정책사상사 연
구방법론"(26쪽)에서 가장 피해야 할 태도가 아닐까 생각한다. 안타깝게도
저자는 내 생각과는 반대되는 접근을 취하고 있다.

　백번 양보해서 자본주의 계획경제론이 자유경제론보다 당시 상황에서
실현 가능성이 그렇게 낮은 정책이 아니었다고 해보자. 자본주의 계획경
제론에 가까운 혹은 그보다 더 강한 사회주의 계획경제론에 기초한 정책
을 펼친 북한, 중국, 소련이 경제성장에 성공했는가? 혹은 자본주의 계획
경제론에 충실했던 나라 가운데 우리나라만큼 경제성장에 성공한 나라가
있는가? 현재 문제를 분석하는 사회과학자들은 지금 일어나는 일의 결과
를 예측할 뿐이다. 하지만 역사학자는 어떤 시점에 일어난 사건의 결과를
아는 상태에서 그 사건의 의미를 이야기할 수 있다. 일의 발생과 귀결을
모두 관측할 수 있다는 점이야말로 역사학이 사회과학에 대해 가지는 비
교우위 중 하나이며, 사회과학자들이 역사에 관심을 가지는 중요한 이유
이다. 불행하게도 저자는 이런 비교우위를 활용하지 않았다. 자본주의 계
획경제론이 현실에서 제대로 작동한 역사적 사례를 찾기 어렵다는 명백
한 사실을 무시했다. 이런 편향은 이 연구가 현재에 대한 시사점을 제공하
는 측면뿐 아니라 긴 50년대를 제대로 이해하는 데에도 심각한 제약을 가
했다.

　관련해서 사료 해석의 오류를 한 가지 지적하고자 한다. 저자는 제헌헌

법 제15조에서 재산권 보장과 함께 공공 필요에 따른 수용이 가능하도록 명시한 조항을 기업 국유화 관련 조항 등과 묶어서 "자본가의 이윤 추구욕보다 공익을 우선"(231쪽, 232쪽)하는 조항이라고 언급한다. 하지만 이것은 이 조항에 대한 잘못된 해석이다. 현행 헌법 제23조 3항에 해당하는 이 조항은 도로 건설 등과 같은 공공사업을 시행할 때 토지 소유자가 알박기 등과 같은 기회주의적 행동을 통해 사업 수행을 방해하는 문제를 해결하기 위해서 정당 보상을 전제로 토지 수용이라는 재산권 침해를 할 수 있음을 규정한 것이지 자본가의 이익을 제한하는 것과는 관련이 없다. 선입관이 사료 해석의 왜곡을 낳은 사례로 보여 지적한다.

세 번째 문제는 긴 50년대의 경제 상황에 대한 충분한 고려 없이 정책을 논하고 평가한다는 점이다. 이 점은 바로 위에서 이야기한 국내의 정책 노선에 대한 논의뿐 아니라 미국의 정책 개입에 대한 평가에서도 반복된다. 1950년대에 미국은 중화학공업 투자를 중심으로 한 경제발전계획 수립과 집행보다 경제 안정화가 우선이며, 이러한 방향으로 한국 정부가 정책 방향을 설정하도록 요구했다. 나는 이러한 미국의 요구가 전적으로 옳았다고 이야기하고 싶지 않다. 1970년대 중화학공업화 정책처럼 한국 경제의 발전은 안정을 포기한 무모한 정책들의 산물인 측면이 있기 때문이다. 그렇다고 해서 미국의 요구가 부당했다거나, 자국의 이익을 관철하기 위해 우리 경제에 해로운 것을 강요했다고 규정하는 것은 지나치다. 1953년부터 1961년까지 우리나라의 물가 상승률은 보수적으로 잡아도 연평균 10퍼센트 이상이었다. 정부는 극심한 재정 적자에 시달리고 있었고 그로 인한 통화 발행이 물가 상승의 주요 원인으로 작용했다. 정부는 중화학공업을 우선적으로 발전시켜야 한다고 주장했지만, 이것을 실현할 만한 국내 저축이나 기술은 존재하지도 않았다. 저자는 이런 상황을 진지하게 고려하기보다는 미국이 우리의 요구를 순순히 들어주지 않은 것을 비판한다.

이상과 같은 지적에 대해 저자는 '이 책은 정책과 그 기저에 있는 사상에 대한 책이지 1950년대의 경제를 다룬 책이 아니다'라고 반론을 제기할지 모른다. 나는 저자가 이 책에서 경제에 대한 분석 혹은 경제사적 연구를 담아야 한다고 주장하는 것이 아니다. 어떤 사상을 평가함에 있어서 과연 그것이 현실성이 있는 내용인지에 대한 고민이 충분하지 못했음을 지적하는 것이다.

마지막으로, 저자는 기존 주장과 자신의 주장이 어떻게 다른지를 명확하게 입증하지 않는다. 물론 저자는 책 전체를 통해 긴 50년대 동안 우리나라 산업화 정책과 경제계획기구가 논의되고 형성되어 온 과정을 면밀하게 추적했다. 하지만 1961년 설립된 경제기획원과 그 직전에 존재한 경제계획기구가 어떻게 관련 있는지는 논의조차 하지 않는다. 연속과 단절은 둘 중 하나의 문제가 아니라 정도의 문제이다. 1961년 설립된 경제기획원의 구조, 운영 방식, 인적 구성이 그 이전의 제도나 인력 등을 얼마나 이어받고 있으며 어떤 면에서는 달라졌는지를 명확하게 보여 줄 때 기존 주장을 진정으로 넘어설 수 있다. 불행하게도 이 책은 5·16 쿠데타 직전에 모든 논의를 멈춘다. 긴 시간을 달려 결승선을 10미터 앞에 두고 경기를 멈춘 마라톤 선수 같은 느낌이다.

관련해서 또 한 가지 이해하기 어려운 점은 기존 논의를 다루는 방식이다. 저자는 1950년대와 1960년대의 단절을 주장하는 대표적인 연구로 박태균의 2002년 박사학위 논문을 언급한다. 하지만 그저 이를 언급할 뿐, 정식으로 이 논문의 주장이 무엇인지, 어떤 부분이 문제가 있는지, 자신의 주장과는 어떻게 다른지를 차분하게 따지지 않는다. 심지어 박태균의 선행연구에 대한 언급은 각주로 처리되어 있다.(321쪽, 각주 80) 저자는 선행연구를 무시한 것일까 아니면 정면으로 맞서기를 두려워한 것일까. 어느 쪽이건 잘못이다. 연구는 혼자 하는 것이 아니다. 기존 연구 성과에 기대고 나와 다른 생각을 가진 사람들과 논쟁하며 만들어 가는 것이다. 저자가 서술한 긴 50년대 우리나라 경제 정책의 형성 과정이 그러했듯이 말이다.

미완의 기획

저자는 긴 50년대에 대한 기존 인식에 맞섰다. 1960년대 초부터 짧게는 20여 년 길게는 오늘날까지 지속되는 우리나라 경제 정책의 기본 형태가 1950년대와의 단절을 통해 등장한 것이 아니라 긴 50년대의 산물임을 보이고자 했다. 수많은 사료와 기존 연구를 토대로 이런 주장을 제시했다. 안타깝게도 나는 저자의 기획이 충분히 성공했다고 생각하지 않는다. 사료가 이야기해 주는 것에 귀 기울이고 자신의 생각에 의문을 제기하기보다는, 자신의 믿음 혹은 선입관을 떨쳐내지 못했기 때문이다. 그로 인해 저자는 긴 50년대에 대한 많은 정보를 일목요연하게 제시했지만, 그 시대의 의미가 무엇이었는지를 독자들에게 정확하게 보여 주는 데 도달하지 못했다. 이 책을 읽은 독자들은 저자가 기존 견해와 다른 주장을 제시했음을 알게 되겠지만, 과연 1960년대를 긴 50년대와 어떻게 관련지어서 보아야 할지에 대해서는 혼란스러울 것이다. 저자는 긴 50년대를 복권하는 문제에 대한 사람들의 관심을 불러일으켰으나 복권이라는 목적은 달성하지 못했다.

이런 약점에도 불구하고 나는 우리나라 경제의 발전 과정 그리고 경제 정책의 인적, 제도적 계보에 관심을 가지는 분들이라면 이 책을 꼭 읽으시라고 추천한다. 가장 나쁜 것은 성실하지 못한 자료 검토와, 맞는 것도 아니고 틀린 것도 아닌 주장을 내세우는 책이다. 이 책은 그런 부류가 아니다. 저자의 생각이 무엇인지 잘 드러나 있으며, 왜 그런 주장을 하는지 근거를 제대로 내세운다. 그 근거는 방대한 사료 검토의 결과물이다. 나아가 자신의 주장을 평가의 장에 당당하게 드러냈다. 그런 노력과 용기 그리고 학자로서의 자신감을 존경한다. 그래서 나는 이 책을 평하고 권한다.

김두얼
본지 편집위원. 현재 명지대학교에서 경제사, 제도경제학, 법경제학 등을 연구하고 강의한다. 지은 책으로 『경제성장과 사법정책』, 『한국경제사의 재해석』, 『사라지는 것은 아쉬움을 남긴다』, 『살면서 한번은 경제학 공부』가 있다.

Slouching Towards Utopia: An Economic History of the Twentieth Century
J. Bradford DeLong, Basic Books, 2022

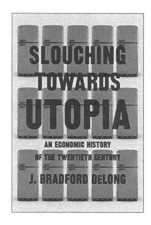

한국의 경제성장을 객관적으로 이해하려면 우리나라 역사를 깊게
들여다보는 만큼이나 세계사의 흐름을 함께 살펴보는 것이 긴요하다.
경제평론가로도 유명한 경제사학자 브래드포드 들롱의 20세기
경제사는 이런 면에서 좋은 길잡이가 되리라 기대한다. 현재 생각의힘
출판사에서 번역을 진행 중이며, 올 하반기에 영문판과 동시에
국내에도 출간된다. 번역이 끝나면 내가 감수를 할 예정이다.

『박정희 정부의 선택: 1960년대 수출지향형 공업화와 냉전체제』 기미야 다다시 지음,
후마니타스, 2008

우리나라의 수출지향적 경제개발계획이 형성되는 과정을 추적한
고전적 연구서. 종이책은 절판되었으나 전자책을 구매할 수 있다.

"군사쿠데타 직후 박정희 정부가 추진하고자 했던 '내포적
공업화'는 미국의 반대나 국내 지지 동원의 한계로 좌절되었으며
그 대안으로 '수출지향형 공업화'가 선택되었다. 그 후 한국 정부는
수출지향형 공업화에 관한 미국의 권고를 받아들이면서 정부의
정책 자원을 증대시키는 방향으로 여러 개혁들을 단행했다. 또한
한국 정부는 경제발전 전략의 일환으로 경제협력방식에 의한
한일수교를 선택함과 동시에 베트남 파병 결정을 통해 파병과 직접
관련이 있는 용역·송금 중심의 특수를 획득함으로써 경제발전을
이룩할 수 있었다." ─ 책 속에서

『미술시장의 탄생』
손영옥 지음, 2020, 푸른역사

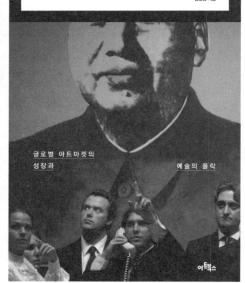

『시장미술의 탄생』
심상용 지음, 2010, 아트북스

미술과 시장은 어디에서 만나는가

현시원

미국에서 돈과 권력의 은밀한 요점은 돈으로 살 수 있는 물건도 권력을 위한 권력도 아니고 절대적인 개인적 자유, 이동성, 사생활이라는 이야 기다. 그것은 19세기 내내 아메리카를 태평양까지 밀어붙인 동력이 된 본능이며, 샌드위치를 사고 싶을 때 **레스토랑이 열려 있기를 바라는 욕 망이다. 자유로운 행위 주체가 되어 자신의 법에 따라 살고 싶다는 욕망** 말이다.(『베들레헴을 향해 웅크리다』, 106-107쪽, 강조는 필자)

공급은 수요를 따른다. 2022년 9월 2일 서울 코엑스에서 열리는 아트페 어 프리즈(Freize)와 키아프 서울(Kiaf Seoul) 동시 관람 프리뷰 티켓은 20만 원, 일반 티켓은 7만 원이다. 이 프리즈 페어 안에 있는 미술작품의 가격은 천차만별이다. 좌우 사방으로 돌진하는 '포켓몬 고(Go)'와 달리 아트페어 안의 동공은 때로 불안하다. 탐색해야 하고 추진해야 하고, 예측할 수 없는 가격에 부여된 '가치'를 탑재해야 한다.

심상용의 『시장미술의 탄생』(이하 『시장』)과 손영옥의 『미술시장의 탄생』(이하 『미술』) 두 권을 읽고 난 후 작가 조앤 디디온의 에세이 한 구절이 생각났다. 자본주의 아래 공적 경험(제도)과 사적 욕망이 교차하는 장면을 따라잡는 문장이기 때문이었다. 조앤 디디온은 1960년대 말 "샌드위치를 사고 싶을 때 레스토랑 문이 열려 있기를 바라는 욕망"을 자본주의화된 세계를 밀어붙인 동력이 된 본능이라고 썼다. 1960년대의 레스토랑은 2022년, 아트페어의 부스와 입장권으로 변화했다. 자신의 법에 따라 살고 싶은 욕망은 메뉴를 선택하고 먹고 마시기를 뛰어넘는다. 오늘날의 본능인 '보여 주기'와 '보기'는 인스타그램 이미지의 범람 속에서 미술품을 사는 자신을 현시한다.

미술품 구매는 취향을 넘은 자본이자 정체성이 되었다. 올 3월, BTS RM이 소유한 권진규의 말 조각이 미술관에 전시되고, 그가 읽은 미술가 안규철의 에세이는 동남아시아 언어들로 번역되었다. 모두 '탄생'이라는 부제를 달고 있는 두 책은 2022년 미술품을 구입하려는 이들에게 요긴한 정보 제공의 역할을 하지는 못한다. 변화무쌍한 '현재' 미술시장의 실체를 파고드는 일과도 다르다. 그렇다면? 두 책은 미술시장의 종적·횡적 구조를 다룬다. 미술작품도 미술 작가도 화상도 주인공이 아니다. 이 모든 것을 둘러싼 시스템과 동력이 핵심이다. 심상용의 책이 미술시장의 현재를 논한다면, 손영옥의 책은 근대적 시기의 미술시장 즉 과거를 연구한다. 두 책은 미술시장을 향한 혼란과 의심, 설렘, 외면 등의 총체를 불식시키기보다 강화한다. 오늘날 미술시장을 둘러싼 과도한 열기와 자본의 쏠림 현상은 시장의 관심과 거리가 먼 채 작업을 하는 여러 다른 미술 작가들의 존재를 압도한다. 이러한 왜곡된 상황에서 독자 스스로 예술의 가치에 대해 판단할 수 있도록 '질문 방식'을 제시한다는 점에서 두 책의 의미를 찾을 수 있겠다. 책에서는 각각 서로 다른 각도로 눈앞의 '미술시장'이 지닌 다양한 강도의 진폭과 수많은 경로를 탐문케 한다.

시장미술이란 무엇인가?

12년 전에 출간된 『시장』은 시간을 타지 않는 책이다. 저자가 책의 말미에서 펼치는 "다음 단계의 예술이 상상되어야 할 시점"(『시장』, 320쪽)은 아직 오지 않은 듯하다. 이 책은 몇몇 대목에서 오래 멈춰 읽어야 한다. 등장하는 사례보다 중요한 것은 저자가 개념화하는 대상과 그에 담긴 시각이다. 먼저 이 책이 과연 미술시장을 다루는지 자세히 봐야 한다. "다루고자 하는 주제는 '미술시장(Art Market)'이 아니라 '시장미술(Market Art)'"이라는 점을 짚어 보자. '시장미술'이란 무엇일까? 저자는 이렇게 명명한다. "'미술시장'의 현재와 같은 탁월한 작동이 아니라면 결코 가능하지 않았을 '과도하게 시장화된' 예술의 유형으로, 현대미술의 새로운 학명(學名)이기도 하다."(『시장』, 19쪽) 눈으로 슥 읽었던 '시장미술'을 소리 내 발음해 본다. 자주 쓰는 용어가 아니다. 저자는 미술이 화폐 가치로 전적으로 환원될 수 있다는 믿음의 요인들을 하나씩 짚는다. 그의 서술에 따르면, 오늘날 현대미술의 토양은 "시장미술이 만개하는 데 적절한 생태적 성격으로 부단히 개조"(『시장』, 19쪽)되어 온 것이다. 즉 이러한 '개조'된 시공 위에 올라선 것이 저자가 개념화한 '시장미술'이다.

책을 서술해 나가는 힘은 정보와 지식보다는 저자의 예술에 대한 믿음과 제언에 있다. 자잘한 세계로 쪼개진 오늘날 예술에 대해 여전히 공통의

가치와 방향이 존재한다는 것을 주장하는 시도는 책이 출간된 지 십여 년
이 지났음에도 여전히 희소성 있게 다가온다. 『시장』은 총 11장으로 구성
된다. 책의 3장까지가 저자의 '시장미술'과 '미술시장'을 바라보는 관점에
의 전체적인 이해를 돕는다면 4장, 5장은 각각 글로벌 아트페어와 경매라
는 제도를 다룬다. 6장에서 10장의 내용은 '글로벌 아트마켓의 성장과 예
술의 몰락'이라는 책의 부제와 직결된다. 저자는 이 부분에서 성공 이데올
로기, 저널리즘, 글로벌 아트마켓이 현대미술의 위기를 어떻게 불러왔는
지 세 축으로 논의한다.

　저자의 주장은 구체적 지침이라기보다는 큰 그림이다. 이러한 주장이
필요한 배경에 대한 서술이 더 구체적이다. 따라서 저자의 주장은 실현의
가능성보다 당위와 가치, 복원되어야 할 항구적 보편성으로 회귀한다. 일
례로 오늘날 과포화된 미술시장에 있어서 필요한 하나의 대안이 "'가격을
넘어 나가는 시선', '계량을 거부하는 가치'의 의미를 재작동시키는 것"이
라는 주장은 책에 등장하는 구체적인 예시와 대비되어 다소 모호하게 느
껴진다. 바젤의 성공 전략(돈을 버는 것이 아니라 1등의 자리를 지키는 것의 중요성, 『시
장』, 103쪽), 매년 발표되는 생존 미술가 100인 명단인 '쿤스트 콤파스(Kunst
Kompas)'와 같은 통계주의적 접근(『시장』, 250쪽), "단 한 사람의 안목과 단번
에 세계의 스타로 등극하는 것 사이의 일치"(『시장』, 92쪽) 등을 저자가 지속
적으로 언급하기 때문이다. 이 같은 구체적 사례의 생생함은 '어떤 돌파구
로 미술시장에 국한하지 않는 다른 미술을 만날 수 있는가?' 혹은 '과포화된
미술시장의 현재를 어떻게, 무엇으로 상대해야 하는가?' 하는 질문에 무게
감을 싣는 것이지, 해답은 아니다.

　저자는 책에서 유명 예술가의 사례를 비판적으로 말하고 있다. 그러나
그가 가치 있다고 생각하는 예술 작품에 대해 의견을 개진하지는 않는다.
만약 이를 긍정적으로 말한다면, 일종의 장밋빛 사기가 되리라 우려했기

때문일까. 그럼에도 저자가 미술작품의 제작과 예술가의 존재를 거듭 강조하며, 예술을 자유와 개인성의 정신적 가치(『시장』, 5쪽)로 본다는 것을 간파하기는 어렵지 않다. 그는 이렇게 썼다. "정말로 도움을 필요로 하는 것은 (……) 예술 창작 자체의 메커니즘이다."(『시장』, 182쪽) 다시 말해 '창작'에 방점이 찍혀 있다. 이러한 맥락에서 저자가 던지는 공적 영역과 사적 영역 간 관계의 의제는 미술 현장에서 매우 중요한 시각이다. 예술을 하고 미술품을 사는 사적 선택은 "깊이 있는 공적 영역의 경험을 제공"하는 것과 연결되며 이는 취향을 넘어 공적 경험과 제도적 변화로 확장될 수 있다. 미술을 사고하는 방식과 경험의 조율 음계를 다변화·다각화할 수 있어서다.

한나 아렌트를 인용해 그가 말하듯 "공적 영역이 소멸하는 마지막 단계는 사적 영역의 제거"(『시장』, 205-206쪽)라는 대목을 곱씹어 볼 필요가 있다. 그가 책에서 인용하는 여타 유명한 작가들은 어떤 면에서 더는 호기심을 불러일으키지 않는다. 그보다 영국 근세사에서 "농사를 잘 못 지어서가 아니라 땅을 지키기 위해 파산했다"(『시장』, 204쪽)는 농부들에 대해 더 알고 싶어진다. 심상용은 '시장미술'을 호명함과 동시에 눈앞의 미술시장, 또 거기에 특화되어 창작 유통되는 '시장미술'이 전부가 아니라는 점을 강조한다. 예술의 존재론적 가치를 강조하는 이러한 주장은 십 년이 지났음에도 동시대 미술 현장에 유효하다.

끝으로, 책 『시장』에서 아쉬운 점은 책이 갖는 의미와 같은 선상에 있다. 책에 등장하는 사례들은 남성 스타 작가, 서구 미술의 주요 기관과 주체이다. 저자는 스타 작가의 성공에 치우친 글로벌 네트워크의 축을 심도 있게 비판한다. 그러나 이러한 비판을 위해 저자가 논의의 대상을 스타 작가로 국한하는 아이러니가 발생한다. 앤디 워홀(Andy Warhol), 제프 쿤스(Jeff Koons), 데미언 허스트(Damien Hirst) 모두 20세기 후반 미국과 유럽 중심으로 쓰인 서구 미술사와 현장의 주체다. 저자 또한 이를 의식하고 추후 보완해 나갔던 듯하다. 2016년 출간된 책의 한 챕터에서 저자는 「시장에 맞서는 작가를 길러야 하는 이유」라는 글을 썼다.* 이 글은 그리 길지는 않지만 해방 후 한국 근현대 미술사에서 '미술이란 무엇인가'라는 원천적인 질문의 부재를 지적하며 사유의 적용 대상을 동시대 한국 미술로도 확장했다.

예술과 시대가 만날 때

손영옥의 『미술』은 미술사 연구서다. 저자는 글 곳곳에서 동시대 미술시장과 유통에 관한 관심을 피력한다. 오늘날의 미술시장을 어떻게 봐야 하는가에 관한 이 책은 한국 미술시장의 태동과 변천 과정을 미시적으로 추적한다. 가까운 시기를 다루는 심상용의 『시장』이 망원경으로 현재를 본다면, 20세기 초를 다루는 손영옥의 글은 꽤 먼 과거를 현미경으로 보는 기분이 들었다.

　『미술』은 명료한 서술과 함께 다양한 기관과 개인 출처를 밝힌 풍부한 도판, 당시 세밀한 정황을 알 수 있는 표로 이해를 돕는다. 책 자체가 미시사적 서술을 하고 있으면서도 표와 도판을 통해 독자의 상상력을 불러일으킨다. 당시 예술가들이 사용한 붓이라는 물질적 도구, 당시 어떤 직업의 누가 작품을 얼마에 구입했는지 등의 미시적인 단서가 문장뿐 아니라 도판과 표에도 등장한다. 1919년 김규진이 금강산 구룡폭포 암벽에 새길 글자를 쓰기 위해 180센티미터에 달하는 대형 붓을 들고 있는 사진(《자료 1》),

---

* 정연심 외, 『글로벌 아트마켓 크리틱』, 미메시스, 2016.

〈자료 1〉(위쪽) 김규진이 큰 붓을 들고 있는 사진. 성균관대학교 박물관
소장.(출처: 『미술시장의 탄생』, 184쪽, 푸른역사 제공)

〈자료 2〉(오른쪽) 경성미술구락부에서 발행한 감정서.(출처: 『미술시장
의 탄생』, 218쪽, 푸른역사 제공)

1920년대 고미술품 경매회사인 경성미술구락부의 감정서(《자료 2》) 등은 선행 연구와 본 연구의 관계를 파악하게 하는 지표다. 표의 경우에는 김규진 작품 일본인 구입 사례(205쪽)를 보자. 이는 일본 황실에서 1,700원에 조선미전 출품작인 8폭 17체 병풍을 1923년 5월 31일에 구매했음을 기록한다. 금강산 온정리 석공 스즈키 긴지(鈴木銀次郎)는 1922년 2월 25일에 서예 작품 5폭을 주문했다. 작품값은 25원. 그는 한 달 후엔 금강산 유람시 5폭도 구매해 갔다.

이러한 사료의 실증성을 딛고 한 권의 책을 꿰뚫는 것은 저자의 서술 관점이다. 저자는 한국 근대 미술시장의 기점을 그림을 팔아 생계를 유지하는 직업 화가가 본격화한 때를 기준으로 '개항기(1876-1904)'로 잡는다. 이 시기부터 해방 이전까지 한국 미술시장의 역사를 논하는 저자는 근대 미술시장의 3요소인 '생산, 중개, 수요'의 공존을 풍부한 도판과 명쾌한 서술로 따라잡는다. 책은 1부 개항기, 2부 일제 '문화통치' 이전, 3부 '문화통치' 시대, 4부 '모던의 시대'로 나눈다. 책이 다루는 요소들은 오늘날 페이스 갤러리(Pace Gallery) 등 세계 대형 갤러리들이 서울에서 활발하게 활동하는 시각과 정확하게 겹치지는 않는다. 그러나 문화 사회학적 측면에서 미술품을 둘러싼 "각종 제도의 등장과 진화"를 살피기 위해 저자가 서문에 쓴 "개항기의 한양 종로 길을 어슬렁 어슬렁 걸어가 보자"(『미술』, 21쪽)는 제안은 책 곳곳에 포스트잇을 붙이게 한다.

책이 다루는 범위는 이렇게 넓지만, 그중 근대 미술의 시장 유통을 중심으로 몇 부분만 살펴보고자 한다. 1920년에는 표구사에서도 전람회가 열렸다. 당시 개인 전람회는 작품 판매 장소로 기능했으며 대체로 회비를 받았다. 손영옥은 1921년 8월 10일자《매일신보》에 실린 작가 김규진의 '공주 봉산구락부에서 열린 전람회' 기사를 인용한다. 당시 하루 동안만 열렸던 이 전시를 보려면 회비 4원을 내야 했다. 이 기사는 전시 관람객을 '찬성

화신백화점 전경.(출처:『미술시장의 탄생』, 355쪽, 푸른역사 제공)

자'라고 표현했다. "전시 개최에 찬성함으로써 그의 작품을 구매할 의사를 밝힌 사람이라는 뜻으로 읽힌다."(『미술』, 239쪽) 식민지 조선 대다수인들은 지전(종이를 팔던 가게)에서 민화를 구입하고, 경제적 여력을 갖춘 일본인들은 고가의 서화를 구매했다. 저자는 "취향의 차이에 근거한 '신분적 구별 짓기'는 1920년대 식민지 조선에도 대입될 수 있다"(『미술』, 204쪽)고 쓴다.

"부르디외는 이것을 '아비투스(habitus)'라고 명명했다. 사람들이 취향을 통해 부와 개인의 탁월함을 과시하는 전형적인 방식이 예술품 구매다."(『미술』, 203쪽) 전체 400쪽에 이르는 책의 딱 절반 즈음에 나오는 문장이다. 당시 미쓰코시, 미나카이, 화신 등 경성 3대 백화점의 하루 입장자는 각각 10만 명을 넘었다.(『미술』, 352쪽) 그리고 이 백화점 안에는 모두 미술품을 파는 화랑이 있었다. 책은 개화기 미술시장이나 화랑뿐 아니라 전시 만들기와 관람객이 보는 방식이 어떠한지 보여 준다.

근래 미술시장의 열기와 관심 폭등은 유의미한 사회 현상이다. 국립현대미술관에서는 이건희 소장품 전시가 열리고 해당 전시를 보기 위해 사람들은 미술관 입구에 긴 줄을 선다. 대림미술관 등 소위 '힙한' 전시에 인스타그램용 사진을 찍기 위해 전시장을 찾았던 몇 해 전의 흐름과는 또 다른 '전시 관람 가열' 현상이다. 2022년 9월 전시 관람의 끝에는 무엇이 있는가. 세계 3대 아트페어인 프리즈가 열리는 9월 첫 주 어느 날, 서울 삼청동 일대의 갤러리들은 해외에서 온 특별 손님들을 맞이하기 위해 늦은 시각까지 문을 열어두기로 했다.

심상용의 『시장』이 '미술시장에 특정한' 미술작품의 욕망에 새겨진 '마음의 계보'를 살핀다면, 손영옥의 『미술』은 근대기 미술시장을 만들어 낸 작가, 컬렉터, 상인, 일본인, 골동상품 운영자 등 실재했던 인물들의 미시적 '사건들의 계보'를 그려 낸다. 특히 『미술』은 초기 미술시장의 계보를 그려내는 데 초점을 맞추었지만 전시 공간의 사회사이기도 하며 다양한 인물 소개용으로도 읽힌다. 이 책에는 간송 전형필, 1929년부터 1941년까지 광화문통 네거리(지금의 세종문화회관 뒤)에 '조선미술관'을 운영했던 오봉빈, 화신상회 직원들 등 여러 인물들이 언급된다. 시대와 함께 역동적으로 움직이는 미술품, 존재하지 않았던 미술시장을 개척했던 수많은 사람들은 이제 세상을 떠났다. 그러나 그들이 바라보고 판매하고 구매했던 미술작품은 물질로서, 아직 존재한다. 이것이 바로 미술품을 둘러싼 시장이 지루할 틈 없이 역동적인 이유 아닐까.

현시원
독립 큐레이터이자 연구자로 근래 연세대학교 커뮤니케이션대학원에서 전시 도면에 관한 박사 논문을 썼다. 저서로 『1:1 다이어그램: 큐레이터의 도면함』 등이 있다. 전시 공간 시청각랩을 운영한다.

『어느 미술애호가의 방』 조르주 페렉 지음, 김호영 옮김, 문학동네, 2012

조르주 페렉은 이 소설에서 특정한 그림을 묘사한다. 페렉의 묘사는
그림 안의 질서에 초점을 둔다. 그런데 그림 안에 있는 이야기가
결국에는 바깥 현실에 영향을 끼치며, 현실의 리얼리티를 능가한다.
미술작품이 걸려 있는 어느 공간을 상상할 때 페렉의 엄정한 묘사는
적잖은 도움이 된다.

"그림 속에서 수집가는 자신의 방에 앉아 안쪽 벽을 바라보고
있는데, 그 시선의 축을 따라가다 보면 자신이 수집한 그림들을
바라보고 있는 그의 모습을 그린 또하나의 그림이 벽에 걸려 있는
것을 발견할 수 있다." — 책 속에서

『예술 이후』 데이비드 조슬릿 지음, 이진실 옮김, 현실문화A, 2022

'NFT(대체불가능토큰) 미술'에 대한 근래의 관심에서도 알 수 있는
오늘날 미술품은 회화, 조각, 퍼포먼스 등 기존 장르 구분으로는
언술 불가능하다. 그것이 재화와 관련된 시장이라면 더 혼란스럽다.
미술사학자 데이비드 조슬릿은 2013년에 쓴 이 책에서 미술품
대신 '이미지'라는 개념을 인터넷 네트워크와 연결해 쓴다. 그는
타니아 부르게라(Tania Bruguera), 산티에고 시에라(Santiago Sierra) 등
2000년대 이후 빈번하게 등장하는 몇 작가들의 작품을 분석한다.
'포맷(Format)', '관계의 다발'이라는 새로운 분석 틀을 제시하기 위해
이러한 작품들을 끌고 온 듯하다. 조슬릿은 네트워크상의 접속, 히트
수를 가치 기준으로 본다. 문제는 그 다음이다. 네트워크 안에서의
'윙윙거림'은 어디를 향하는가?

"아우라가 있던 자리에 이제는 윙윙거림(buzz)이 있다. 마치
벌떼처럼, 이미지의 무리가 윙위거림을 만들고, 새로운 생각이나
트렌드처럼 이미지가 포화 상태에 다다를 때, '윙윙거림'이 생긴다."
— 책 속에서

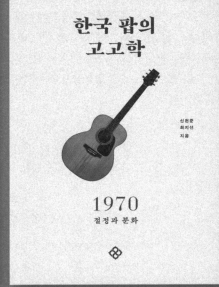

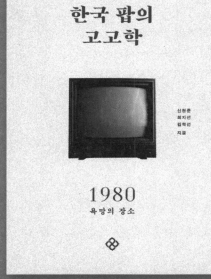

『한국 팝의 고고학』(전4권) 신현준 외 지음.
2022, 을유문화사

한국 대중음악의 통사를 다시 쓰다

김작가

대중문화와 공간

어떤 공간이 힙(hip)해지는 건 사람들이 몰려들기 때문이다. 도시에는 늘 새로운 공간이 탄생하지만 그렇다고 모든 곳이 힙해지는 건 아니다. 20대와 30대의 욕망을 자극하는 티핑 포인트가 있어야 한다. 공간의 한 곳이 뜨면 주변으로 확산된다. 그러나 이 힙의 유통기한은 대부분 짧다. 2010년대를 전후하여 서울에서 힙 플레이스(hip place)로 부상했던 곳을 돌이켜보자. 가로수길, 경리단길과 해방촌, 연남동과 망원동, 문래동과 을지로, 성수동과 (부활한) 압구정 로데오 정도가 떠오른다. 10년 동안 여덟 개고, 여기에 적지 않은 소소한 힙 플레이스들을 포함하면 대략 하나의 장소가 1년 정도의 수명을 가진다고 할 수 있다. 물론 연남동, 을지로, 성수동은 아직도 힙 플레이스의 지위를 유지하고 있지만, 이를 감안하더라도 힙플레이스의 수명은 짧아지고 있다. 임대차 계약 1년과 비슷한 삶이다.

홍대 앞, 강남역, 압구정동, 신촌, 이태원, 대학로…… 2010년대 이전 '다운타운', '젊음의 거리' 등으로 불렸던 지역의 수명은 적어도 최근 10년의 힙 플레이스보다는 길었다. 짧으면 5년, 길면 10여 년에 가까운 전성기를 누렸다. 스마트폰과 SNS로 인해 힙 플레이스 흥망성쇠의 시간이 단축됐기 때문일까. 부인할 수 없다. 하지만 그보다 중요한 건 지역을 기반으로 한 청년 문화, 혹은 하위문화가 발아하지 못했기 때문이다. 홍대 앞 인디, 신촌과 이태원의 언더그라운드 음악, 대학로 소극장처럼 장소 뒤에 붙는 단어가 없었기 때문이다. 최근 10년간의 힙 플레이스 연관 검색어가 맛집과 카페 외에 뭐가 있었는가. 문화란 그저 사람들이 모인다 해서 만들어지지 않는다. 사람들이 그곳에 머물 때 생기고, 떠날 때 사라진다. 그게 문화다.

1960년대부터 1990년대까지 한국 대중음악을 장소와 사람을 따라가며 추적한 『한국 팝의 고고학』은 흔히 찾아볼 수 있는 음악사와는 완전히 접근을 달리한다. 이른바 명반이나 명곡, 혹은 레전드라 일컬어지는 음악인들은 등장하되 그것들이 주가 아니다. 서울의 어떤 장소에서 어떤 음악이 탄생했고, 그 사람들은 왜 그곳에 모여서 음악을 했으며 어떻게 놀았는지를 집요하게 추적한다. 음악을 내세운 서울이란, 도시의 청년 문화사이자 지역 문화사다. 이 청년과 지역의 문화사 중심은 바로 아지트다.

인터넷과 아이돌의 시대가 도래하기 전까지, 음악은 아지트와 동네에서 발현했다. 그 재능을 알리기 위해서는 알아보는 사람들 앞에 나서야 했으니 말이다. 그런 아지트가 몰려 있는 동네를 우리는 '신(scene)'이라 부른다. 그렇기에 팝계에서는 하나의 장르나 사운드 스타일에 지역명을 붙이는 게 익숙한 일이었다. 힙합의 탄생지인 캘리포니아주 컴튼, 그런지(grunge)

혁명의 근원지인 시애틀, 브릿팝(Britpop) 주요 지역인 맨체스터, 아예 지역 이름이 하나의 장르가 된 시부야케이 사운드도 있다. 한국은? 아마 인디 음악의 중심지인 홍대 앞 정도를 떠올릴 것이다. 물론 1970년대 '쎄씨봉'으로 흔히 알려진, 포크 가수들의 활동 무대 명동이 있고 1980년대 신촌블루스와 들국화를 배출한 신촌이 있지만 딱히 그 지역에서 활동했던 뮤지션들을 지역의 음악, 즉 하나의 '신'으로 인식하는 건 아니다. 방송국이 음악을 알리는 가장 막강한 힘을 가져왔던 역사 때문일 수도 있다. 이런 상황에서 『한국 팝의 고고학』은 우리에게 익숙한 신 외에도 의외의 공간과 무대에 존재했던 신을 집요하게 조명한다. 앞서 언급한 명동과 신촌 이외에도 1990년대 댄스 가수들의 산실인 이태원이 있었고, 시나위와 부활이 사람들을 모았던 종로3가 낙원상가의 파고다극장이 있었다. 돌이켜 보면 건국 초기 음악인들의 배양소는 용산을 비롯한 전국 각지의 미군 클럽이었다. 다만, 극히 일부를 제외하면 그 지역들이 조망받지 못했을 뿐이다. 신현준을 중심으로 하는 저자들은 시대별로 지역을 누비면서 그 지역에서 어떤 사람들이 어떤 방식으로 모여들어 어떻게 음악을 만들었고 한국 음악사에 어떤 영향을 끼쳤는지를 저인망 어선처럼 훑는다.

한국 대중음악사의 계보

이 책은 애초 2005년에 출간됐다. 1960년대와 1970년대의 한국 음악 연대기를 두 권에 두툼하게 담아 냈다. 베스트셀러는 아니었다. 그때나 지금이나 음악책이 잘 팔린 적은 없다. 게다가 당시에도 '옛날'인 1960년대와 1970년대 이야기였으니 아는 사람들만 아는 책이었다. 음악 평론가 딱지를 단 지 몇 년 안 되던 그때, 나도 명반과 명곡의 리스트로 음악사를 인식하고 있었다. 아티스트의 일대기와 특정 시기의 연대기 정도가 고작이었다. 그런 나에게 『한국 팝의 고고학』은 충격이었다. 옛날 신문과 잡지를 뒤지고 근황조차 알 수 없던 이들의 증언을 모아 한국 대중음악의 초창기 역사를 집대성한 작업은 전무후무했기 때문이다. 미적 · 역사적 평가는 철저히 배제하고 오직 사실을 바탕으로 쓴 한국 대중음악의 '사기(史記)'가 등장했던 것이다. 그 후로 이사할 때마다 적잖은 책을 버리곤 했지만 이 책은 가장 먼저 포장 박스에 넣곤 했다. 몇 번의 이사가 반복됐지만, 그 후로도 이 책을 뛰어넘는 자료는 나오지 않았다. 음악을 연구하는 이들도 적은 상황에서, 책의 시대는 저물기만 했다. 아이돌이 한류가 되고 케이팝으로 진화하는 과정에서 음악을 다루는 책은 그나마 '당대'에만 포커스를 맞췄을 뿐이다. 그럴수록 사료로서 『한국 팝의 고고학』이 차지하는 위상은 올라갔다.

다만 아쉬운 게 있었다면 고고학의 탐구 대상이 1970년대에 멈췄다는 것. 어느 순간부터 이후의 이야기, 즉 1980년대와 1990년대의 기록을 기다리게 됐다. 10년 전쯤 이 책의 중심 저자인 성공회대학교 신현준 교수를 만났을 때, 다음 편은 안 나오냐고 물었지만 그럴싸한 답은 듣지 못했다. 나이가 들어 책 쓰기가 힘들다며 내뱉던 한숨이 기억이 난다. 그사이 1980년대는 물론이고 1990년대조차 명백한 과거의 시간으로 접어들었다. 현재가 완전히 과거의 영역으로 진입하는 시기는 대략 20년, 청년 문화를 즐겼던 이들이 중장년이 되는 시간이다. '그땐 그랬지'라는 문장이 어색하지 않은 시점에 현재는 비로소 완벽한 과거가 된다. 고고학적 연구 대상이 된다.

초판이 나온 지 17년, 이 프로젝트를 이끌었던 신현준과 최지선이 과거가 된 1980년대를 다시 고고학적으로 발굴했다. 1970년대 태생인 김학선도 합류해 1990년대의 이야기를 함께 썼다. 절판된 2005년 판본도 다시 다듬었다. 『한국 팝의 고고학』은 그렇게 1960년대부터 1990년대까지, 총 네 권으로 다시 출간됐다.

욕망의 시대, 케이팝의 시작

기존 판본에서 다뤘던 1960-1970년대 관련 제1, 2권은 크게 달라지지 않은 채 나왔다. 저작권 문제로 빠진 사진이 있고, 인터뷰와 자료가 첨가되어 증보된 내용도 조금 있는 정도다. 주목해야 할 것은 새로 추가된 두 권이다. 한국에서 가요가 대중음악이라는 이름으로 문화비평의 대상이 됐던 때가 1990년이었고, 그 당시부터 1960년대와 1970년대의 역사는 부분적으로나마 연구된 바 있는 반면 1980년대와 1990년대의 이야기가 심도 깊게 다뤄지는 건 이번이 처음이라 해도 틀린 말이 아니다. 아마 이 책의 주요 독자층 또한 이 시기 음악을 듣고 성장했을 테니 비단 연구자가 아니더라도 호기심을 가질 동인 또한 크다.

　『한국 팝의 고고학』 제3권은 '욕망의 장소'라는 부제로 1980년대 대중음악을 지역 단위로 촘촘히 나눈다. 조용필 신화의 중심지였던 여의도 방송가, '비 내리는 영동교'의 배경이 된 강남(당시 영동)의 성인 문화와 산업화의 음악, 1980년대 급격히 성장하고 확장한 신촌, 민중가요와 대중음악의 교배지였던 대학로, 카페 골목으로 명성을 떨친 방배동, 한국 클럽 문화의 발원지인 이태원처럼 굵직굵직한 지역은 물론이고 무교동과 강동구, 서대문과 이촌동 같은 미시적 지역까지 현미경과 돋보기를 들이댄다.

　1980년대는 1960-1970년대에 걸쳐 태어난 2차 베이비붐 세대가 10대, 20대를 맞이했던, 즉 대중문화 생산과 소비의 주역이 된 시기였다. 신군부의 사교육 금지 정책으로 청소년들에게 가장 많은 자유 시간이 주어졌고, 3저 호황에 힘입은 경제성장의 시대였다. 많은 것이 금지됐지만 음지에서나마 어떻게든 금지된 것들을 절실히 맛보고 싶은 욕망이 끓어올랐다. 그러니 욕망의 도시, 서울의 이곳저곳에서 새로운 문화와 음악이 꿈틀댈 수 있었으리라. 무교동의 나이트클럽에서 과거 미8군 밴드에서 탄생한 그룹사운드 문화의 끝물이 흘렀고, 서대문 지하 합주실에서 신해철이 친구들과 어울렸던 일화들은 그 자체로 미시사가 되어 책의 생동감을 만들어 낸다. 〈가요톱텐〉과 〈토요일 토요일은 즐거워〉, 〈별이 빛나는 밤에〉와 〈밤과 음악 사이〉를 통해 익숙했던 이름들의 성장사와 뒷이야기는 당시 추억에 살을 더하고 음악을 삶으로 승화시킨다. "1980년대의 일간지에는 연예 기사가 양적으로 많지 않고 질적으로도 미비"하다는 서문의 내용처럼, 연예 주간지와 월간지에 주로 의존하되 관계자들의 증언을 채집해 그동안 어둠 속에 묻혀 있던 시대와 장소와 사람들을 조망한 저자들의 노고가 새삼 놀랍다. 그 이전 시대(해방 이후부터 1970년대까지)는 여러 논문 및 연구로 어느 정도의 계보가 확립됐다. 그 이후 시대(1990년대부터)는 과거는 과거이되 인터넷에 많은 흔적이 남아 있다. 반면 1980년대는 등대의 불빛이 닿지 않은 바다와 같다. 이 어두운 바다를 향해 『한국 팝의 고고학』은 불빛을 드리워, 조용필이라는 공중파 슈퍼스타라든가 들국화·해바라기·시인과 촌장 등을 발굴한 동아기획 같은 음반기획사는 물론, 강남역과 이태원의 밤을 태웠던 나이트클럽의 디제이들까지 빠짐없이 조명해 낸다.

'상상과 우상'이라는 철학 서적 같은 부제를 단 1990년대 편도 마찬가지다. 이 책의 마지막 권은 신흥 부유층과 유학생들을 중심으로 오렌지족이라는 신조어를 탄생시켰던 압구정을 시작으로 홍대 앞에서 마무리된다. 이 시기의 지역적 구분은 과거에 비해 다소 희미하다. SM기획이 처음 뿌리내렸던 송파, 하나음악이 자리 잡았던 논현, 라인음향이 신화를 일궈낸 방배 등이 등장하지만 대중문화가 폭발하던 시기답게 주류와 비주류에서 솟아 나오던 온갖 장르와 흐름에 보다 초점을 맞춘다. '신세대'의 등장으로 그 이전과 완전히 달랐던 시대, 서울의 상권 또한 어느 정도 정립됐던 시기다. 여기에 유흥과 놀이가 유입되고 등장해 1990년대 대중음악의 뿌리가 됐으며, 나아가 음반의 밀리언셀러 시대를 열었다. 1990년대 편에서는 바로 그 시대, 즉 나이트클럽과 DJ 문화에서 파생된 댄스 음악 혁명을 다룬다. 기성 세대는 외면했고 청년 세대는 그저 소비했으며, 당시의 비평가들은 무시했던 1990년대 댄스 음악이다. 하지만 시간이 지나면서 그들은 케이팝의 뿌리가 됐다. 우리는 뒤늦게 어떤 사람들이 스타를 만들고 사운드 혁명을 이끌어냈는지 궁금해한다. 아마 당시에는 기존의 비평과 다르지 않은 시선을 가졌을 세 필자들은 그때의 자료와 지금의 인터뷰를 통해 텍스트로 만드는 인포그래픽처럼 1990년대 댄스 신의 계보도를 그린다. 김건모와 클론, 신승훈을 배출한 라인기획 김창환의 인맥도와 그 주변의 이야기를 이렇게 심도 깊게 다룬 시도는 이 책이 처음일 것이다. SM의 첫 엔지니어이자 이태원의 전설적인 나이트클럽 '문나이트'의 디제이인 '야옹이' 허정회의 입을 통해 초기 SM의 사운드 메이킹을 소개한 것도 마찬가지다. 룰라의 이상민을 통해 예능이 아닌 당시 댄스 가수들의 삶을 들을 수 있는 기회이기도 하다. 그뿐 아니다. 당시에는 소수의 음악이었지만 시간과 함께 거듭 재조명된 하나음악의 짧고도 복잡한 시간을 유희열의 인터뷰를 통해 그려 볼 수 있다. "가수 중심이 아니라 연주자, 프로듀서, 작곡가 중심으로 엮인 마지막 공동체였다고 생각해요. 동아기획에서 시작되어 하나음악까지 한 10년 정도 유지되었죠. 싱어송라이터 흐름이 1990년대 하나음악이 나오면서 형성된 거예요." 유희열의 이런 평가는 공일오비·이승환·윤종신·이적·김동률로 이어지는, 1990년대 '감성'의 계보에 하나음악이 미친 영향을 구체화한다.

『한국 팝의 고고학』이 파헤치고 재조립한 한국 대중음악의 유적과 사료를 통해 기존의 '엘리트 대학생이나 록 마니아가 향유하던 언더그라운드'라는 1980-1990년대의 신화는 붕괴한다. 이 작업을 통해 사라진 신화의 자리에 그 시대 한국 사회 전반에 흘렀던 청년 문화의 모세혈관이 흐른다. 이를 통해 영양을 공급받았던 세포와 조직들이 돋아난다. 각 지역을 오가며 새로운 욕망을 대변했고, 마침내 라디오와 소극장, TV까지 퍼졌던 새로운 음악들이다. 이제는 과거가 된 그 모든 것은 처음에는 낯설고 새로운 존재였다. 2020년대에 짚어 낸 20세기 후반의 익숙한 이름들이 새로운 맥락으로 한국 대중음악의 통사 안에 자리 잡는다.

아울러, 『한국 팝의 고고학』은 진지한 독자들에게 숙제를 던진다. 이 거대한 총론을 이루는 수많은 각론들, 즉 미8군부터 케이팝 연습생들에 이르는 시대의 조각들에 대한 개별적 연구 말이다. 책이건 다큐멘터리건, 세계 10대 음악 시장이자 몇 안 되는 음악 수출국인 한국에 턱없이 부족한 역사 텍스트가 『한국 팝의 고고학』 이후 솟아날 수 있을까? 우리에겐 케이팝이 전부가 아니다.

김작가
대중음악평론가. 20년 이상 여러 매체에 음악 칼럼을 기고해 왔고 방송을 통해 한국 음악의 이슈에 대한 의견을 밝혀 왔다. 음악콘텐츠기업 일일공일팔 본부장으로 한국 대중음악 아카이빙 플랫폼 구축을 비롯, 음악과 관련된 여러 콘텐츠를 작업하고 있다.

『Seoul Punx』 유진정 지음, 매스메스에이지, 2017

한국 펑크의 2세대가 등장한 2000년대 초반, 그들의 친구였던
유진정이 찍은 사진들을 모은 화보. 인생 앞에선 덜 진지했고, 순간
앞에선 더 진지했던 한국 펑크족의 모습을 담고 있다. 2003년부터
찍은 1만 2,000장 사진 중에서 추려냈다. '내셔널지오그래픽'의
동물 다큐멘터리를 보는 느낌이랄까. 한국 청년 하위문화의 소중한
인문학적 기록지다. 후반에 담긴, 이제 펑크를 '졸업'하고 생활인 또는
부모가 된 그들의 모습은 어떤 문장보다 강렬한 마침표를 담는다.

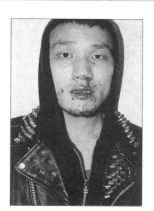

"공짜라길래 별 생각 없이 간 것이었는데 상당히 충격적인 무대였다.
포스트 아포칼립스 배경의 영화에 나올 법한 복색을 한 소년들이
껑충껑충 뛰며 괴성을 질러대는데, 그때마다 뒤에 선 미친 여자가
어깨로 나를 계속 들이받는 것이 아닌가.
너무 신났다." — 책 속에서

『모던 팝 스토리』 밥 스탠리 지음, 배순탁 옮김, 북라이프, 2016

1950년대부터 지난 세기 끝 무렵까지 팝의 역사를 다뤘다. 이런
류의 책에 흔히 있는 특정 장르(주로 록) 중심주의가 아니라, 편견 없이
시대의 이 편 저 편을 장식했던 음악으로 가득하다. 스타 뒤에 숨어
있는 프로듀서와 작곡가, 제작자, 레이블에게도 마찬가지다. 또한
음악의 역사를 예술적 운동의 관점뿐 아니라, 차트와 시장의 산업적
관점에서도 조망한다. 동시대 차트에서 어떤 노래들과 겨뤘는가를
확인하게 해 장황한 수사 없이도 그 음악의 가치를 알려 주는 것이다.
이런 비교를 통해, 위대한 음악에 생동감이 더해진다.

"정확하게 팝이란 무엇일까? 나에게 그것은 록, R&B, 솔, 힙합,
하우스, 테크노, 메탈, 그리고 컨트리를 모두 포함하는 것이다."
— 책 속에서

리얼 스스로 말하게 하라 — 지아장커의 〈스틸 라이프〉를 향하여   김홍중

지아장커의 〈스틸 라이프〉.(출처: 필자 소장 DVD 캡처)

"아직 존재하지 않는 인민에게 호소하지 않는 예술 작품은 존재하지 않는다."*

* Gilles Deleuze, *Deux régimes
de fous: Textes et entretiens 1975-
1995*, Paris: Minuit, 2003, p. 302.

인민의 표상

중국 영화가 인민을 집중적으로 표상하기 시작한 것은 제5세대 감독인 천카이거(陳凱歌), 톈좡좡(田壯壯), 장이머우(張藝謀)에게서다. 이들은 대개 베이징 영화학교(北京電影學院) 78학번으로, 1980년대 초에 대거 등장, 1990년대 중반까지 생산된 작품들을 통해 중국 영화의 세계적 선풍을 주도했다. 특히, 천카이거가 감독하고 장이머우가 촬영한 〈황토지(黃土地)〉(1984)는 이들의 영화적 이념을 직관적으로 파악할 수 있게 하는 대표작이다.

영화의 배경은 1939년 중국 북부의 한 벽촌. 옌안(延安)의 팔로군 병사 한 사람이 민중 구전 민요를 채집하기 위해 이곳을 찾아온다. 구습을 지키며 연명하는 헐벗은 농민들과 함께 노동하면서 또 인류학자처럼 이들을 관찰하면서, 병사는 주민을 계몽한다. 특히, 머물던 농가의 소녀 추이챠오(翠巧)에게 세상의 변화를 가르쳐 준다. 불합리한 인습에서 해방된 세계가 옌안에 있다는 것. 거기는 여자도 독립된 삶을 살 수 있다는 것. 그것이 사회주의 혁명이라는 것……. 그가 옌안으로 복귀한 후, 소녀는 아버지의 강요로 늙은이에게 팔려 간다. 하지만 자유를 찾아 탈출한다. 어두운 밤 쪽배를 타고 마을을 떠난다.

서사적 관점에서 보면, 메시지는 선명하다. 사회주의적 근대와 빈곤한 봉건 세계가 직각으로 대립하고 있다. 희망은 남쪽에 있고, 농민들은 폐습에서

구제돼야 한다. 양자를 매개하는 것은 팔로군 병사다. 그런데, 이런 사상적 자명성을 교란하는 한 요소가 시종일관 스크린을 지배하고 있다. 그것이 바로 황무(荒蕪)의 이미지, 황토의 풍경이다.

장이머우의 카메라는 척박한 북방 고원을 원경에서 집요하게 응시한다. 인간 따위 아랑곳하지 않는다는 듯 융기해 있는 자갈밭, 탁류로 흐르는 거친 황하, 침식되어 깎여 나간 비탈들, 파도치듯 지평선까지 뻗어 있는 구릉들, 외롭게 서 있는 나무, 인간 생존을 가능하게 하기보다 오히려 저지하기 위해 존재하는 듯 보이는 누런 불모의 땅. 단순한 배경이라기에는 너무나 압도적으로 화면에 군림하는 풍경들은 영화가 밀고 가는 계몽의 서사를 배반하고, 비틀고, 굴절시킨다.

왜냐하면, 저 자연은 역사의 파란만장한 변화(봉건제, 사회주의, 자본주의)에도 변화 없이 버티는 장기 지속의 시간을 표상하기 때문이다. 계몽의 이야기를 크게 외치는 저 영화는 그와 동시에 은밀하게, 마치 복화술로 말하듯이, 이렇게 속삭이는 것이다. 중국

천카이거의 〈황토지〉.(출처: 필자 소장 DVD 캡처)

이란 무엇인가? 인민이다. 인민이란 무엇인가? 황토다. 대지다. 자연과 동맹을 맺고 역사를 우회하는 장구한 리듬이다…….

〈황토지〉의 분열성이 바로 이것이다. 몽매한 인습의 담지자로 인민을 보는 (영화의 사상을 지배하는) 시각은 그들의 얼굴을 응시하는 (영화의 감각을 지배하는) 카메라에 의해 부정된다. 내가 보기에 승리하는 것은 카메라다. 세파에 찌들고 노동에 조로해 버린 인민의 얼굴은 누추하지만, 동시에 거센 자연을 닮은 완강한 존재감을 발산한다. 인민과 자연은 서로를 닮아 있다. 단순한 '사회-역사적' 주체를 넘어서는 '생태-지질학적' 주체. 타자의 얼굴을 보면서 그를 죽일 수 없다는 레비나스처럼 말해 보자면, 인민의 얼굴을 보면서 그를 계몽할 수는 없다. 인민의 얼굴은 계몽자를 도리어 계몽한다. 인민의 얼굴에는 누대에 걸쳐 축적된 고난과 고초와 비굴과 분노와 야합과 저항이 퇴적층처럼 켜켜이 집적되어 있기 때문이다. 그것은 이념과 사상을 초월하는 착잡한 진실의 아우라를 내뿜는다.

기우제 혹은 자본주의

〈황토지〉의 마지막 장면은 이런 점에서 자못 징후적이다. 이야기인즉, 옌안으로 떠났던 팔로군 병사는 마을로 돌아온다. 자신이 기거하던 집을 찾아갔

지만, 그곳은 텅 비어 있다. 기우제가 시작되었다.

용머리 성물(聖物)이 세워져 있고, 그 아래 엎드린 주민들은 모두 웃통을 벗은 채, 머리에 풀을 엮어 만든 관을 쓰고 의례를 행한다. 인민은 개체가 아니라 집단적 신체를 이루고 있다. 정동의 흐름이다. 비가 내리지 않는 하늘을 바라보며 트랜스(trance)에 가까운 열광 상태에 빠진 이들은 필사적으로 기도하고, 울부짖고, 탄원한다. 맑은 하늘에는 어떤 변화도 없다. 말라가는 못에서 기포가 솟아 오른다. 좌절이 이들을 짓누른다. 그런데 이때, 이유를 정확히 알 수 없는 돌발적 상황이 발생한다. 침묵 속에서 무언가 기다리던 군중이 갑자기 성물을 뽑아 들고 고함을 지르며 어디론가 몰려가기 시작하는 것이다. 영화는 별다른 해명을 제시하지 않는다.

저것은 의례의 한 절차인가? 기도에 미동조차 하지 않는 하늘에 대한 분노의 폭발인가? 우발적 히스테리인가? 사제 권력을 부정하는 봉기인가? 혹은 새로운 방향 혹은 해결책을 발견한 것인가?

관객에게 주어지는 유일한 힌트는 팔로군 병사의

천카이거의 〈황토지〉.(출처: 필자 소장 DVD 캡처)

등장이다. 기우제 군중이 질주하는 것과 동시에 팔로군 병사가 언덕을 넘어온다. 그렇다면 군중은 마을로 돌아온 계몽적 주체와 사회주의 이념을 향해 열광적으로 달려가고 있는가? 아니다. 그렇지 않다. 군중은 병사의 출현을 인지하지 못했다. 오히려 그에게 등을 보이며, 그와 반대 방향으로 질주하고 있다. 오직 한 사람만이 그의 귀환을 알아보고 병사를 향해 방향을 바꾼다. 마을을 떠난 소녀의 동생 한한(憨憨)이다. 소년은 군중의 흐름을 거슬러, 그들을 헤쳐 가며, 그들과 부딪치며 병사 쪽으로 간신히 발걸음을 옮기고 있다. 그리고 그런 카오스 속에서 영화는 끝난다. 끝끝내 군중이 향해 가는 그곳이 어디인지 명시되지 않는다.

기묘하다. 〈황토지〉가 1970년대 말의 개혁개방(자본주의적 욕망의 해방)과 1989년의 천안문 사태(민주주의적 욕망의 압살) 사이의 중간 시점, 즉 1984년에 제작되었다는 사실을 상기할 필요가 있다. 이를 고려하면, 저 기우제 군중은 이제 막 열린 자본주의라는 격랑에 휩쓸려 가는 중국 인민의 알레고리로 읽힌다. 기우제가 채우지 못하는 생존 욕망을 실현하기 위한 절박한 쇄도. 이들은 봉건적, 원시적, 마술적 의례보다 더 큰 마술적 위력으로 자신들을 끌어당기고 있는 자본주의적 꿈-세계를 향해 달려간다. 뒤늦게 도착한 팔로군 병사(사회주의)를 따르는 자는 오히려 소수다. 소년만이 대세를 거스르는, 외로운 이탈의 자리에 서 있다.

지아장커 월드

사회주의에 등을 돌린 채 질주하는 저 다수의 인민은 지금, 무엇을 향하여 저렇게 맹렬히 달려가는가? 영화의 마지막에 흘리듯 던져진 이 예리한 질문은 〈황토지〉의 사회학적 성취다. 그러나, 이 질문은 5세대 감독들이 성공 가도를 달릴 때 만들어진 1990년대 작품들, 가령 장이머우의 〈국두(菊豆)〉(1990), 〈홍등(紅燈)〉(1991), 〈귀주 이야기〉(1992), 혹은 천카이거의 〈현 위의 인생〉(1991), 〈패왕별희〉(1993)에 결코 다시 등장하지 않는다.

질주하는 인민들은 어떤 운명을 겪고, 어떤 삶을 겪게 되는가? 이 물음에 대한 해답의 모색은 5세대가 아닌 6세대, 즉 1960년대 이후에 출생하여 1980년대와 1990년대 초반에 베이징영화학교를 졸업한 일군의 감독들에 의해 이루어진다.* 이들은 톈안먼 사태를 체험하고, 개발주의의 빛과 어둠을 직시하며, 중국 사회의 급격한 변동을 지켜보며 자랐다. 5세대와 미학적으로 대립각을 세우고, 선배들이 구축하려 했던 중국적인 것의 신화를 해체하고 그 자리에서 현실의 실제 인민들을 재발견한다. 허구적 드라마가 아닌 리얼리티, 자연이 아닌 도시, 영웅이 아니라 지금 당장 눈앞의 개인들에 관심을 가졌던 6세대를 대표하는 감독, 그가 바로 지아장커(賈樟柯)다.

지아장커는 1970년에 중국 산시성(山西省)의 소도시 펀양(汾陽)에서 태어났다. 그 고장은 고원지대

---

* 〈엄마(媽媽)〉(1990)와 〈북경 녀석들(北京雜種)〉(1993)을 감독한 장위엔(張元, 1963년생), 〈북경 자전거(十七岁的单车)〉(2001)의 왕샤오수아이(王小帥, 1966년생), 〈주말의 연인(周末情人)〉(1995), 〈여름 궁전(頤和園)〉(2006)의 감독 로우예(婁燁, 1965년생), 〈당신은 변함없는 나의 영웅입니다(長大成人)〉(1997)의 루쉐창(路學長, 1964년생)이 그들이다.

로서 자연환경이 황량하고 광산업이 발전된 척박한 지형을 가진 곳이다. 아버지는 중등학교 교사였고 어머니는 국영 기업의 판매 담당 직원이었다. 거칠고 반항적인 청소년기를 보낸 그는 부친의 권유로 (수학 점수가 너무 낮아 수학 시험을 치르지 않는) 미술대학 입시를 준비하다가, 돌연 진로를 바꾸어 영화를 찍기로 결심한다.*

흥미롭게도 그가 감독이 되겠다고 결심한 계기를 제공한 것은 우연히 관람하게 된 〈황토지〉였다. 후일 그는 이에 대해 다음처럼 회상한다. "천카이거가 찍은 〈황토지〉는 내 고향과 비슷했고, 특별한 느낌이 들었다. 영화를 보며 눈물을 흘렸던 기억이 난다. 내가 왜 그렇게 감동을 했는지는 잘 모르겠다. 영화를 보고 난 후 결심했다. "영화를 찍을 거야. 딴 건 필요 없어."** 입시에서 두 차례 낙방하고 삼수 끝에야 비로소 그는 1993년 베이징영화학교에 입학하게 된다.

최초의 단편영화 〈샤오산의 귀가(小山回家)〉(1995) 이후, 그는 연이어 세 편의 문제작을 선보이며 화려하게 데뷔한다. 〈소무(小武)〉(1998), 〈플랫폼(站台)〉(2000), 〈임소요(任逍遙)〉(2002)가 그것이다. 감독의 개인적 경험이 짙게 배어 있고, 펀양과 다퉁(大同) 청년들을 주인공으로 하고 있다는 점에서 위 작품들은 흔히 '고향 삼부작'이라 불린다. 2004년의 〈세계〉는 지아장커가 최초로 산시성이 아닌 베이징을 배경으로 찍은 영화다. 베이징 세계공원이라

는 테마파크에서 일하는 청년들의 삶과 죽음을 다루고 있다. 이어, 2006년의 걸작 〈스틸 라이프(三峽好人)〉로 지아장커는 베니스 국제 영화제에서 황금사자상을 수상했고 제6세대의 대표 주자로 선다. 2010년대에 접어들면 〈천주정(天注定)〉(2013), 〈산하고인(山河故人)〉(2015), 〈강호아녀(江湖兒女)〉(2018) 등이 발표된다. 이들은 초기작에 비해 상업적 성격과 대중적 성격이 더 강하게 나타나지만, 여전히 감독 특유의 날카로운 사회 비판의 시선을 예리하게 드러낸다.***

고향 삼부작

지아장커 영화의 주인공들은 "난파되었으나 그래도 생존하려 하는 사람들, (……) 현실의 삶을 살아가는 구체적이고 개별적인 인민들"이다.**** 이들을 난파시킨 파도는 개혁개방 이후의 총체적 사회 변화다. 지아장커의 인물들은 표류하는 파편들, 잔해들이다. 전체에서 떨어져 나온 개체들이다. 이들은 (가족이건, 친구이건, 연인이건, 동료이건) 연대하지 못한다. 신뢰나 애정도 희박하다. 여행길에 잠깐 스치는 존재들처럼 서로를 대한다. 깊은 고독감이 이들을 사로잡고 있다.

개별자로 표류하는 존재라는 점에서 지아장커의 인민은 〈황토지〉의 인민과 확연히 다르다. 이 특징

---

* 이정훈, 「자장커(賈樟柯) 영화의 궤적과 〈天注定〉의 새로운 시도」, 『중국어문학지』 60, 2017, 261-262쪽.
** 지아장커, 「30세의 고백. 지아장커가 말하는 지아장커」, 현실문화연구 편집부 엮음, 『지아장커 중국 영화의 미래』(현실문화, 2002), 19쪽.

*** 지아장커는 여러 편의 다큐멘터리를 제작했다. 2006년의 〈동(東)〉은 화가 리우샤오동(劉小東)의 작업 과정을 보여 주는 다큐멘터리로 〈스틸 라이프〉와 함께 촬영되었다. 2008년의 〈무용(無用)〉은 디자이너 마커(馬可)의 작업과 전시를 중심으로 '옷'에 대한 성찰을 시도하는 다큐멘터리다.

은 고향 삼부작에서부터 선명하게 나타난다. 인민은 〈황토지〉에서처럼 자연의 척박함과 싸우며 그에 적응하며 살아가는 것이 아니라, 자본주의의 거품과 찌꺼기를 파먹으며 생존한다. 감독의 시선에는 애정과 거리, 유머와 비애, 동감과 안타까움 같은 양가감정이 교차한다. 광폭한 개발 속에서 가치를 상실해 가는 존재(인간, 건물, 사물, 풍속, 생각, 가치)들의 허름하지만 질긴 생명력이 관객의 마음 깊은 곳을 고요히 흔든다.

첫 장편 〈소무(小武)〉는 펀양의 한 소매치기의 이야기다. 건들거리며 동네를 배회하는 것이 일과인 그의 주변에는 변화를 틈타 부자가 된 친구도 있고,

점포가 철거되어 이주하는 친구도 있다. 하지만 소무는 시류를 타고 상승할 능력도 새로운 곳으로 떠날 의지도 없다. 가족에게 인정받지 못하고, 사회에도 닻을 내리지 못하고, 친구들로부터도 외면받는 낙오자다. 유일하게 동질감을 느끼며 다가간 노래주점의 여급도, 부유한 남자를 만나 아무런 말도 없이 그를 훌쩍 떠나 버린다. 결국 그는 대대적 범죄 단속을 벌이던 공안에 체포되어 수갑을 찬 채 거리 군중들의 구경거리로 전락한다.

〈플랫폼(站台)〉은 1979년부터 1989년까지 약 10년 동안 펀양의 문예선전대(文藝宣傳隊) 소속 예술가들이 어떻게 시대의 격랑에 부서져 파편으로 흩어져

지아장커의 〈소무〉.(출처: 필자 소장 DVD 캡처)

2008년 〈24시티(二十四城記)〉에서 그는 다큐멘터리와 픽션을 결합시키고, 2010년 〈상해전기(上海傳奇)〉에서는 17인의 주요 인물들에게 상하이의 기억을 청취하고 있다.
**** 정한석, 『지아장커』(인출연.예린원, 2019), 60쪽.

가는지 담담하게 추적한다. 주인공 추이밍량(崔明亮)과 동료들은 자신들의 예술적 사업에 자부심을 느끼지만, 동시에 외부 세계에 대한 동경을 키워 간다. 그런데, 선전대가 시대의 변화로 민영화되자, 이들은 새로이 열린 자본주의적 문화 시장에 무방비 상태로 던져진다.

자존심이 서서히 무너지면서, 선전대는 유랑 극단이 되어 소도시 공터나 탄광촌, 도로변의 트럭이나 천막에서 공연하며, 곡마단처럼 값싸게 시류에 영합해 간다. 한때 사회주의 이념을 고취하는 거대 서사를 노래했지만, 이제 퇴락하여 주변부를 부유하는 패배자가 된 채, 더 이상 아무런 비전이 보이지 않자, 모두 고향으로 처량하게 돌아오는 것이다. 개발로 인해 마구 파헤쳐진 고향에서 이제 이들은 각자 흩어져 평범한 삶을 시작해 간다.

2001년의 다퉁을 배경으로 하는 〈임소요(任逍遙)〉의 주인공 빈빈(斌斌)과 샤오지(小濟)는 〈플랫폼〉의 추이밍량이나 〈소무〉의 21세기적 후예들이다. 하지만 이들을 둘러싼 현실의 벽은 더 높고 견고하다. 빈빈은 일자리를 그만두고 하릴없이 소요하며 시간을 죽인다. 과거 파룬궁에 연루된 적 있는 엄마는 빈빈을 다그쳐 군대에 보내려 한다. 불운하게도 신체검사에서 간염이 발견되어 유일한 탈출구마저 포기하게 된다. 한편, 샤오지는 몽골 술을 판매하는 수상한

지아장커의 〈플랫폼〉.(출처: 필자 소장 DVD 캡처)

유흥단의 무희 차오차오(巧巧)에게 반해 그녀를 쫓아다니며 구애한다. 하지만 이들의 연애는 차오차오를 관리하는 폭력배 사장에 의해 좌절된다.

미래가 이렇게 속절없이 닫혀 버리자, 빈빈과 샤오지는 은행을 털기 위한 무모한 계획을 짜고 이를 실행한다. 막상 현장에서 사제 폭탄의 허술함은 공안에 의해 간파되고, 빈빈은 무기력하게 체포되고, 밖에서 기다리던 샤오지는 재빠르게 도주한다. 비 내리는 언덕길에서, 언제나 결정적인 순간에 시동이 꺼지는 샤오지의 오토바이는 또 멈춰 버린다. 그는 다른 차를 얻어 타고 어디론가 사라진다.

지아장커의 〈임소요〉.(출처: 필자 소장 DVD 캡처)

리얼이 말하다

지아장커 영화의 힘은 그 특유의 리얼리즘에서 온다.* 특히 위의 초기작들은 날것의 현실이 조작 없이 그대로 스크린에 옮겨 온 듯한 착각을 불러일으킬 정도의 비상한 실재감을 준다.

가령, 나는 펀양이나 다퉁에 실제로 가본 적이 없다. 여행 몇 번을 제외하면, 중국 사회를 깊이 체험한 적도 없다. 중국인들과 친교를 나누고 그들의 삶을 들여다본 적도 없다. 중국 인민은 나에게는 타자다. 그러나, 지아장커 영화가 시작되는 순간, 바로 그 순간 즉각적으로, 어떤 지성의 매개도 없이, 영화가 제공하는 처음 보는 세계의 감화력에 휘감겼다. 이것은 아마도, 비전문 배우들의 활용, 그가 자주 사용하는 롱테이크, 현장의 소음을 영화에 살리는 사운드스케이프, 개인의 사소하고 구체적인 일상을 비추는 촬영 등이 어우러져 생성되는 미학적 효과이리라. 그런데 지아장커 리얼리즘에는 저 '기법'들을 초과하는 무언가가 존재하는 듯이 느껴진다. 그것은 무엇일까?

내가 보기에, 지아장커는 영화라는 매체를 통해 실재를 충실히 재현한다는, 그런 전통적 의미의 리얼리스트가 결코 아니다. (위대한 리얼리스트들이 늘 그러하듯이) 그는 일반적 의미의 리얼리즘을 뒤집는다. 즉, 실재는 재현의 '대상'이 아니라 '주체'다. 감독이 실재를 재현하는 것이 아니라, '리얼'이 영화 속에

* 유세종, 『지아장커, 세계의 그늘을 비추는 거울』(봄날의박씨, 2018), 46-60쪽.

서 터져 나온다. 즙(汁)처럼 새어 나오거나, 증기처럼 분출하고, 감정처럼 범람한다. '리얼'이 스스로 출현하여, 말하고, 표현하는 주격이 되기 위해서, 감독은 증인이나 목격자의 자리로 퇴거해야 한다. 감독은 그런 이미지의 출현의 순간, 실재의 말문이 터지는 순간을 기다리며 자기 존재를 지워야 한다.

영화에서 리얼이 스스로 말하는 순간을 나는 여러 번 체험했다. 오래전 이마무라 쇼헤이(今村昌平)의 〈나라야마 부시코(楢山節考)〉(1983)를 볼 때였다. 영화 어딘가에서 주인공이 거대한 나무를 총으로 쏘는 장면이 있었다. 그 거목은 살아 있는 동물처럼, 총상을 입고 괴로워 울부짖는 동물처럼, 이파리와 가지들을 부르르 떨며 몸부림쳤다. 나는 순간적으로, 이성으로 제어할 수 없는 깊은 동요와 충격을 겪었다.

어떤 마성적 힘에 제압당하는 순간이었다. 충격은 단순히 '심리적'인 것이 아니라 육체적이며, 물질적이고, 생리적이었다. 식은땀을 흘리며, 항진된 심장 박동에 시달리며, 그 자리에 머물지 못한 채 공황 상태로 극장을 벗어났다. 총을 맞은 나무의 경련하는 이미지는 내 밖에서 내 안으로 들어와, 나를 다른 누군가로 변화시키고 있었다. 마치 바이러스나 병원균에 감염되듯 이미지에 감염된 환자. 일종의 시네-페이션트(cine-patient). 집으로 돌아오는 길에 나는 이미지와 상징과 실재가 (라캉이 말하듯이) 서로 구별되는 차원들이 아니라, 궁극적으로는 하나임을 깨달았다. 모든 것은 어떤 연결과 어떤 공명(共鳴) 속

에서 '실재'가 된다. 말하는 실재 앞에서 우리는 주체가 아니라 증인이다. 페이션트, 즉 감수자다.

'광주 비디오'가 안겨 주었던 이중의 충격도 그 한 실례가 된다. 왜 이중인가? 하나는 그 참상의 장면들을 다시는 뇌리에서 떼어 낼 수 없을 것처럼, 영원히 기억에 박혀 제거할 수 없을 것처럼 느껴지게 하던, 이미지 자체의 감각적 충격이었다. 하지만 거기에는 감각을 넘어서는 또 다른 실재, 또 다른 '실재의 폭력성'이 있었다. 그것은 이미지와 현장의 문제가 아니라, 그것을 목격한 주체의 문제였다.

비디오를 보고야 만 '나'는 이제 누구인가? 비디오를 보기 전과 무언가 달라진 자신에 대한 이물감(異物感). 짧은 순간 환영처럼 스쳐 지나간 어떤 이미지가 삶에 지울 수 없는 각인을 새겨 놓았다는 불길한 느낌. 비디오를 보기 전으로 돌아가는 것이 이젠 불가능하다는 자랑스러운 절망감. 이미지는 내 안에서 이해할 수 없는 뭔가를 명령하기 시작했다.

리얼리즘이란 이런 것이다. 현실과 영화가 얼마나 비슷한가, 얼마나 있는 그대로 현실을 재현했는가? 이렇게 묻는 대신 리얼리스트는 다음처럼 질문한다. 내가 찍은 영화 속에서 실재는 얼마나 강력하게 말하고 있는가? 작품 안에 포획된 실재의 함량은 얼마인가?

감독 자신이 동시대 중국 현실을 규정하고 재현하고 설명하려 들지 않고, 수많은 이야기와 정동을 함축하고 있는 장소와 시간, 인물과 도시, 사물과 건

물, 의복과 음식을, 그것들의 물성 그 자체로 영화에 불러, 그들이 스스로 말하도록 할 때, 지아장커는 탁월한 리얼리스트다. 나는 그의 영화에 깊이 움직였다. 이 움직임은 리얼의 힘이다. 지아장커는 리얼이 언제 그리고 어떻게 말하는지를 안다. 무언가 사라지기 시작할 때, 소멸할 때, 붕괴할 때, 기능이 정지했을 때다. 그때 리얼은 이미지로 말한다. 리얼의 언어는 이미지다.

어떤 사물이 파손되었을 때, 혹은 누군가 죽었을 때, 이미지는 비로소 그때 나타난다.* 고장난 사진기로 우리는 사진을 찍지 않는다. 사용이 불가능할 때 우리는 사진기의 색깔과 모양과 특이성을 그저 바라본다. 기능적 연관에서 이탈된 사물만이 참된 시선의 대상이 된다. 말하자면, 사물은 부서지거나 고장 나기 전에는 이미지로 나타나지 않는다. 자신의 실재를 계시하지 않는다.

어떤 사랑의 진실도 오직 관계가 종결된 이후에야 지각된다. 파괴와 소멸은 실재가 현현하는 통로다. 오랫동안 살아온 집에 배어 있는 모든 추억, 기억을 넘어서는 집 그 자체의 실제 모습은 집이 철거되는 (혹은 그 집을 떠나 이사하는) 순간에 비로소 드러난다. 죽은 자의 얼굴은 누구의 것인가? 얼굴의 주인은 이미 사라져 없고, 시신의 안면이 하나 남아 있는 것이다. 곧 부패하여 형체를 잃어버릴, 어떤 인격의 마지막 버팀. 그 속에서 우리는 한 일생이 축약되어 가슴을 치는 진실로 육박해 오는 것을 느낀다. 시신

* Maurice Blanchot, *L'espace littéraire*, Paris: Gallimard, 1996, pp. 341-356.

의 얼굴은 언제나 끔찍하며, 언제나 내밀하며, 언제나 진실하다. 그것이 바로 그 인간의 실재다.

한 세계가 스러져갈 때, 한 사물이 폐물이 되어갈 때, 한 인간이 죽음 쪽으로 방향을 틀 때, 과거에는 인지할 수 없던 강렬한 진실이 이미지의 형식으로 빛을 뿜는다. 도태건 불운이건 폭력에 의한 제거이건, 지아장커 시네마의 중심에는 사라지는 것들의 에피파니(epiphany)가 있다. 소무도 사라지고, 추이밍량도 사라지고, 빈빈도 사라지고, 샤오지도 사라지고, 사회주의도 사라지고, 동네 미장원도 사라지고, 옛날 거리도, 건물들의 회색빛 기운도 다 사라진다. 지아장커의 인민과 풍경은 역사 속에서 덧없이 사라지는 존재다. 이 사라짐이 섬광이 되는 순간을 그의 카메라는 기다린다. 그리고 마침내 건져 올린 지아장커 리얼리즘의 걸작이 바로 〈스틸 라이프〉다.

수몰지구

영화는 동일한 장소에서 교차하는 두 개의 다른 이야기로 구성되어 있다. 하나는 16년 전에 헤어진 아내를 찾아 펀양에서 온 광부 한싼밍(韓三明)의 이야기다. 다른 에피소드는 산시성 타이위안(太原)에서 온 간호사 선홍(沈紅)의 에피소드다. 그녀는 2년간 집으로 돌아오지 않은 남편의 행방을 찾아 이곳으로 왔다.

사라진 아내와 사라진 남편을 찾는 이 두 사람이

헤매고 다니는 지역은 그야말로 모든 것들이 곧 물에 잠겨 사라지게 될, 일종의 예정된 소멸 공간이다. 싼샤(三峽)댐 건설이 진행되는 장강(長江) 수몰지구가 그것이다. 일부 마을은 이미 잠겨 보이지 않고, 건물들은 뼈대와 골조만 남긴 채 폐허가 되어 있다. 그 잔해에 달라붙어, 땡볕에 땀을 흘리며, 노동자들이 리드미컬하게 해머로 건물 벽을 때려 부수고 있다. 방역복을 입은 자들이 등에 소독약을 짊어지고 부서진 집들 곳곳을 방역하고 있다. 아직도 사람들이 떠나지 않은 번잡한 구역의 건물 2층 벽에도 '3기 수위선(水位線) 156.5 미터'라는 표시가 붉은 페인트로 그려지고 있다. 그 선 아래는 모두 잠길 것이니 빨리 떠나라는 경고다.

수몰지구는 그 자체로 초현실적 공간이다. 거기 새로 만들어지는 것, 지어지는 것은 없고, 대신 파괴되는 것, 사라지는 것, 해체되는 것만이 있다. 2000년이 넘은 유적지도 곧 잠기므로 고고학자들이 땅을 파고 유물을 찾고 있으며, 공장도 문을 닫았고, 모두가 어디론가 떠날 준비를 하고 있다. UFO가 출현한다거나, 멀쩡하던 건물이 로켓처럼 하늘로 발사되는 장면들이 그다지 비현실적으로 느껴지지 않는 곳, 공간과 시간과 상황 자체가 이미 현실성을 상실한 그런 곳이다. 방제복을 입고 소독약을 뿌리는 사람들 역시 우주복을 입은 채 외계 행성을 탐사하는 사람들처럼 초현실적으로 그려지고 있지 않은가?

거기, 자본과 인민, 국가가 아무런 매개 없이 민낯

지아장커의 〈스틸 라이프〉.(출처: 필자 소장 DVD 캡처)

을 드러낸 채 뒤엉켜 있다. 행정 시스템은 약간 마비된 듯이 보이고, 자본은 댐 건설 이후의 개발 풍경을 꿈꾸며 부지런히 작동한다(선홍의 남편 궈빈(郭斌)은 부유한 기업 사장인 딩야링(丁亞玲)과 불륜 관계에 빠져 아내와의 연락을 끊은 상태다). 인민들은 언제 곧 정리해야 할지 모르는 저 임시적 시공에서 여전히 노동하고, 싸우고, 속이고, 고투하며 생존해 가고 있다.

　사라짐의 공간에는 사라짐의 시간이 떠돈다. 그것은 '과거→현재→미래'와 같은 선형적 시간, 상식적 시간이 아니다. 시간 자체에 질적 변화가 일어났다. 시간은 특이해졌고, 압축되었고, 격렬해졌다. (실질적으로는) 이미-사라진 것들이 (감각적으로는) 아직 눈앞에 현존하는 저 시간의 이상함. 우리는 알고 있다.

건물도, 가게도, 거리도, 자동차도 모두 저기 저렇게 있지만, 저들은 곧 물에 잠겨 사라지리라는 것을. 우리는 미래 어느 시점으로 이동한다. 수몰의 시점. 거기에 정신을 고정시키고, 그 시점에서 보면 과거가 되어 있는 지금을 본다. 이것은 전미래(前未來)의 시각이다. 전미래의 시간은 현존하는 세계를 이미 소멸한 것으로 볼 수 있게 한다. 정신의 눈으로 조망된 이 이미 소멸한 세계는 애틋하고 괴이하다.

기멸감(旣滅感)

사실, 이미 소멸했지만 아직 완전히 사라지지 않은

〈스틸 라이프〉.(출처: 필자 소장 DVD 캡처)

무언가에 대한 이 묘한 감각을 지아장커 이전에 이미 영화적으로 포착한 것은 1980년대의 홍콩 뉴웨이브다. 아크바 아바스(Ackbar Abbas)는 이 새로운 사조 특유의 시간 감각이 어떻게 홍콩의 지정학적, 정치적 운명과 연관되어 탄생했는지를 보여 준 바 있다.

우리가 잘 알고 있듯이 홍콩은, 1982년부터 1984년까지 이어진 수십 차례의 협상 끝에, 결국 1997년 중국에 반환되기로 결정된다. 이후, 1984년부터 1997년 사이의 시간 동안 홍콩은 기묘한 시간성에 휘감긴다. 즉, 중국에 아직 반환되지 않았다는 점에서 홍콩은 여전히 홍콩으로 남아 있지만, 머지않아 중국에 반환된다는 사실이 확정되었다는 점에서 홍콩은 이미 사라지기 시작한 것이기도 하다. 홍콩 고유의 정체성과 기억과 미래는 소멸하기 시작한다.

이처럼, 이미 사라졌는데 아직 완전히 소멸하지 않은 세계가 야기하는 감정을 아바스는 '기멸감(déjà-disparu)'이라 부른다. 기시감(déjà-vu)과 정확히 대립하는 감정인 기멸감은 "새롭고 독특한 것이 언제나 항상 이미 사라져 버렸고, (……) 결코 존재한 적 없는 기억의 뭉치를 움켜쥔 채 우리가 남겨져 버렸다는 느낌"*으로 정의된다.

예를 들어, 홍콩 뉴웨이브를 대표하는 왕지아웨이(王家衛)의 카메라는 마치 염산 같은 독성 물질이 뿌려져 빠르게 형체를 잃고 연기를 내며 기화하는 세계를 시선의 안간힘으로 붙들려는 듯이, 도시와

인간의 해체적 양상들을 추적하고 있지 않은가? 세련된 광고나 뮤직비디오를 연상시키는 '기법'으로 오인될 수도 있지만, 왕지아웨이 영화의 저 격렬한 덧없음과 과잉된 역동성은 한 세계의 사라짐이 야기한 상실감(기멸감)에 뿌리내리고 있다. 산소가 부족하여 헐떡이는 물고기의 눈이 바라보는 마지막 풍경처럼, 시간의 부족으로 갈라지고, 찢어지고, 흩어지는 세계의 매정한 아름다움. '이미-소멸한' 세계와 '아직-사라지지-않은' 세계 사이에 남아 있는 희망이란 오직 그 세상과 함께 사라져 가는 주체의 시선에 비친 저 분열적 이미지밖에는 없다는 듯이……

〈스틸 라이프〉는 저 홍콩의 자리에 수몰지구를 놓는다. 도시는 머지않아 물에 잠길 것이다. 모든 것은 사라질 것이다. 흔적도 없이 소멸할 것이다. 기멸감이다. 그러나, 지아장커와 왕지아웨이 사이에는 간과하기 어려운 차이들이 있다. 우선, 〈스틸 라이프〉의 기멸감에는 (홍콩 반환이라는) 정치적 함의를 넘어서는 생태적 함의가 내포되어 있다. 〈황토지〉에서 불변의 웅장함으로 인간을 압도하던 자연은 21세기 중국에는 존재하지 않는다. 자연은 세계 최대의 토목공사를 통해 무참히 변형되고 있다. 장강삼협의 절경은 이제 지폐에만 등장할 것이다. 자본주의의 힘은 인민과 자연의 원형적 연대를 파괴한다. 그 파괴 자체가 자본주의적 생산이다.

이런 점에서 지아장커의 기멸감은 왕지아웨이의

---

* Ackbar Abbas, *Hong Kong. Culture and the Politics of Disappearance*, Minneapolis, London: University of Minnesota Press, 1997, p. 25.

그것보다 더 구체적이고 깊고 아득하다. 그럼에도 불구하고, 지아장커의 화면은 부스러지지도 기화하지도 해체되지도 분열되지도 않는다. 오히려 세계는 더 완강한 물질성으로, 더 단단하고 탱탱해진 근육으로, 더 끈질긴 고집으로 버티며 무언가를 외치는 듯이 보인다. 이것이 두 번째의 차이다. 무엇이 이 차이를 만드는 것일까? 나는 이렇게 생각한다. 그것은 인민이다.

〈중경삼림〉(1994)에도 〈동사서독〉(1994)에도 〈해피 투게더〉(1997)에도 존재하지 않는 인민이 〈스틸 라이프〉에는 있다. 기멸(旣滅)의 장소에서 기멸의 시간을 사는 기멸의 존재. 지아장커는 인민주의자다. 그의 영화 미학의 최종 심급에는 역시 인민이 있다.

중국이란 무엇인가? 인민이다. 인민이란 무엇인가? 기멸자(旣滅者)다. 하지만, 유령처럼 되돌아오는 자다. 인민은 소멸을 뚫고 살아 나간다. 〈스틸 라이프〉의 저 두 주인공처럼.

한싼밍. 그는 펑제의 폐허에 와서 아내와 딸 대신 동료 노동자를 데리고 나간다. 건물 해체 작업을 함께 한 뜨내기 인부들에게 산시의 광산으로 가자고 제안을 하는 것이다. 거기서 돈을 벌자고. 지하는 위험하지만 급료가 높다고. 한싼밍은 그렇게 이들을 데리고 수몰지구를 빠져나간다. 선훙은 자신을 배반한 남편에게 도리어 이혼을 제안하고 새로운 삶을 시작하러 펑제를 떠난다. 모든 것은 잠길 것이다. 기멸감은 예리하다. 하지만, 원래 그런 것이다. 세상

〈스틸 라이프〉.(출처: 필자 소장 DVD 캡처)

〈스틸 라이프〉.(출처: 필자 소장 DVD 캡처)

이 물에 잠겨도, 사라져 버려도, 인민은 되돌아온다.
유령들이다.

　〈스틸 라이프〉의 마지막 장면에서 우리는 지아
장커 인민주의의 탁월한 상징을 만난다. 펑제를 빠
져나가는 한싼밍의 머리 뒤로 (마치 환각처럼) 외줄을
타는 사내가 허공을 걸어가고 있다. 인민이란 무엇
인가? 고공에서 외줄을 타는 사람, 발을 헛디디면
떨어져 죽는 사람 그러나 그 줄을 밟고 살아 나가는
자다. 이것은 감독이 인민에게 바치는 헌사다. 협소
한 줄처럼 위태로운 곳을 걸어가는 생존주의자. 생
존의 협곡을 헤쳐 가는 자. 그것이 삼협이건, 지하
갱도이건, 공장이건, 혹은 거리이건, 인민은 그렇게
살아가는 것이다.

김홍중
본지 편집위원. 사회학자. 사회 이론과
문화사회학을 전공했으며, 현재 서울대
사회학과에서 가르친다. 최근 관심은
물성(物性), 인성(人性), 생명, 영성(靈性)의
얽힘과 배치이다. 지은 책으로
『은둔기계』, 『마음의 사회학』과 『사회학적
파상력』이 있다.

『반딧불의 잔존』조르주 디디 위베르만 지음, 김홍기 옮김, 길, 2012

인민의 표상이라는 차원에서 보면, 파졸리니의 〈마태복음〉은
압권이다. 〈마태복음〉에 나오는 이탈리아 민중들의 얼굴은 거기
나오는 예수의 얼굴보다 훨씬 더 깊다. 디디 위베르만은
이 책에서 파졸리니에게 인민이 무엇이었는지를 탐구한다.

"이미지는 산발적이고, 취약하고, 끊임없이 반복적으로 출현하고,
소멸하고, 재출현하고, 재소멸한다." — 책 속에서

『원시적 열정』레이 초우 지음, 정재서 옮김, 이산, 2004

중국 영화 제5세대에 대한 훌륭한 분석이다. 이들이 어떻게 중국적인
것을 이미지로 발명했는지, 이들에게 공간과 자연의 표상이 무엇을
의미하는지, 원시성이라는 상징이 어떻게 여성, 자연, 어린이와
결합했는지를 날카롭게 보여 준다.

"자연의 매혹에 영화가 사로잡힌 것은 문화대혁명의 농촌 중심적인
지상명령—지식인과 교육받은 젊은이는 시골로 하방하라는
명령—이 현실에 남긴 유산이지만, 자연의 에너지와 그 파괴력을
목격하고 인간의 노력이 덧없다는 깨달음을 얻은 것과 밀접한
관계가 있다. 자연, 더 정확하게는 인간의 삶과 자연의 관계를 묘사한
과거의 시인과 화가들처럼 1980년대와 1990년대 영화에 묘사된
자연에는 인간사회의 통제를 뛰어넘는 생태학적 숙명에 대한 민감한
감성이 나타나 있다." — 책 속에서

서울리뷰오브북스
Seoul Review of Books

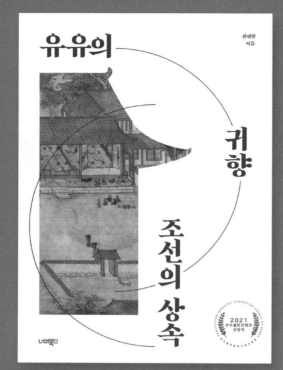

『유유의 귀향, 조선의 상속』, 권내현 지음, 너머북스, 2021

『가짜 남편 만들기, 1564년 백씨 부인의 생존전략』, 강명관 지음, 푸른역사, 2021

진실은 사라졌는가 *

김영민

1. 들어가며

1558년, 대구 사족 유유(柳游, 생몰년 미상)가 가출한다. 1562년, 채응규(蔡應珪)라는 인물이 자기가 사라진 유유라고 주장하며 나타난다. 유유의 동생 유연(柳淵, 1537-1564)은 채응규가 가짜 형이라고 고소한다. 채응규는 재판이 끝나기도 전에 홀연히 실종된다. 그는 아마 어디선가 죽은 것으로 보인다. 유유의 아내 백씨는 채응규야말로 진짜 유유이며, 유연이 장남의 권리를 노리고 친형을 부인한 거라고 주장한다. 1564년, 유연은 형 유유 살해 혐의로 처형된다. 그런데 이게 무슨 일인가. 1580년경, 진짜 유유가 버젓이

---

* 이 글에서 인용하는 실록 기사는 https://sillok.history.go.kr/main/main.do에 실려 있는 내용을 다듬은 것이며, 「유연전」은 박희병 편, 『한국한문소설 교합구해』(소명출판, 2005)에 실린 판본과 번역을 인용한 것이다.

살아 있다는 게 알려지고 사건은 다시 원점으로 돌아간다.

　이 사건은 한 가정의 장남이 어느 날 갑자기 증발했다는 점, 누군가 그를 사칭했다는 점, 남겨진 아내가 능동적으로 가짜 남편을 묵인하고 수용하려 들었다는 점, 그러다 결국 진짜 남편이 등장했다는 점, 사법 기관이 그 진위를 판단하려 나섰다는 점 등이 모두 16세기 프랑스에서 벌어졌던 '마르탱 게르의 귀향' 사건과 닮았다.*

　대략의 줄거리만 들어도 정신이 번쩍 나는 이 흥미로운 사건(이하 '유유의 귀향' 사건으로 지칭)을 학자들이 방치했을 리 만무하다. 국문학계, 국사학계, 법제사학계 등에 걸쳐 상당수의 연구 논문이 이미 축적되어 있다. 그러한 연구의 연장선에서 마침내 사건을 종합적으로 다루는 두 권의 저서가 근년에 출간되었다. 역사학자 권내현의 『유유의 귀향, 조선의 상속』(이하 『유유의 귀향』)과 국문학자 강명관의 『가짜 남편 만들기, 1564년 백씨 부인의 생존전략』(이하 『가짜 남편 만들기』)이 그것이다.

　이 두 책은 여러 면에서 야심적이며 흥미롭다. 수수께끼 같은 사건의 진상을 밝혀냈다고 저마다 자부할 뿐 아니라, 같은 사건에 대해서 확연히 다른 해석을 제시한다. 그뿐이랴. 유유의 귀향 사건을 매개로 한국 역사의 장기적인 맥락을 짚어 보기도 한다. 이 글은 그 야심적인 시도를 비평하는 데 목적이 있다.

---

* '마르탱 게르의 귀향' 사건에 대해서는 《서울리뷰오브북스》 제6호에 실린 관련 서평, 「사라진 사람을 찾아서, 사라진 역사를 찾아서」 참조.

2. 사건의 발발과 전개

『조선왕조실록』, 1564년 명종(明宗) 19년 3월 20일조에 사족(士族) 유연을 처형한 사건이 기록되어 있다.

학생(學生) 유연(柳淵)을 처형하였다. 이에 앞서 대구부(大丘府)에 살던 유유(柳游)가 10여 년 전에 마음의 병을 앓아 미쳐서 떠돌아다니다가 해주(海州) 경내에 흘러들어와 살았다. 첩(妾)을 얻어 머물러 살았는데, 혹 유유라 일컫기도 하고 혹 성명을 바꾸어 채응룡(蔡應龍)이라고도 하더니, 올봄에 첩을 데리고 서울에 왔다. 그의 매부 달성 도정(達城都正) 식(禔)*이 소문을 듣고 불러 보았더니, 떠돌아다니면서 고달파서 얼굴 모습은 변하였으나 말과 동작은 실지로 유유였다. 유의 아우 유연(柳淵)은 대구의 본가에 있었는데, 식이 연에게 통지하여 연에게 데리고 가게 하였다. 연이 올라와서 서로 보고는 드디어 함께 돌아가는 중에, 맏이 자리를 빼앗아 재산을 모두 차지하려는 못된 꾀를 내어 결박을 지우고 상처가 나도록 구타하고는 그 형이 아니라고 하면서 대구부에 소송하였다. 부사(府使) 박응천(朴應川)은 유연의 말을 먼저 믿고는 단지 유유만을 가두었는데, 유유의 아내 백씨(白氏)가 그때까지 그의 집에 있었다. 만일 대면하게 하였으면 당장 분별할 수 있었으니 의심스러워서 판단하기 어려운 일이 아니었다. 나중에 유유가 병을 얻어 잠시 풀려나자 연이 형을 해치는 꾀를 행하도록 하여 끝내 증거를 없애는 지경에까지 이르렀다. 형을 해쳐 인륜을 어지럽힌 자를 즉시 시원하게 다스리지 않았으므로,

---

* 현행 실록 기사에는 "식"이라고 표기하는 곳도 있고, 『가짜 남편 만들기』에서는 "제"라고 표기하고, 『유유의 귀향』에서는 "지"로 표기하고 있다. 논란이 되는 이 글자를 일단 편의상 "지"라고 통일하기로 한다.

김윤보의 〈형정도첩〉. 포도청에 수감된 죄인에게 가족이 음식을 넣어 주다(차식어수포청죄인).
(출처: 『유유의 귀향』 106쪽, 너머북스 제공)

온 도의 사람들은 모두 분하게 여겼다. 뒤에 언관(言官)의 아룀으로 인하여 금부(禁府)에 내려 추국(推鞫)하였는데, 이때에 이르러 연이 그 죄를 자백하였다.*

대구 지역에 살던 유유(柳游)라는 사족이 10여 년 전에 "마음의 병을 앓아 미쳐서 떠돌아 다녔다(病心狂走)." 그러던 어느 날, 그의 매부인 이지(李禔, ?-1580)가 그를 발견하고, 가족에게 돌려보냈다. 그간 고생을 많이 해서인지 외모는 변했지만, 말하는 내용을 볼 때 실종된 유유가 틀림없어 보였다. 유유의 실종 이후 장남 노릇을 대신하던 유연은 그가 진짜 형이 아니라고 주장하며, 사기꾼이라고 구타했다. 같은 사람을 두고, 이지는 유유라고 판정한 반면, 유연은 유유가 아니라고 본 것이다. 그가 실종되자, 유연은 친형을 살해했다는 혐의를 받는다. 죄를 자백하기까지 다소 곡절이 있기는 했지만, 결국 유연은 존속살인죄로 처형되었다.

실종에서 시작하여 존속살해를 거쳐 처형에 이르는 이 극적인 사건은 오늘날 납량 특집 드라마나 사극 소재에 어울릴 정도로 자극적이다. 이 실록 기사만 보아서는, 유유의 귀향 사건은 자극적일지언정 결코 미제(未濟) 사건은 아니다. 끔찍한 사건이기는 하지만, 가해자와 피해자도 분명하고, 살해 동기도 선명하고, 범인은 잡혔으며, 통상적인 심문 과정을 통해 처벌되었다. 조선 사회 일각의 질서가 흔들렸으나 결국 '정상'으로 돌아간 것이다.

그런데, 집권 세력이 바뀐 선조(宣祖) 때가 되어 이 사건은 실록에 다시 한 번 등장한다.

---

* 『명종실록(明宗實錄)』 30권, 명종 19년 3월 20일 임술(壬戌) 2번째 기사 1564년 명 가정(嘉靖) 43년.

그 뒤에 자못 당시의 옥사에 대해 시신도 없는데 갑자기 죄를 단정한 것은 온당하지 않았다고 했고, 또 유유가 아직도 살아 있다고 여겨서 간혹 사람들이 설왕설래하므로 임금과 함께하는 경연 석상에 오르기까지 하였으나 자세히 가려내지는 못하였었다. 그러다가 지난겨울에 수찬 윤선각(尹先覺)이 경연 석상에서 아뢰기를, "지난 경오년·신미년 간에 장인을 따라 순안현(順安縣)에 갔을 때 천유용(天裕勇)이라고 하는 자가 미친 체하면서 여러 곳에 출입하며 남의 자제를 훈도하고 있었는데 그 행동거지로 보아 미친 것 같지가 않았습니다. 그 후 신이 경상도를 왕래하면서 유유의 옛 친구들에게 유유의 모습을 물어보니 천유용이라는 자와 너무도 같았습니다. 또 사람의 성명이 어찌 천유용이 있을 수 있겠습니까. 이로써 볼 때 유유가 지금까지 생존해 있을 듯하므로 유연의 죽음을 매우 원통하고 억울한 듯합니다"라고 하니.*

아니, 이게 무슨 일인가. 동생 손에 살해당한 줄 알았던 유유가 버젓이 살아 있다는 게 아닌가. 평안도에서 미친 사람 행세를 하며 아이들을 가르치고 있다는 게 아닌가. 그는 정말 미친 것일까. 미친 사람이 어떻게 아이들을 가르칠 역량이 된단 말인가. 그를 직접 보았다는 윤선각이라는 사람의 견해에 따르면, 그는 과연 미쳐 보이지 않았다. 명종 때 유유 행세를 했던 채응룡이라는 자와는 달리 외모마저 유유와 비슷했다. 그러고 보니, 명종 때 사건 처리가 완벽하지 않았던 것이 드러났다. 무엇보다도 피해자의 시체가 발견되지도 않은 상태에서 조사가 종결되었던 것이다. 이처럼 집권 세력이 바뀌자 유유의 귀향 사건은 전혀 다른 양상을 띤다. 이제 조정에서는 사건의 진상을 다시 조사해야 한다.

---

* 『선조실록(宣祖實錄)』 5권, 선조 4년 10월 27일 병진(丙辰) 2번째 기사 1571년 명 융경(隆慶) 5년.

상이 헌부로 하여금 사실을 조사하여 규명하게 하였다. 헌부가 즉시 평안도에 이문(移文)하여 천유용이라고 하는 자를 체포해다가 공초(供招)를 받았는데 과연 유유라고 자복하였다. 그의 4대의 계보와 집안의 세세한 일까지도 일일이 다 말하는 것으로 보아서 그가 유유인 것이 의심할 여지가 없었는데 갑자년에 있었던 일에 대해서는 전혀 모른다고 하였다. 헌부가 또, 갑자년에 유유라 사칭한 자는 곧 본명이 채응규(蔡應珪)로서 지금까지 해주에 살고 있다는 말을 듣고 즉시 비밀리에 해주로 이문하였는데, 과연 그를 체포하였고 그를 잡아서 올라오는 도중에 말 위에서 목을 찔러 자살하였으므로 그의 첩 춘수(春守)만을 압송해 왔다. 춘수는 지난 갑자년에 유유라 사칭했던 채응규와 시종 함께 공모하여 유연이 형을 시해했다는 옥사를 일으킨 사람이었다. 그렇다면 갑자년에 유유를 사칭했던 사람은 곧 채응규이고 진짜 유유는 갑자년에 나타나지 않았던 사실이 모두 밝혀졌다. 의금부에 이송하여 국문하니 달성령 지(禔)가 거짓 타인을 데려다가 유유인 것처럼 꾸며서 유연을 형을 시해한 죄에 빠지게 한 것이므로, 그 정상이 매우 흉악 간특하여 장신(杖訊)을 써서 철저히 국문하였다. 유유는 아비를 피하여 아비의 초상에도 가지 않아서 인륜을 무너뜨렸으니 곤장 일백 대를 치고, 삼년 간 외딴 곳에 가두어 두는 것으로 결론을 지었다. 지는 형 집행 시 사망했다.*

이어지는 실록 기사에 따르면, 외모로 보나 말하는 내용으로 보나 새로 나타난 유유는 진짜 유유임에 틀림없었다. "그의 4대의 계보와 집안의 세세한 일까지도 일일이 다 말하는 것"을 볼 때, 가짜는 아닌 것 같다. 일련의 과정을 통해, 명종 때 유유 행세를 하다가 살해된 것으로 알려진 인물

---

* 『선조실록(宣祖實錄)』5권, 선조 4년 10월 27일 병진(丙辰) 2번째 기사 1571년 명 융경(隆慶) 5년.

은 진짜 유유가 아니라 채응규라는 사람으로 판명된다. 그는 죽기는커녕, 유유히 도망간 뒤 해주에서 멀쩡하게 살고 있었던 것이다. 이제 진상을 밝히기 위해서는 이 채응규라는 인간을 잡아 족쳐야 한다. 그러나 이게 무슨 일인가. 그를 체포해서 호송하는 도중, 채응규는 그만 자살해 버리고 만다.

결국 주범 채응규는 제대로 조사하지도 못하고, 그의 첩 춘수를 대신 취조해서 결론을 내린다. 유연은 고문에 못 이겨 허위자백을 하고 처형당했던 거라고. 사건의 전모는 새로 드러났으나, 유유를 사칭했던 채응규와 핵심 피해자 유연은 모두 죽고 이 세상에 없다. 핵심 관계자 중 남은 인물은 애당초 가출해서 사건의 실마리를 제공한 유유 그리고 가짜 유유인 채응규를 가족들에게 소개했던 이지다. 이지는 채응규와 공모한 죄로 처형당하고, 유유 역시 벌을 받았다. 유유의 죄목은 "아비를 피하여 아비의 초상에도 가지 않아서 인륜을 무너뜨렸다"는 것이었다.

3. 『명조실록』 사관의 해석

『조선왕조실록』 기사를 바탕으로 이처럼 정리한 사건 내용을 곧이곧대로 받아들일 수는 없다. 두 실록 기사를 상호 대조해 보아도, 조정에서 얼마나 서투르게 일을 처리했는지 짐작할 수 있기 때문이다. 서투른 일처리에 비해 실록 기사의 어조는 너무 단정적이다. 여기서 실록은 결코 객관적인 역사 기록이 아님을 기억할 필요가 있다. 실록은 기록 당시의 정치 분위기와 기록한 사관의 관점으로부터 자유롭지 않다. 그 점을 한껏 드러낸 부분이 사관의 논평 부분이다.

사신은 논한다. 유연은 흉악하고 무도한 자로서, 맏이 자리를 빼앗아 재산을 모두 차지하려는 꾀를 내어 박석(朴石)에게 후한 뇌물을 주고 몰래 서로 호응하여 모의했었다. 그의 종을 시켜 유유를 업어 내오게 하여 돌을 달아서 결박을 지우고는 금호(琴湖)에 던져 자취를 없애게 하였으니, 그 악함이 극도에 이른 것이다. 다만 근본 윤리를 어긴 큰 죄는 당연히 반복하여 상세히 물어서 흉악한 짓이 밝게 드러나 의심이 없도록 한 뒤라야 인심이 모두 쾌하게 여기는 것이다. 그런데 식과 심융(沈隆)·김백천(金百千) 같은 자들의 진술(陳述)에 '진짜 유유'라고는 했지만 모두 처음에는 그의 얼굴 모습을 알아보지 못했다고 하였으니, 의심할 만한 단서가 없지 않다. 나중에 그 자취까지 없앤 뒤에 또 유유의 시체를 찾지 못했는데, 단지 매를 때리어 자백한 내용을 가지고서 형을 해쳤다고 갑자기 결론지었다. 그로 인해 세간에 논란이 있었다. 이로 볼 때, 중요 사건의 경우 열흘 동안 깊게 숙고해서 잘 판결한다는 취지에 맞지 않는 것 같다.

이 같은 사관의 논평은 모순적이다. 전반부에는 유연의 범행 동기는 물론 그의 성격까지 단정 짓듯 단호한 어조로 서술한다. 그러나 후반부에서는 증거 불충분 상태에서 조사가 진행되었고, 사람을 때려서 자백을 받았다고 적시하고 있다. 유유가 윤리적 대죄를 저지른 인물이라고 개탄한 뒤에, 과연 그가 과연 그런 대죄를 저질렀는지 의심이 간다는 식의 서술을 하고 있는 것이다. 이 모순은 사관의 논평 안에서 해소되지 않고 남아 있다. 또 하나의 논평을 보자.

사신은 논한다. 유유는 어릴 적에 심질(心疾)이 있어서 집을 버리고 달아났으므로 그의 집안에서는 살았는지 죽었는지를 모른 지가 10여 년이나 되었다. 하루는 유가 달성령(達城令)의 집에 와서 묵었는데, 영이 그 아내에게 알리니 그 아내가 그의 아우 유연을 시켜 가서 보호하여 데리고 오게 하였다. 연이 서울에 올라와서 형과 함께 돌아가다가 중간에서 낯가죽을 벗겨내어 그가 유인 줄 알지 못하게 하고는 결박을 지워 대구부에 고하기를 '이 사람은 나의 형이 아닌데 나의 형이라고 일컬으니, 구속하여 끝까지 조사하여 다스려 달라' 하니, 부사 박응천이 하옥(下獄)을 시키고 말았다. 연이 몰래 옥리(獄吏)에게 죽이도록 하여 뒤탈이 없도록 하고자 하였으나 옥리는 원통하고 억울함이 있을까 걱정하여 들어주지 않았다. 응천은 연의 죄를 벗겨 주려고 몹시 혹독하게 유를 다스리고 고을 사람들을 모아놓고는 그 진위(眞僞)를 가리게 하니, 고을 사람들이 응천의 뜻을 알고는 모두들 유가 아니라고 하였다. 그중에서도 생원(生員) 서형(徐泂)이 더욱 응천에게 그릇되게 동조하였는데, 오직 교수(敎授) 서시웅(徐時雄)만이 이에 말하기를 '얼굴은 변하였으나 그 목소리를 들으니 진짜 유이다' 하였다. 유는 옥중에 있으면서 진위를 밝힐 방법이 없었다. 이에 '내가 장가든 첫날 아내가 겹치마를 입었기에 억지로 벗기려 하자 지금 월경(月經)이 있다고 하였다. 이 일은 타인이 알 수 있는 일이 아니니 만일 아내에게 물어보면 거짓인지 진실인지를 알 수 있을 것이다' 하였다. 연이 사실이 드러날까 봐 두려워서 비밀에 부치고 묻지 못하게 하였다. 뒤에 그 아내에게 물었더니 유의 말과 딱 맞았다. 응천이 하는 수 없이 유유를 인가(人家)에 보방(保放)하고 연을 구속하였다. 연은 이에 증거를 없애려고 보방을 맡은 집과 모의하여 유가 도망쳤다고 핑계 대고는 몰래 업고 갔다. 강물에 던지지 않았으면 도랑에 묻었을 것이 틀림없다. 유연이 형을 죽인 죄는 몹시 분명하여 엄폐하기 어렵다. 연이 그 형을 꾀하여 죽인 것은 맏이의 재물을 송두리째 차지하고 싶어서였다.

이 사관의 논평 역시 단호하다. 앞서 인용한 논평과 마찬가지로 유유의 실종 사건을 미스터리로 남겨 두지 않겠다는 의지가 분명하다. 유유는 마음의 병이 있어서 가출했고, 유연은 재산을 독차지하려고 일을 꾸몄음을 명시한다. 심지어 유유가 친형을 강물에 던지거나 도랑에 묻었을 것이라고 단언하기까지 한다. 그 같은 단언이 무색하게, 이는 모두 사실이 아닌 것으로 드러난다.

그러한 단언과 더불어 저간의 사정을 자세히 소개하는 점이 눈에 띈다. 가짜 유유는 진짜 유유만이 알 것 같은 정보를 갖고 있었던 것이다. "내가 장가든 첫날 아내가 겹치마를 입었기에 억지로 벗기려 하자 지금 월경이 있다고 하였다. 이 일은 타인이 알 수 있는 일이 아니니 만일 아내에게 물어보면 거짓인지 진실인지를 알 수 있을 것이다." 이 은밀한 사실을 부인인 백씨 부인에게 확인해 보니, 정말로 "딱 맞았다." 그런 은밀한 사실을 알고 있다니, 그는 혹시 진짜 유유였던 것일까. 아니면 백씨 부인과 미리 일을 꾸민 공모자였던 것일까. 그 모든 의문에 답하기에 앞서, 근본적인 질문이 제기된다. 이 기록 자체를 신뢰할 수 있을까. 사관은 나중에 거짓으로 판명되는 것들을 너무도 단정적으로 말하지 않던가. 그런 사람의 기록을 신뢰해도 되는 것일까?

4. 두 집안의 기억 전쟁

유유의 귀향 사건은 나라의 질서를 유지해야 하는 조정에서만 관심을 가진 게 아니다. 모호한 진실을 방치하기에는 관련자들의 피가 아직 식지 않았다. 사건과 관련해서 노비 포함 총 6명이 죽었으나, 그중 지배 계층 인물은 두 사람이다. 유연과 이지. 억울한 일을 당해도 하소연할 길이 흔치 않던 천민들과 달리, 조선 사회 사족은 연줄이 있다. 그 연줄을 활용해서 사태를 가능한 한 자신에게 유리하게 만들 수 있다.

그리하여 유연과 이지의 가족들은 각기 유연과 이지를 변호하는 프로 젝트를 시작한다. 여전히 모호해 보이는 사건의 진상을 자기들 관점에서 기록해 당대에 유포하고 후세에 전하고자 한 것이다. 그 결과물이 바로 「유연전(柳淵傳)」과 「이생송원록(李生訟怨錄)」이다. 이 두 텍스트 모두 진상을 객관적으로 밝히겠다는 의지를 천명하고 있지만, 알고 보면 특정인의 편 을 들겠다는 의도가 진하게 깔려 있는 문헌들이다.

이항복의 「유연전」

유연이 존속살해 혐의를 받고 형장의 이슬로 사라짐에 따라, 유연 집안 및 그의 처 이 씨는 졸지에 몰락했다. 다행히도, 선조 때 진짜 유유가 나타나 서 뒤늦게나마 혐의를 벗게 된다. 이제 유연의 처 이 씨는 지난 일에 대해 상세한 기록을 남겨 집안의 명예를 회복하고 싶다. 그러기 위해서는 아무 래도 글솜씨 좋은 권력자가 뭔가를 써주는 것이 좋을 것 같다. 그래야 널 리 읽힐 공산이 크지 않겠는가. 널리 읽힌 만큼 그 내용이 '사실'로서 공인 받지 않겠는가. 공인받은 만큼 후대에 길이 전해지지 않겠는가.

마침 친정 옆에 임진왜란 때 혁혁한 공을 세운 고위 관리 이원익(李元翼) 이 살고 있었다. 그에게 저간의 사정을 이야기하고 간절하게 호소했다. 이에 이원익은 고위 관리이면서 글 잘 쓰기로 유명한 이항복(李恒福)에 게 그 사정을 전하고, 유연의 일생에 대한 글을 써달라고 부탁한다. "사 리에 밝은 이에게 부탁해서 이 사건이 후대에 길이 전해졌으면 하오(願 托知言者, 以圖不朽)."(『한국한문소설 교합구해』, 386-400쪽)

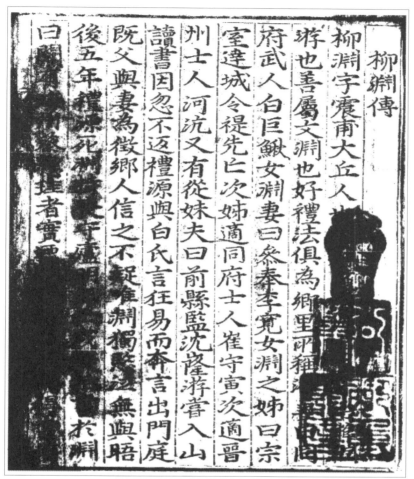

「유연전」의 일부. (출처: 『유유의 귀향』 213쪽, 너머북스 제공)

보는 바와 같이, 한문학 연구자 박희병은 『한국한문소설 교합구해』라는 책에 「유연전」을 번역해 실으면서, "지언자(知言者)"라는 한문 표현을 "사리에 밝은 이"라고 번역했다. 그 번역은 막연하다. "지언"이란 조선 시대 사족들이 널리 읽은 『논어』와 『맹자』에 그 용례가 실려 있는 특정한 표현이다.

子曰, 不知命, 無以爲君子也. 不知禮, 無以立也. 不知言, 無以知人也. (『논어』, 堯曰)

공자께서 말씀하셨다: 천명을 모르면 군자가 될 수 없다. 예를 모르면 제대로 설 수 없다. 말을 모르면 다른 사람을 파악할 수 없다.(밑줄은 필자)

何謂知言. 曰詖辭知其所蔽, 淫辭知其所陷, 邪辭知其所離, 遁辭知其所窮. 生於其心, 害於其政; 發於其政, 害於其事. (『맹자』, 公孫丑)

무엇을 일러, "말을 안다(지언)"고 하는 것입니까?

맹자가 말했다. "편벽된 말의 경우는, 그 말이 덮어 가리우는 바를 알아채고, 지나친 말의 경우는, 그 말이 빠져 있는 바를 알아채고, 사특한 말의 경우에는 그 말이 이탈되어 있는 바를 알고, 둘러대는 말의 경우는 그 말이 궁한 바를 알아챈다. 마음에서 생겨나서, 정사에 해를 끼치고, 정사에서 생겨나 일마다 해를 끼친다."

즉 "지언자"란 단순히 사리에 밝은 이라는 뜻이 아니라, 텍스트를 잘 읽을 줄 아는 사람, 특히 텍스트를 통해 사람을 잘 알아보고 파악할 수 있는 사람을 지칭한다. 이제 이항복이 착수해야 하는 일의 성격도 그러하다. 유연은 이미 죽었으므로 이항복이 유연이라는 사람을 직접 만나 볼 방법은 없다. 남겨진 자료를 읽고 이미 죽은 사람에 대해 써야 한다. 그것은

"지언자"만이 잘할 수 있는 일이다.

자, 그러면 이항복은 어떤 텍스트를 검토하게 되는가. 「유연전」에 따르면, "이정승은 대궐에서 물러 나와 유연 집의 가승을 모두 가져다 놓고는 나더러 어서 와서 글을 지으라며 말했다." 즉 이항복은 객관적으로 채집된 자료를 검토했다기보다는, 유연 집안의 자료를 주로 검토한 것이다. 「유연전」은 궁극적으로 집안의 명예를 회복하고 싶었던 유연의 부인인 이 씨 부인이 '외주'를 준 프로젝트다.

이 씨 부인이 보기에 이항복은 여러 면에서 이 작업의 적임자다. 권세 있는 관리일 뿐 아니라, 글도 잘 쓴다. 그러나 이항복의 입장에서는 이 작업이 달갑지 않을 수도 있다. 잘 아는 사이인 이원익이 부탁했으니 거절하기는 어렵지만, 이항복 자신은 그런 사적인 일에 얽히기에는 너무 공적인 인물이다. 공인이 사사로운 외주 프로젝트나 맡아 처리하고 있으면 꼴불견 아니겠는가. 그래서 이원익이 이런 말로 부탁했던 것이다. "이 글이 이루어진다면 <u>지극한 원통함을 씻고 관훈을 세울 수 있을 것이니</u>(밑줄은 필자), 그대가 글을 지어 보는 게 어떻겠소(此事若成, 至寃可雪, 官訓可立, 子盍圖之)?" 즉 사적인 계기가 있기는 하지만, 공적인 의미를 담을 수 있으니 해볼 만하다는 것이다. 공적인 의의가 있다면, 이항복도 글을 쓸 명분이 있다.

이처럼 편향된 과정을 통해 작성된 글이니, 「유연전」 내용이 관료들에게 교훈을 주는 식의 결론을 갖고 있는 것도 당연하다. 유연의 사건 자체도 그러한 편향에 맞추어 극화되었을 가능성이 농후하다. 하필 그 당시는 임진왜란 직후로서 관료 체제를 정비해야 하는 시기였고, 이항복은 재야의 선비가 아니라 중앙의 관료였다. 인생 끝까지 알 수 없다, 인생 허무하다, 현실은 개판이다, 인간은 그저 조심할 수밖에 없다, 같은 이야기를 늘어놓을 만한 계제가 아니다. 그리하여 1607년에 작성된 이항복의 「유연전」은 유연이 좋은 사람이라는 것, 이 씨 부인이 망한 집안을 일으켜 세운

「유연전」을 쓴 이항복의 초상.
(출처: 『유유의 귀향』 213쪽, 너머북스 제공)

장한 여성이라는 것, 비극의 주된 책임은 다름 아닌 채응규를 데리고 온 유연의 매부인 이지에게 있다는 것, 관리들은 사법행정을 신중하게 해야 한다는 것 등의 교훈적 내용을 담게 되었다.

권득기의 「이생송원록」

그러한 내용을 담은 「유연전」은 유유의 귀향 사건에 대한 가장 중요한 사료 중 하나로 남게 된다. 그러면 그럴수록 이지 집안에서는 땅을 칠 노릇이다. 사람들이 「유연전」의 내용에 공감할수록, 유유 살해를 공모한 죄로 형장의 이슬로 사라진 이지는 악인이 되는 것이다. 이지 가족도 「유연전」을 읽었지만, 적어도 그들만큼은 이지를 주범으로 모는 내용을 받아들일 수 없다. 급기야, 이지의 아들이 이항복을 찾아가서 다른 자료를 들이밀며 따진다. 「유연전」 내용은 너무 편향된 게 아니냐고. 그 결과 이항복은 자신의 편향을 어느 정도 인정하는 「유연전 후서(後敍)」라는 글을 추가로 작성하게 된다.

이지의 아들 이언용은 그에 그치지 않는다. 지역사회를 매개로 교분이 있었던 권득기(權得己, 1570-1622)를 찾아가서 아버지의 억울함을 풀어 주는 글을 써달라고 부탁한다. 그 결과 「이생송원록」이라는 글이 탄생한다. 「이생송원록」은 제목 자체가 이지의 아들이 아버지의 원통함을 호소한다는 뜻이다. 아들이 아버지의 원통함을 호소하는 것은 이해할 만하다. 천하의 악당 자식으로 살아가지 않기 위해서, 아버지의 명예를 회복할 수 있는 글을, 아는 사람에게 청탁한 것이다.

권득기는 이언용이 그저 시키는 대로 「이생송원록」을 작성한 것 같지는 않다. 그 나름 객관적인 자세를 유지하려고 노력한 것으로 보인다. 특히 「유연전」이 유연네 집안에서 보관해 온 기록에 의존하고 있다는 점을 지적하고, 공초 기록 등 상대적으로 더 객관적으로 보이는 기록들을 활용한다. 그러다 보니 「유연전」에는 포함되지 않았던 다양한 정보가 포함되었다. 앞으로 살펴볼 강명관의 『가짜 남편 만들기』가 그 정보를 적극적으로 활용한다.

권득기가 아무리 객관적인 자세를 취하려고 노력했어도 「이생송원록」의 기본 방향은 분명하다. 이지가 처가의 재산을 뺏기 위해서 채응규를 교사하고 공모하지 않았음을, 혹은 적어도 공모했다는 증거가 없음을 밝히는 것이 글의 목적이다. 다시 말해서 「이생송원록」은 「유연전」에 대항하는 기록이다. 「이생송원록」에 따르면, 사건의 책임은 가짜 유유 행세를 한 채응규와 그를 남편으로 인정했던 백씨 부인 등에게 있다.

5. 『유유의 귀향』의 해석

세월은 흐르고, 유연도 죽고, 유연 부인도 죽고, 유유도 죽고, 이지도 죽고, 이지 아들도 죽고, 이항복도 죽고, 권득기도 죽었다. 다 죽었다. 이제 사건 관계자들 대신 역사학자들이 이 사건에 관심을 가지게 되었다. 다방면의 여러 학자들이 연구를 축적해 온 끝에, 두 명의 중견 학자가 서로 대조되는 해석을 저서로 정리해서 출간했다. 국사학계 권내현의 『유유의 귀향』과 국문학계 강명관의 『가짜 남편 만들기』. 한 편의 논문이 아니라 한 권의 저서라는 폭넓은 공간을 활용하면서, 이 두 학자는 이 흥미진진한 사건의 전모를 파헤칠 뿐 아니라 한걸음 더 나아가 한국 역사의 큰 흐름을 보여 준다.

먼저 출간된 권내현의 『유유의 귀향』을 살펴보자. 권내현이 보기에, 이지가 채응규와 공모해서 유연을 죽인 것이 사건의 진상이다. 그렇다면 이지는 왜 그런 엄청난 사건을 꾸민 것일까? 권내현이 파악한 사건의 근본 원인은 "당대 조선 사회의 상속 관행과 그로 인한 갈등"(『유유의 귀향』, 14쪽)이다. 이러한 권내현의 관점이 새로운 것은 아니다. 법제사 연구자 정긍식이 2000년에 발표한 「「유연전」에 나타난 상속과 그 갈등」이라는 논문에서 이미 그와 유사한 주장을 펼친 바 있다. 『유유의 귀향』은 거기서 한 걸음 더 나아가 상속을 키워드로 해서 조선 역사 전반을 살펴보고자 한다.

조선 전기에는 장남, 차남, 딸을 막론하고 고루 재산을 나누어 주는, 이른바 균분 상속을 했다. 반면, 조선 후기에는 장남에게 재산을 상대적으로 더 주는 장남 우대 상속을 했다. 장남 유고 시에는 어떻게 되나? 조선 전기에는 맏며느리의 권한이 막강했던 반면, 조선 후기에는 맏며느리에게 권한을 양도하는 대신, 양자로라도 장남을 새로 들여서 권한을 부여했다.

권내현이 보기에, 유유의 귀향 사건이 일어난 16세기는 "균분 상속에서 차별 상속으로의 전환 조짐이 일부 나타나는"(『유유의 귀향』, 43쪽) 과도기

였다. 즉 유유의 아내인 맏며느리 백씨는 백씨대로 맏며느리의 권리인 총
부권을 주장할 수 있었고, 동생 유연은 유연대로 동생의 권리를 내세울 수
있는 상황이었다. 이처럼 규범이 혼재하는 상황이었기에, 매부 이지 역시
자기 아내의 상속분을 매개로 해서 처가 재산에 눈독들일 여지가 존재했
다. 그 결과, 엄청난 유연 살해 사건을 벌였다.

이 같은 결론을 뒷받침할 확고한 증거가 있을까? 그렇지 않다. 범인의
동기를 상속과 관련해서 이해하려면, 당사자들의 경제적 동기를 추측할
수 있는 자료가 존재해야 설득력이 있다. 그러나 그러한 자료는 존재하지
않는다. 그럼에도 권내현은 대안적 설명은 신속하게 기각하고 상속 상황
에 근거한 설명을 지지한다. 예컨대, 유유의 실종 원인과 관련하여, 유유
의 성 정체성에 대한 논란이 있음을 알고 있으나(『유유의 귀향』, 21쪽), 그 해석
을 진지하게 고려하지 않는다. 그리고 상속에 직접 관계되지 않는 제반 인
물들의 동기 역시 심각하게 탐구하지 않는다.

관련자들의 동기를 명시하는 자료가 없어서였을까. 권내현은 새로운
증거를 발굴하기보다는 16세기 조선의 상속 관행을 재구성해서 자기 결
론의 설득력을 높이는 데 주력한다. 그 과정에서 권내현은 기존 연구 성과
를 대체로 수용한다. 첫째, 조선 후기에는 자산의 증가에 비해 인구 증가
가 더 두드러졌기에 상속 관행이 변했다. "균분 상속과 결혼을 통해 재산
이 증가하기 위해서는 한 가문이나 사회 전체의 토지와 노비가 지속해서
확대 재생산되어야 한다. 토지와 노비의 규모가 한정된 상황에서 세대를
거듭하여 균분 상속을 하게 되면 상속 재산은 줄어들 수밖에 없다."(『유유
의 귀향』, 53쪽)

둘째, "장남을 가계 계승자와 제사 주관자로 확고하게 인정하는"(『유유
의 귀향』, 52쪽) 주자학 이념이 조선 후기에 확산되었다는 것이다. 그러면 주
자학이 확산되기 이전에는? "균분 상속이 어떤 특정한 이념이나 사상에

의해 유지되었던 것은 아니었다"(『유유의 귀향』, 50쪽)고 권내현은 단정한다. 과연 조선 전기에는 상속 관행을 정당화할 만한 이념이 존재하지 않았을까? 그렇다면, 적통 자녀의 고른 상속을 보장하고자 했던 『경국대전(經國大典)』 저변에 깔린 이념은 무엇이었단 말인가. 이에 대해 권내현은 탐구하지 않는다.

조선 시대 상속 관행을 설명할 때, 권내현은 도덕적 편향으로부터 자유롭다. 조선 전기 사람들은 평등 의식이 높았는데, 후기에 이르러 자식 차별에 맛을 들였다는 식으로 정리하지 않는다. 균분 상속을 하던 조선 전기에는 자식들이 재산을 나누어 갖는 만큼 집안에 대한 책임도 분산되었다. 평등 의식이 높아서 재산을 고루 분할한 것이 아니라 "분할 상속을 통해 가계의 영속보다는 사회적 지위와 경제력을 여러 가계와 공유하는 전략을 취한 것이다."(『유유의 귀향』, 52쪽) "균분 상속은 한편으로 자녀들에게 분할된 재산이 결혼을 통해 확대될 수 있는 가능성을 열어 준 것이기도 했다."(『유유의 귀향』, 52쪽)

조선 후기에는 장남이 재산을 더 갖는 만큼, 집안 대소사에 가진 책임도 늘어났다. 이렇게 권리와 책임을 재조정해서 그 집안이 험난한 세상에서 더 잘 버텨 나가도록 집안 전체가 전략을 바꾼 것이다. 균분 상속을 지속했다가는, 오히려 재산이 줄어드는 상황이 되었기 때문이다. 이와 같은 상속 관행의 동학은 "조선 사회의 유교화" 혹은 "조선 사회의 가부장제 강화" 등의 명목으로 그간 여러 학자들이 상세하게 연구해 왔다. 가장 널리 알려진 예로는, 사회학자 최재석과 해외에서 한국학을 연구한 마르티나 도이힐러(Martina Deuchler)의 연구를 들 수 있다.

자신의 해석을 관철하기 위해 권내현이 지불해야 했던 대가가 있다. 가장 큰 것이 자료상의 문제다. 먼저 진범 관련한 자료를 살펴보자. 이지를 진범으로 단정한다는 점에서, 권내현은 대체로 「유연전」의 관점을 수용한다. 물론 권내현은 「유연전」과 「이생송원록」이 "각각 유연과 이지에게 유리한 방향으로 윤색되었을 소지가 다분"(『유유의 귀향』, 117쪽)함을 잘 알고 있다. 게다가 "오늘날 국문학계는 「유연전」을 소설로 간주한다. 실제 사실에 근거하고 있지만 이항복의 풍부한 문장력을 바탕으로 흥미 있게 구성한 창작물이라는 것"(『유유의 귀향』, 215쪽)임을 의식하고 있다.

그럼에도 권내현은 「유연전」을 소설로서 분석하기보다는 사실을 캐낼 수 있는 실증적 자료로서 접근한다. "하지만 「유연전」을 소설로만 볼 수는 없다. 「유연전」에 등장하는 이들은 모두 실존 인물이었으며, 사건의 전반적인 흐름도 사실과 부합한다."(『유유의 귀향』, 215쪽) 권내현은 「유연전」의 서사가 사실에 부합한다고 말하고 있지만, 정작 무엇이 사실이었는지 단정하기 어렵다. "백씨와 채응규가 공모했다는 명확한 증거는 없다."(『유유의 귀향』, 181쪽) 바로 그 이유 때문에 「이생송원록」이 출현한 것이다. "두 자료의 차이가 워낙 크기 때문"(『유유의 귀향』, 121쪽)에 어느 내용이 사실에 부합하는지 독자들은 확신하기 어렵다.

자료가 부족하기는 진범 문제뿐 아니라 상속 문제에서도 마찬가지다. "아쉽게도 이 집안은 상속 관련 문서는 남아 있는 것이 없다."(『유유의 귀향』, 46쪽) "만일 남편 유유의 부재 상황에서 백씨가 제사를 주관해 왔고 유유가 자식 없이 죽었다면 백씨의 총부권은 한층 명확해질 것이다. 그런데 유예원(유유의 아버지-인용자 주)의 죽음 이후 1564년 유연이 처형당했던 시점까지 이 집안의 제사를 누가 주관했는지는 자료를 통해 확인하기 어렵다."(『유유의 귀향』, 155쪽) 이렇게 자료가 없는 상황인데도 권내현은 백씨 부인의 총부권 행사가 가능한 상태였다고 가정하는 듯하다. "채응규가 실제 유유여야 했다. 그래야만 백씨는 남편의 서자를 통해 시동생의 가계 계승과 승중 재산 확보를 저지하고 총부로서 지위를 유지할 수 있었다."(『유유의 귀향』, 236쪽)

부족한 자료에 기초해서 결론을 내린다고 해서, 권내현의 해석이 틀렸다는 말은 아니다. 맞는지 틀렸는지 판정하기 어렵다는 것이다. 권내현은 자기 해석의 근거가 적절하다고 보았기에, 유유의 귀향 사건 진상을 밝히는 저서를 썼을 것이다. 그러나 모든 이가 그와 같이 생각하는 것은 아니다. 예컨대, 『유유의 귀향』 출간 이후 불과 두 달 뒤에 같은 사건을 소재로 한 책을 출간한 강명관은 그렇게 생각하지 않는다. 이제 강명관의 이야기를 들어보자.

6. 『가짜 남편 만들기』의 해석

강명관에 따르면 사건의 진상은 다음과 같다. 유유가 여성적(?) 외모를 띠고 있었다는 진술을 바탕으로, 유유가 남성도 여성도 아닌 제3의 성이었다고 강명관은 생각한다. 대를 이어야 하는 성 역할을 수행할 수 없었기에 유유는 가출한다. 이에 따라 부인 백씨의 집안 내 위상은 급격히 하락한다. 한편, 상대적으로 비천한 신분이었던 채응규는 사족 집안으로 진입하고 싶어 부심한다. 강명관은 권내현이 적극적으로 고려하지 않았던 다양한 자료를 통해서 사건 관련자들의 동기를 재구성한다. 그러고서, 부인 백씨와 채응규는 가짜 남편을 만들기로 공모한 반면, 이지의 범행 동기는 찾을 수 없다고 결론짓는다.

권내현과 강명관의 차이는 분명하다. 『유유의 귀향』에서 근간을 이루었던 주장, 즉 16세기는 상속 규범 혼재기였다는 점을 강명관은 인정하지 않는다. "이제의 전처 유 씨는 그 딸 셋 중 1인이다. 조선 전기의 균등상속제를 생각한다면, 이제는 그중 3분의 1을 차지할 수 있을 것이다. 그것을 위해 자신이 중매한 처남을 죽일 복잡한 음모를 꾸민다는 것은 현실적으로 상상하기 어렵다."(『가짜 남편 만들기』, 154쪽) 마찬가지 맥락에서 총부권과 동생의 권리가 충돌하는 시기였다는 것도 인정하지 않는다. "하지만 결정적인 문제는 유유가 사망한 것이 아니라, 가출했다는 것이었다. 남편이 사망하지 않았으므로 후계를 지명하는 총부권을 행사하는 것은 원천적으로 불가능하다."(『가짜 남편 만들기』, 111쪽) 요컨대, 유유의 귀향 사건은 "상속 문제만으로 설명할 수 있는 것이 아니"(『가짜 남편 만들기』, 247쪽)다.

관련자들의 동기는 그렇다 치고, 사건 당사자들을 추동한 역사적 배경은 무엇일까? 첫째, 조선 시대 가부장제는 유유의 성적 무능력(?)을 악화시켰다. "여성에 대한 남성 권력의 일방적 관철을 요구하는 가부장제에서 후사를 얻을 수 없는 남성의 불임, 곧 남성의 성적 무능력은 은폐되어야 마땅한 것이었고 언어화하여 사회적 문제가 될 수 없는 것이었다. 특히 그것은 여성의 입으로 나와서 사회적 문제가 될 수 없었다. 백씨를 조사하지 않고 백씨에 대해 언급을 기피한 데는 가부장제하에서 남성의 성적 무능력을 덮으려는 의도가 있었던 것으로 짐작할 수 있다."(『가짜 남편 만들기』, 224쪽)

둘째, "사법제도의 내재적 모순이 유연을 죽음에 몰아넣은 결정적 원인"(『가짜 남편 만들기』, 165쪽)이다. 조선의 사법 담당자는 고문을 통해 유연과 노비들로부터 거짓 자백을 받아내면서도 정작 가장 중요한 당사자인 백씨 부인에 대한 조사는 허술하게 했다. 애초에 유유 행세를 한 채응규가 법망을 빠져나가도록 방치했다. 시체도 찾지 못했으면서, 진짜 유유를 찾아보자는 유연의 애원을 무시했다. 가혹한 고문 끝에 결국 유연을 살인죄로 처형했다. 1579년에 이루어진 재조사도 크게 다르지 않았다. 진짜 유유가 나타났으니 진범을 새로 찾아야 했는데, 진상을 정밀하게 밝히기보다는 이지를 공모자로 몰아 처형하는 데 급급했다. 지배세력은 지배층의 성적인 문제라는 예민한 사안을 감추기 위해 이지를 희생양으로 삼은 것이다.

　이와 같은 강명관의 주장은 대체로, 이지의 억울함을 소명하려는 목적을 가진 「이생송원록」의 관점에 의지하고 있다. 「이생송원록」은 "「유연전」이 갖추지 못한 다량의 사건 정보를 포함"(『가짜 남편 만들기』, 19쪽)해 사실 관계를 파악할 수 있게 하는 중요한 텍스트로 부상한다. 반면, 「유연전」의 상당 부분은 진상을 은폐하는 "소설"로 기각된다. 예컨대, 이지의 음모를 언급하는 유연의 옥중 편지는 「유연전」 안에 들어 있는데, 강명관은 이를 날조된 것으로 의심한다.

　과연 「이생송원록」의 내용을 그토록 기꺼이 받아들일 수 있을까? 강명관은 권내현에 비해 관련 자료를 더 폭넓게 망라하지만, 망라된 자료의 내용이 믿을 만한지는 여전히 알 수 없다. 교차 검증을 할 만한 자료 자체가 원천적으로 크게 부족하기 때문이다. 채응규가 백씨 부인과 공모 관계였기에 월경과 같은 은밀한 정보를 알 수 있었다고 단정하는 것도 의아하다. 『마르탱 게르의 귀향』에서 진짜 마르탱이 가짜 마르탱에게 부인 관련 사실을 누설했듯이, 진짜 유유가 채응규에게 관련 정보를 누설했을 수도 있다. 그러나 강명관은 그런 대안적 가능성을 단호하게 배제한다. "조선 시대 사족 문화를 고려하건대 그 가능성 역시 거의 없다."(『가짜 남편 만들기』, 103쪽)

　이처럼 강명관은 조선 시대 사족들이 성적인 문제에 관해 극도로 경직되어 있었다고 판단한다. "성 문제에 대해서 또 자신의 성과 성욕에 대해 사족 개인이 기록을 남기는 경우는 있을 수 없다. 현재 수많은 조선 시대 일기가 남아 있지만 개인의 성 역사 혹은 성적 취향에 대해 자술한 경우는 알려진 바 없다. 아니 근대 이후라 해도 그런 기록은 거의 없다고 보아야 할 것이다."(『가짜 남편 만들기』, 103쪽) 나 역시 조선 시대 사족 문화에 경직성이 있었다고 생각하지만, 저와 같은 단언은 피하고 싶다. 조선 후기 사족인 심노숭(沈魯崇, 1762-1837)의 일기에 젊은 시절, 정욕을 억제하기 어려워

미친놈처럼 지냈다는 내용이 있다고 국문학자 안대회가 지적한 바 있다.*
윤이후(尹爾厚, 1636-1699)의 『지암일기(支菴日記)』에는 심방(沈枋)이라는 사족
이 청나라에 다녀오며 일종의 '리얼돌'을 사와서 탐닉했다는 기록이 나오
기도 한다.

강명관처럼 유유의 가출 원인을 성(性) 문제로 단정한다고 해도 그것을
곧바로 불임 문제로 등치시키는 것도 무리가 있다. 강명관이 주장한 대로
유유가 실로 인터섹슈얼(intersexual)이라고 하더라도, 보유하고 있는 정자
를 통해 임신이 가능할 수도 있다.** 그렇다면, 불임 역시 성급하게 단정 짓
기보다는 하나의 가능성 정도로 두는 것이 바람직하다. 『마르탱 게르의 귀
향』에서도 불임 중이던 마르탱 게르 부부는 결국 자식을 출산하게 된다.

강명관은 위와 같은 해석을 통해 조선 시대 지배층의 위선을 폭로하는
데 큰 관심이 있다. 지배층의 고고한 말을 듣다 보면, 당시 조선 사회가 꽤
"매끄럽게" 굴러간 것처럼 보이지만, 사실은 그렇지 않았다는 것이 『가짜
남편 만들기』의 핵심 메시지다. "그 매끈한 시대의 이면에는 온갖 인간들
의 온갖 욕망들이 들끓고 있었다."(『가짜 남편 만들기』, 245쪽) 이항복의 「유연
전」은 그러한 매끈한 겉모습에 일조하며, 현실을 호도하고 모순을 은폐한
문건에 불과하다. "「유연전」은 유교적 가부장제와 사족 사회의 모순을 근
저에서 은폐하는 구실을 한 것으로 보인다."(『가짜 남편 만들기』, 244쪽) 『조선
의 뒷골목 풍경』, 『조선풍속사』 등 강명관의 기존 저서 제목들만 떠올려
보아도, 그가 오랫동안 이러한 입장을 견지해 왔음을 알 수 있다.

지배층에 대한 강명관의 비판은 조선 시대에서 멈추지 않고 현대 국문
학계에까지 나아간다. "「유연전」은 문학이 어떤 기능을 하는가를 여실히

---

* 안대회, 『천년 벗과의 대화』(민음사, 2011), 67쪽.
** 이 사실을 일깨워 준 정현선 님에게 감사한다.

보여 주었다. 사건의 본질을 교란하고 가부장제의 모순을 은폐하는 데 문학의 언어가 동원된 것이었다. 20세기 이후 국문학사 연구가 시작되면서 이 사건의 진실에 접근하려는 의도에서가 아니라, 한국문학사에서 소설의 발달사를 규명하기 위해 「유연전」은 소설이 되고 말았다. 다시 한번 왜곡이 일어난 것이다."(『가짜 남편 만들기』, 235쪽) 강명관은 「유연전」이 가진 모순 은폐의 성격은 조명하지 않은 채, 주로 문학 발달사의 차원에서 「유연전」에 접근해 온 그간 국문학계의 경향을 이처럼 질타한다.

『한국한문소설 교합구해』에 실린 「유연전」에 대한 주석에는 실제로 다음과 같은 박희병의 주석이 붙어 있다. "이 작품은 전(傳)의 소설로의 전환을 보여 준다. 전의 소설로의 전환은 17세기 이래의 조선 후기에 새롭게 야기된 현상인데, 「유연전」은 그 선구에 해당한다 할 수 있다."(『한국한문소설 교합구해』, 399쪽) 강명관이 보기에, 「유연전」을 이런 식으로 소비하는 것은 바람직하지 않다. 「유연전」은 시대의 모순을 은폐하고, 사실과 본질을 교란하는 기능을 했던 지배층의 도구였기 때문에.

7. 『유유의 귀향』과 『가짜 남편 만들기』

이처럼 대조적인 해석을 제시하지만, 권내현과 강명관에게 공통점도 있다. 자료가 크게 윤색되어 있음을 인정하면서도, 사실을 복구할 수 있다고 보고 사건의 진상을 밝히려 든다는 점에서 두 사람은 일치한다. 『조선왕조실록』에서부터 「유연전」, 「이생송원록」을 거쳐 권내현과 강명관의 저서에 이르기까지, 모두 사건의 진상을 서술함으로써 가출한 진실이 돌아오기를 기대한다.

그렇다면 진실은 귀향했을까? 권내현과 강명관은 사건의 진상을 밝히겠다는 소기의 목적을 달성했을까? 목적을 달성하기에는 원천 자료가 너무 부족하다. 자료 부족은 동시대 유사 사건인 『마르탱 게르의 귀향』의 자료 상황과 비교해 보면 더 두드러진다. 자료가 윤색된 데 그치지 않고 부족하기까지 하다면, 과연 진상 복구라는 것이 애초에 달성 가능한 목표였을까 의심스럽다. 동시기에 나온 두 저작의 해석이 완전히 갈라진다는 현상 자체가 현존 자료를 가지고는 진상 규명이 어렵다는 반증이 아닐까.

역사가의 책무는 과거 사건의 진상을 밝히는 데만 있는 것은 아니다. 사건의 진상을 밝히지 못해도, 탐구 과정에서 계발적인 질문을 던지는 데 성공한다면, 그 역시 유의미한 역사학적 작업이다. 죽어 버렸기에 이제는 더 이상 자신을 소명할 방법이 없는 이들을 대상으로 진범을 확정하는 일은 사극 작가에게 더 어울린다.

놀라운 성취를 이루었다고 하기에는, 『유유의 귀향』과 『가짜 남편 만들기』가 도달한 지점이 그다지 새롭지 않다. 강명관과 같은 학자들의 노고 덕분에, 이미 적지 않은 사람들이 조선 시대 지배층 언설을 곧이곧대로 믿지 않게 되었다. 그렇다면 "표면적으로 매끈한 조선 시대의 이면에 들끓었던 인간의 온갖 욕망"을 들추어 낸 것은 예상 범위 내의 성취였다고 할 수 있다. 조선 전기와 후기의 상속 관행이 크게 달라졌다는 사실 역시 기존 학계에 잘 알려져 있다. 『유유의 귀향』은 일반 독자들에게 조선 상속 역사에 관한 유용한 가이드 역할을 하겠지만, 전문 학자들에게 새롭게 던지는 질문과 통찰은 적다.

8. 가지 않은 길을 향하여

두 책 모두 일독의 가치가 충분한 저작들이지만, 유유의 귀향 사건이 갖는 선정성을 감안할 때 이 지점에서 멈추어 서는 것은 아쉽다. 사건의 진상을 정확히 알 방법이 없다는 것을 담담하게 인정하면 어떨까. 그리고 아예 다른 방향으로 걸어가 보는 것은 어떨까. "여기서 쟁점은 어떤 일이 일어나고 어떤 일이 일어나지 않았는가를 밝히는 것이 아니다."* 부족한 자료로 힘겹게 진상을 규명하는 대신, 그 자료들의 생산자와 소비자가 향유했던 의미의 세계에 접속해 보면 어떨까.

과거의 의미 세계에 접속하기 위해서는 현대인에게 익숙한 인간관을 잠시 유보할 필요가 있다. 예컨대 자기의 경제적 이득을 최대화하려는 동물이라는 인간관은 우리에게 너무 익숙하다. 익숙한 만큼 적용 범위도 넓어서, 권내현과 강명관의 저작에서도 그러한 인간관은 두루 관철되고 있다. "가짜 유유 채응규의 실종은 그가 유유임으로 해서 얻을 수 있는 경제적 이익의 상실을 의미했다."(『유유의 귀향』, 181쪽) "채응규의 입장에서도 자신의 아들이 유 씨 집안에 들어가 유유의 유일한 핏줄이 되는 것은 경제적으로 엄청난 이익이 되는 것이었기 때문에 경백의 입양을 허락했을 것이다."(『가짜 남편 만들기』, 171쪽) "역시 1579년의 사건의 재조사가 없었다면, 채응규 역시 어떤 형태로든 백씨와 채경백을 통해 이익을 보았을 것이다."(『유유의 귀향』, 239쪽)

이러한 언명들 속에서 조선 시대 인물들이 가졌던 삶의 열망은 (경제적) 이익을 좀 더 확보하기 위한 욕망으로 단순화된다. 물론 과거의 인물들이라고 해서 자기 이득에 무심했다는 말은 아니다. 그러나 과거를 연구하는 이들이라면, 과거 인물들이 지금과는 다른 식으로 이익을 정의하고 추구했으리라고 가정해 볼 필요가 있다. 이익을 포함하되 그것으로 환원되지 않는 삶의 열망을 단순화해서는 안 된다. 내털리 데이비스가 『마르탱 게

* 클리퍼드 기어츠, 문옥표 옮김, 『문화의 해석』(까치, 2009), 32쪽.

조선 시대 경상도를 관할하던 경상 감영.(출처: 위키피디아)

르의 귀향』에서 당시 인물들의 의미 세계를 입체적으로 재구성한 것과 같
은 작업이 필요하다.

　실로, 이 유유의 귀향 사건에는 협의의 경제적 동물 너머를 지시하는 대
목이 적지 않다. "천유용으로 살았던 진짜 유유도 처벌을 면하지 못하였
다. 그 이유는 가출 때문이 아니라 아버지의 상장례에 참여하지 않아서였
다."(『유유의 귀향』, 185쪽) 그 큰 난리의 원인(遠因) 제공자에게 묻는 죄목이 기
껏(?) 예식에 참여하지 않았다는 것이라니. "그가 정말 유유로 인정받는다
면 버젓한 사족으로서 사회적으로 천대받는 관속과 무당, 사기꾼의 위치
를 벗어날 수 있기 때문이었을 것이다."(『가짜 남편 만들기』, 113쪽) 이때의 "버
젓함"이란 단순히 경제적 윤택함만을 말하는 것은 아니다. 조선 시대에

사족으로 산다는 것은 도대체 무엇이었을까. 그것이 무엇이었기에 누구는 상당한 경제적 이익을 포기하면서까지 증발해 버렸고, 또 누구는 가짜 행세를 하면서까지 그 삶을 열망했을까.

유유는 왜 그 많은 경제적 이익을 저버리고 가출했을까? 그 좋은 사족 자리를 버리고 증발하다니, 미친놈 아닌가. 실제로 『조선왕조실록』에서는 유유를 미친놈이라고 단정하기 급급하다. "마음의 병을 앓아 미쳐서 떠돌아다녔다(病心狂走)." 그러나 「유연전」의 해당 대목을 보면, 상황은 간단치 않다. 취조관이 물었다. "유유는 왜 집을 나갔느냐(游緣何出家)?" 유연이 대답했다. "사람들은 광증 때문이라고 말하지만 실은 그렇지 않습니다. 저희 집안의 변고 때문에 어쩔 수 없이 떠난 것입니다(人言發狂, 實非狂也. 有些家變, 不得己去之)." 유연의 말대로라면, 유유는 미친놈이 아니었다.

유유는 어떤 변고 때문에 집을 떠나야 했다. 피에르 부르디외(Pierre Bourdieu)의 연구가 보여 준 바대로, 가족이란 당연하고 자연스러운 것이 아니라, 전략들의 응결물이다. 유유의 가출은 전략에 대한 가족 내 합의가 깨졌음을 보여 주는 사태는 아니었을까. 어쨌거나 유유가 증발된 뒤에 집안사람들은 희한하게도 그를 애써 찾지 않았다. 혹시 유유가 사라져 줘야 한다는 암묵적 합의가 있었던 것은 아닐까. 이런 식으로 생각을 거듭하다 보면, 유유를 단순히 미친놈으로 간주하기는 어렵다. 유유가 진짜 미쳤다면 다른 지방에서 아이들을 가르치며 살기도 어려웠을 것이다. 유유를 직접 보았다는 윤선각이라는 사람도 말하지 않던가. 그는 미친 것 같지 않다고. 그러나 실록과 같은 관찬 공식 기록은 유유를 미친 사람이라고 단정한다. 도대체 미쳤다는 것은 무엇인가.

W. G. 제발트(Winfried Georg Sebald)의 소설 『아우스터리츠』의 한 대목을 보자.

"(양부) 일라이어스는 아내의 죽음을 극복하지 못했어요. 그녀가 죽어 가며 누워 있은 뒤부터 그가 빠져든 상태를 묘사하기에 슬픔이란 단어는 적합하지 않았어요, 라고 아우스터리츠는 말했다. (……) 나는 크리스마스 전에 교회 책임자와 함께 단 한 번 그곳으로 그를 방문했어요. 환자들은 돌로 지은 큰 집에 묵고 있었지요. (……) 관리인이 '목사님, 아드님이 당신을 보러 왔어요'라고 말했지만, 일라이어스는 두 번 세 번 불러도 아무 대답도 하지 않았어요. 우리가 다시 그 방을 떠날 때, 백발에 더벅머리를 한 다른 입원자 한 사람이 내 소매를 잡아당기며 손으로 입을 가린 채 '그는 온전한 정신이 아니에요'라고 속삭였는데, 그것이 당시에는 기이하게도 나를 안심시켜 주는, 이 절망적인 상황을 견딜 수 있게 만들어 주는 하나의 진단처럼 느껴졌어요."*

소설 『아우스터리츠』에 나오는 주인공의 양아버지 일라이어스가 아내의 죽음으로 인한 충격을 이기지 못하고 일종의 요양원에 수용된다. 위 인용문은 그곳을 방문한 아우스터리츠의 소회를 묘사하고 있다. 이 묘사에 따르면, 인간은 자기 마음의 힘을 넘어선 상황을 오래 견딜 수 없다. 자기를 압도하는 그 상황을 온전하지 않다거나, 정상이 아니라거나, 미쳤다고 명명하고 나서야 비로소 "안심"한다. 『조선왕조실록』의 기록자는 유유를 미친놈이라고 규정하고서 안도감을 느끼지는 않았을까. 그러한 규정은 기존 질서에서 벗어난 현상을 견딜 수 있게 해주는 진단처럼 느껴지지는 않았을까.

이와 같은 제정신-광기 담론을 통해 구축된 조선 시대 정상성의 스펙트럼은 어떠한 것이었을까. 이런 질문을 던짐으로써 우리는 유유의 귀향 사

---

* W. G. 제발트, 안미현 옮김, 『아우스터리츠』(을유문화사, 2009), 76쪽.

건의 진상을 밝힐 수는 없어도, 그 사건을 서술해 나간 당대인의 의미 세계에 접속할 단초를 얻을지 모른다. 누군가는 눈앞의 경제적 이득을 버리면서까지 뛰쳐나오고, 누군가는 커다란 위험을 감수하면서까지 들어가고자 열망했던 어떤 정상성의 세계를 엿보게 될지도 모른다. 시대와 사회가 규정하고 있는 정상성과 비정상성의 스펙트럼에서 당신은 어디쯤 서 있는가, 어떤 삶을 어떻게 버텨 내고 있는가. 이것은 조선 시대뿐 아니라, 오늘날에도 던지는 질문이다.

김영민
본지 편집위원. 작가이자 사상사 연구자. 현재 서울대학교 정치외교학부 교수로 재직 중이다. 연구서로
『중국정치사상사』, 산문집으로 『아침에는 죽음을 생각하는 것이 좋다』, 『우리가 간신히 희망할 수 있는 것』,
『공부란 무엇인가』, 『인간으로 사는 일은 하나의 문제입니다』가 있다.

『정상은 없다: 문화는 어떻게 비정상의 낙인을 만들어내는가』로이 리처드 그린커 지음,
정해영 옮김, 메멘토, 2022

생각보다 많은 것들이 본성이 아니라 인간이 만든 구성물이다. 심지어
한 사회의 근간을 이루는 정상/비정상이라는 범주조차 그렇다. 이
책은 정신질환의 낙인이 역사적으로 어떻게 탄생하고 재탄생해
왔는지, 그 의미가 어떻게 달라져 왔는지 보여 준다. 어떤 것이 역사적
구성물이라는 것은, 그것이 변해 왔고 앞으로도 변할 수 있다는 것을
뜻한다.

"모두가 '정상'이 되기를 원하는 순응의 시대에 정신 질환이라고
진단받는 것은 치욕의 원천이 되었다. (……) 그래서 심각한
정신질환이 있는 정치인이나 유명인이 치료를 원하는 경우,
주로 정신분석가나 일반의를 찾았으며 정신과 전문의를 피하고
정신병원에 거의 가지 않았다. 의사들은 '피로'와 '탈진' 같은,
부유하고 유명한 사람들 전용 애매모호한 진단을 내렸다. 가난하면
미친 것이고 부유하면 괴짜라는 옛말처럼, 그것은 특권층을 위한
완곡한 표현이었다." ― 책 속에서

『마르탱 게르의 귀향』내털리 데이비스 지음, 양희영 옮김, 지식의 풍경, 2000

『유유의 귀향』과『가짜 남편 만들기』에서 다루고 있는 유유의 실종
사건과『마르탱 게르의 귀향』이 다루고 있는 마르탱 게르의 실종
사건은 놀라울 정도로 비슷하다. 심지어 두 사건 모두 16세기에
발생했다. 유사한 사건을 확연히 다르게 다루고 있는『유유의 귀향』,
『가짜 남편 만들기』,『마르탱 게르의 귀향』의 비교는 역사 방법론에
대해 진지하게 생각해 볼 기회를 제공한다.

"변호사, 관리, 판사 지망자들은 모두 16세기에 새로 고위직에
오른 사람이라면 다 그렇듯이 자기 형성(self-fashioning)―스티븐
그린블랫의 용어를 빌리자면―즉 자신들의 출세를 도운 화법, 예절,
태도의 연마에 대해 알고 있었다. 어디에서 자기 형성이 끝나고
거짓이 시작되는 것일까?"
― 책 속에서

의지와 책임의 고고학

수동태 ← 중동태의 세계 → 능동태

고쿠분 고이치로(國分功一郎) 지음

박성관 옮김

the passive

the active

受動態

能動態

능동-수동의 이분법을
넘어선 중동태의 세계

알코올 중독은 의지의 문제일까?
행위 주체의 책임 문제를 어떻게 이해할 것인가?

2018
기노쿠니야서점
(紀伊國屋書店)
인문대상 1위

일본 문예평론의 권위,
제16회 고바야시
히데오(小林秀雄) 상
수상

동아시아

『중동태의 세계』
고쿠분 고이치로 지음, 박성관 옮김, 동아시아, 2019

능동과 수동, 지배와 피지배를 넘어

김태진

재미있는 교양서의 발견

서평을 써달라는 의뢰를 받고 최근에 재밌게 읽었던 책이 무엇이 있었는지 돌아봤을 때 두 번 고민할 것도 없이 고른 것이 고쿠분 고이치로(國分功一郞)의 책이었다. 물론 재미라는 것이 개인적이고 상대적이긴 하지만, 이 책은 재밌다. 재미없는 책이라니 마치 맛없는데 억지로 먹어야 하는 닭가슴살 같지 않은가.

　어떻게 이 책을 접했는지 기억은 나지 않지만 아마도 책 제목이 확 눈에 띄어서 그랬을 것이다. 『중동태의 세계』. 수동태와 능동태라면 중학교 때부터 지겹게 배워 익숙한 주제이지만, 중동태? (물론 본인이 과문해서 그렇지 태(voice)의 문제는 철학에서 이미 오래전부터 논의되어 왔던 주제다.) 부제는 더 시선을 끈다. '의지와 책임의 고고학'. 이 제목들을 보고 어찌 읽고 싶은 마음이 들지 않겠는가. "마감에 쫓기지 말고 좀 미리미리 글 쓸걸." "그때 화내지 말고 좀 더 어른스럽게 넘어갈걸." 항상 후회와 자책을 일삼는 이불킥 전문가인 나에게 딱 맞는 책이 아닌가라고 생각했었을 법하다. (물론 뒤에서 이야기하겠지만 이런 '의지'만이 이 책을 고른 이유는 아닐 것이다. 참고로 『중동태의 세계』는 고바야시 히데오 상, 기노쿠니야 인문대상을 받은 책이다.)

고쿠분 고이치로는 와세다대에서 정치철학을 공부하고, 도쿄대 대학원에서 철학을 공부했다. 그 사이 프랑스에서 유학하며 데리다(Jacques Derrida)에게 배운 바 있다. 현재 도쿄대 총합문화연구과 교수로 있으며, 일본에서 가장 잘나가는(?) 철학자 중 하나다. 그의 박사논문 제목은 '스피노자의 방법'(이 책은 곧 한국어판으로 출판될 예정이다)이고, 기본적으로 그는 들뢰즈(Gilles Deleuze)나 아감벤(Giorgio Agamben), 데리다의 연구들을 통해 이야기를 전개한다. 그렇다고 서양에서 유행하는 철학을 소개하는 데 그치거나, 이론을 자기 마음대로 가져다 억지로 현실에 끼워 맞추는 스타일도 아니다.

철학이란 무엇인가?―직접화법, 간접화법, 자유간접화법

우선 고쿠분의 철학을 이해하기 위해서는 『고쿠분 고이치로의 들뢰즈 제대로 읽기』에서 그가 철학이란 무엇인가를 논했던 내용을 가지고 올 필요가 있다.* 그는 들뢰즈 철학의 방식을 직접화법도, 간접화법도 아닌 자

---

* 이 책은 내가 읽은 들뢰즈 해설서 중에서 가장 쉬웠다. 아니 중동태적인 의미에서 '가장 잘 읽혔다'고 말해야 할지 모르겠다. 이는 그가 쓴 스피노자 연구서들도 마찬가지다.

유간접화법(free indirect discourse)이라고 말한다. 우리가 잘 알 듯이 직접화법이 "그는 말했다. '틀려.'"라면, 간접화법은 "그는 그것은 틀렸다고 말했다"라고 하는 방식이다. 반면 자유간접화법은 설명이 다소 어렵긴 하지만, "그것은 틀렸다"라는 다른 사람의 말이 마치 본인의 말처럼 인용 없이 문장에 등장하는 방식이다.

즉 자유간접화법이란 연구 대상이 되는 철학자의 말을 그대로 옮기는 직접화법도 아니고, 그 사람의 이야기를 통해 본인의 이야기를 하는 것도 아니다. 그가 보기에 들뢰즈 철학의 특징은 다른 철학자의 글을 자유간접화법을 사용하며 논술의 대상이 되는 철학자에게 의도적으로 개념으로써 사용되지 않은 단어까지 개념화해서 "질문 속에 집어 넣어진 주름(pli)을 여는=설명하는(ex-pliquer)"* 데 있다.

철학연구가 대상이 되는 철학자의 사상을 모사하는 것, 정리해 내는 것이라면 그것은 그 철학자가 기술한 것을 다시 한번 기술하고 있는 데 지나지 않는다. 그리고 앞에서 기술한 대로 대상이 되는 철학자의 사상과는 다른 사상을 그 철학자의 이름을 빌려 말하고 있는 것이라면 그것은 철학연구는 아니다. 그렇다면 철학연구는 무엇을 해야 하는가? 철학자에게 사유를 강요한 어떠한 질문, 그 철학자 본인에게조차 명석하게 의식되고 있지 않은 그 질문을 그려 내는 것, 때로는 그 철학자 본인이 의식해서 개념화한 것도 아닌 '개념'마저 사용해서, 때로는 그 대상을 논하기에 불가피하다고 생각되는 주제를 뛰어넘는 것조차 꺼리지 않고 그 질문을 그려 내는 것이다.**

* 고쿠분 고이치로, 박철은 옮김, 『고쿠분 고이치로의 들뢰즈 제대로 읽기』(동아시아, 2015), 35쪽.
** 고쿠분 고이치로, 같은 책, 39쪽.

서평 도서와 상관없는 이 말을 길게 가지고 오는 것은 들뢰즈에 대한 이러한 해석이 고쿠분을 이해하는 데 기본이 되기 때문이다. 들뢰즈 철학이 들뢰즈의 가타리 되기, 들뢰즈의 흄 되기, 들뢰즈의 스피노자 되기 등등을 통해 가능했던 것처럼 고쿠분의 철학 역시 고쿠분의 스피노자 되기, 고쿠분의 하이데거 되기, 고쿠분의 들뢰즈 되기, 고쿠분의 아감벤 되기라는 방식을 통해 이뤄진다. 그의 책이 단순히 기존 철학자들의 이야기를 반복하는 것처럼 보일지라도, 그것이 들뢰즈의 철학처럼 충분히 펼쳐지지 않는 주름들을 열어젖히는 형식임을 주의할 필요가 있다. 이때 누구에 대해 철학한다는 것은 철학하는 대상과 철학하는 주체라는 두 가지로 나눌 수 있는 게 아니며 이 둘이 하나로 합쳐질 수 있는 것도 아니다.

태초에 행위가 있었다 — 후회, 자책, 의지

이야기가 돌아갔다. 그럼 본격적으로 중동태에 대해서 살펴보자. 아니다. 우선 이 책의 문제의식에서 출발해야 할지 모른다. 인간은 왜 후회하고 자책하는가? 친구들이 지금 코인 안 사면 바보라고, 지금 사놓으면 몇 배 간다고 말한 걸 듣고 귀가 혹해서 산 코인이 떨어질 때. 좀만 일찍 일어나서 이 앞의 버스를 탔으면 지각하지 않았을 때 등등. 우리는 그때 친구의 말에 현혹 '당하지' 않고 냉철히 생각하지 못했음을, 좀 더 일찍 일어날 수 있었는데 어젯밤 맥주 한 캔을 참을 '의지'가 부족했음을 후회한다.

그러나 인생은 계획했던 것과 다르다. 이른바 '예측오차'이다. 그럴 거라 생각했던 예측은 항상 기대를 배반하기 마련이며, 인간은 그럴 때 A와 B 중 다른 선택을 하지 않았음을 후회한다. 그나마 그때 다른 선택을 했었어야지 자책한다면 나쁘지 않은 축이다. 많은 사람은 본인의 바깥에서 그 이유를 찾는다. 영화 〈달콤한 인생〉에서 선우(이병헌)는 본인이 위기에 빠진 이유를 알기 위해 다른 조직의 보스를 찾아간다. 그가 찾아간 백 사장(황정민)이 하는 말. "네가 이렇게 된 이유를 모르겠지? 자꾸 딴 데서 찾는 거지? 그러면 날 찾아오면 안 되지 이 사람아." 후회는 언제나 책임을 지울 대상을 찾게 마련이다. 그러나 문제는 여기서 발생한다. '과도한 단순화.'

그러지 않을 수도 있었다는 생각. 의지의 부족 문제가 되었건, 다른 사람 때문에 일이 이렇게 틀어졌다고 생각하건. 그렇게 할까 말까 고민하다가 결정을 내린 경우라면 더더욱 그럴 것이다. 그러나 과연 의지와 책임은 그렇게 순수할까?

이는 고쿠분이 박사논문에서 다루었던 스피노자의 자유 개념과 관련된다. 우리는 항상 자유를 선택의 문제로 치환하지만 스피노자에게 자유란 자발성의 문제가 아니라, 필연성의 문제다. 루비콘강을 건넌 카이사르와 건너지 않은 카이사르를 생각해 보자. 우리는 통상, 가능성이 현실에 몇 가지 있었고 그중 하나를 선택했다고 생각한다. 그러나 이 생각은 뒤바뀌어 있다. 왜냐하면 가능성이 발견되는 것은 항상 어떤 사항이 실현된 뒤이기 때문이다. 카이사르가 루비콘강을 건넜기 때문에 비로소 우리는 카이사르가 루비콘강을 건너지 않았던 가능 세계를 생각할 수 있다. 그렇다면 주체가 미리 상정된 것이 아니라 사건만 있을 뿐이다. 이는 잠재성(virtualité)을 가능성(possibilité)으로 혼동해서 생각함으로써 발생하는 문제다. 카이사르라는 명사에는 루비콘강을 건넜다는 동사가 이미 포함되어 있는 것이다.

기존의 언어학적 연구를 통해 그는 먼저 명사적 구문이 있고 동사는 오히려 늦게 생겨났음을 설명한다. 결국 동사란 발달한 명사라는 것. 우리가 잘 아는 비인칭 구문(가령 "It rains."와 같은 문장)은 동사의 가장 오래된 형태를 보여 주는 것이자, 동작 명사가 인칭을 지시하지 않음을 보여 준다. 그러던 것이 동사가 훗날 인칭을 획득함으로써 동사가 표현하는 행위나 상태를 주어에 결부 짓는 발상의 기초가 탄생한다. 그 후 동사는 더 강한 의미에서 행위를 행위자에 결부짓게 된다. 이는 능동과 수동의 구별에 의해 행위자 자신이 했느냐 아니냐를 심문하는 언어체계로 정착된다. 그러나 애초에 존재하는 것은 행위일 뿐이라고 말해야 할지 모른다.

사랑에 빠지는 것은 능동인가 수동인가 ― 능동, 수동, 중동

물론 언어가 우리의 사유를 직접 규정한다고 말하기는 어렵다. 하지만 고쿠분은 프랑스 언어학자 벵베니스트(Emile Benveniste)의 말을 빌려 언어가 사유의 '가능성'을 규정한다고 말한다. 앞서 보았듯이 책임을 다른 데로 돌려 남 탓하거나 혹은 의지의 부족을 자책하거나. 하지만 원래 능동태(active voice)와 수동태(passive voice)만이 아니라 중동태(middle voice)라는 것이 있었다. 오히려 고대 그리스어에서는 능동태와 중동태의 구별이 보다 근본적이었다.

  그렇다고 해서 중동태가 능동과 수동의 중간(middle) 형태라는 의미는 아니다. 능동과 수동이 행하느냐 혹은 당하느냐의 문제라면, 능동과 중동의 대립은 주어, 즉 행위자가 과정의 바깥에 있느냐 안에 있느냐의 문제다. 그는 모든 언어의 원형으로서 중동이 있었다고 말하며 그것이 아직도 우리의 사유 근저에 깔려 있다고 말한다.*

---

* 중동태는 자동사이면서도 수동태를 사용하는 "I am married to her."라든지, 수동 부정사의 형태 "I am to blame." 능동수동태나 중간구문이라 불리는 "Your translation reads well."과 같은 말 등에 남아 있다. 이는 일본어에서도 마찬가지인데, "母が子に泣かれる。"[직역하면 엄마

중동태	능동태
δικάζεται(디카제타이) 그는 (원고로서) 소송을 제기한다	δικάζει(디카제이) 그는 (사법관으로서) 판결을 내린다
δῶρα φέρεται(도라 페레타이) 그는 그 자신에 관련된 선물을 운반한다 (그는 자신이 받은 선물을 갖고 간다)	δῶρα φέρει(도라 페레이) 그는 선물을 운반한다
πολιτεύεσθαι(폴리테우에스타이) 정치에 참가하여 공적인 일 담당하기	πολιτεύειν(폴리테우에인) 통치자로서 통치하기, 혹은 시민으로서 행위하기
νόμους τιθεσθαι(노무스 티테스타이) 자신에게도 적용될 법을 제정하기 (자신들을 규율할 법을 제정하기)	νόμους τιθέναι(노무스 티테나이) 법을 제정하기

〈표〉 고대 그리스어에서 능동태와 중동태의 구분.(출처: 『중동태의 세계』, 110쪽)

이는 행위의 주체보다 사건으로서의 행위 그 자체가 먼저였다는 것을 의미한다. 사건에 주체를 귀속하고 자유의지를 부여하고 책임을 묻게 된 것은 아주 훗날의 일일 뿐이다. 예를 들어보자. "I do something(내가 무언가를 한다)."을 수동태로 바꾼다면? 그렇다. 성문영어나 맨투맨영어 문법책에 단련된 한국인이라면 손쉽게 대답 가능하다. "Something is done by me(무언가가 나에 의해 이루어진다)." 이렇게 우리는 능동태를 수동태로 바꾸는 것에, 수동태를 능동태에 바꾸는 것에 익숙하다. 그리고 이 능동과 수동의 구별은 모든 행위를 '하다'와 '당하다'로 배분하기를 요구한다. 하지만 '사랑에 빠지다(fall in love)'는 능동인가, 수동인가? 능동태와 수동태는 행위의 성격을 결정하는 기준이 되기에 적합한가?

가 아이의 울음을 당하다는 뜻으로 아이가 울어 엄마가 곤란하다는 뜻]나 "雨が降られる。"[직역하면 비가 내려지다는 뜻으로 비가 내려 내가 곤란해졌다는 뜻] 같은 표현들이다.

사람이 능동적이었기 때문에 책임이 지워진다기보다는 책임 있는 존재로 간주해도 좋다고 판단되었을 때 능동적이었다고 해석된다는 사실이다. 의지를 갖고 있었기 때문에 책임이 지워지는 것이 아니다. 책임을 지워도 좋다고 판단된 순간에 의지 개념이 돌연 출현한다.(『중동태의 세계』, 33쪽)

고쿠분은 이를 책임을 씌우기 위해 의지라는 개념이 나왔다고 해석한다. 즉 인간의 행동을 '무로부터의 창조(creatio ex nihilo)'로 생각하기 때문이다. 내가 오늘 아침에 사과를 먹게 된 것은 어젯밤에 TV 광고에서 본 기억이 있어서였을 수도, 혹은 몸에 비타민이 부족해 몸 안에 비타민을 채우라는 요청이 있어서일 수도, 아침에 사과를 먹는 것이 건강의 비결이라는 이야기를 전해 들어서였을 수 있다. 모든 선택이란 무수한 원인들의 복합적인 결과이다. 하지만 사과가 실은 먹으면 안 되는 과일임에도 먹어 버린 일에 대해 책임을 묻게 되면 문제가 달라진다. 선택의 개시 시점, 주체의 의지를 확정해야만 하기 때문이다. 이때 인간은 이를 아무것도 없는 상태에서 본인이 사과를 먹겠다는 의지가 발생한 것으로 해석하려 한다. 과거로부터도, 외부로부터의 원인도 소거시켜 버리는 것이다. 모든 과거와 모든 관계성을 소급하며 살다가는 머리가 복잡해 죽어 버릴지도 모를 테니 말이다. 그래서 인간은 모든 원인을 과거에서부터, 그리고 모든 관계에서부터 소급해 찾는 번거로움이나 숙고 대신 의지 개념으로 치환시켜 버린다.

그런 점에서 하이데거가 말하듯이 "의지함은 망각하고자 함"에 다름 아니다. 즉 과거로부터 연속적으로 이어져 늘 불순할 수밖에 없는 선택이란 것이, 과거로부터 단절된 시작으로 간주되는 순수한 의지에 덧씌워지면서 망각하는 것이다.*

　그렇다면 책임이 사라지는 것 아니냐고 되물을지 모르겠다. 실제로 이 책이 나오고 나서 중동태란 책임을 방기하는 개념이 아닌가 하는 물음이 이어졌다. 그러나 고쿠분은 오히려 책임의 문제를 의지와 분리할 때 진정한 책임 역시 가능해진다고 말한다. 영화 〈밀양〉에서 자기 아들을 죽인 납치범을 용서하기 위해 교도소를 찾은 신애(전도연). 납치범은 교도소에서 하나님을 믿고 새 삶을 살게 되었다고 말한다. 죄 많은 본인을 주님이 용서해 주었다고, 신에게서 속죄받았기 때문에 마음이 가벼워졌다고. 면회를 마치고 나온 신애는 "어떻게 그럴 수가 있어요, 내가 용서를 해야지…… 어떻게 하나님이 먼저 용서를 해요"라며 울부짖는다. 책임이 문제가 되는 것은 범인이 자신의 행동을 과도하게 자신의 의지로 돌려버리고, 이것이 법적 책임이 되었건 종교적 사함이 되었건 그 결과를 스스로 그리고 단독으로 떠안는 과정에서 일어난다. 즉 책임 문제를 누가 나쁜가, 누구를 벌줘야 하느냐는 문제로 접근하는 것은 결국 진정한 책임과 면책의 문제를 사상시켜 버린다.

　하지만 책임(responsibility)이라는 말은 그 어원에서 볼 수 있듯이 응답 가능성(respond+ability)이라는 의미를 품고 있다. 단순히 책임을 부과하느냐(능동), 책임이 부과되느냐(수동) 식의 이분법적으로 다룬다면 우리는 책임을 추궁당할 때 억울하다는 감정이 앞서 비난을 회피하기 위해 변명만을 늘어놓거나, 결국 다른 곳으로 책임을 전가하기 쉽다. 혹은 일회적 사과나 처벌만으로 자신의 행위는 면책받았다고 생각하기 쉽다. 그러나 의지 개념에서 벗어나 책임을 응답의 문제로 바라볼 때 오히려 책임의 문제 역시

---

* 참고로 그는 '의지'와 '각오'를 구별한다. 그의 책에 대한 비판 중 하나가 그렇다면 아무거나 대충한다는 것인가라는 지적에 대해 그는 의지나 결단 개념과 구별해 각오라는 말을 사용한다. 또한 '의지'가 사후적으로 붙는 것이라고 해서 '의식'이 없다는 것도 아니다.

근본적으로 접근 가능하다. 주체란 행위를 지배하는 것도, 강제적으로 지배당하는 것도 아닌, 행위가 일어나는 장소일 뿐이라는 중동태적 세계에 따르면 책임의 문제는 좀 더 복잡하게 바라볼 필요가 있다.

신체가 너희를 자유케 하리라 — 지배, 피지배, 사용

이는 고쿠분이 최근 장애인 운동에서 '당사자성'의 문제를 가지고 대담집을 낸 이유와도 연결된다. 그에게 당사자성이란 책임의 문제를 좀 더 복잡하게 볼 때 새로운 함의를 가질 수 있다.* 그가 단순히 좁은 의미의 '철학'만이 아니라 '정치'를 고민하는 이유 역시 이와 관련될지 모른다. 실제로 그는 사회문제에 대해 적극적으로 관여, 발언하고 있다. 이 책에서 능동/수동을 넘어선 중동에 주목하는 것은 단순히 의지와 책임의 문제를 비판하기 위해서만은 아니다. 지배/피지배의 개념을 넘어선 방식의 자유란 무엇인가, 역량의 증가는 어떻게 가능한가라는 질문이야말로 그가 철학을 하는 본질적 이유에 가까워 보인다. 그의 말처럼 "선택이 늘 불순하듯이 동의 역시 늘 불순할 것"이기 때문이다. 우리가 그 기원을 잃어버린 지배의 문제도 지배하느냐(능동) 또는 지배받느냐(수동)라는 단순한 이분법적 도식을 벗어나 생각할 필요가 있다.

고쿠분의 이러한 주장은 내가 순수철학 연구자나 언어학 연구자가 아님에도 그의 책들에서 재미를 느끼는 이유다. 그는 아감벤의 '사용(use)'

---

* 고쿠분 고이치로의 『'책임'의 생성: 중동태와 당사자 연구(〈責任〉の生成：中動態と当事者研究)』(新曜社, 2020) 역시 조만간 한국에도 출판될 예정이다. 책임의 '생성'이라는 책 제목의 의미를 생각해 볼 것.

개념에 주목하면서 이를 지배/피지배를 넘어선 중동태적 방식으로 해석한다. 실제로 사용이라는 의미의 그리스어 동사에는 중동태밖에 없다. 그런 점에서 능동/수동만이 있는 세계를 '행위의 사유재산 제도'라 부를 수 있다면, 중동의 세계란 새로운 '행위의 공유성'의 생성 과정에 가까울 것이다. 그리고 이는 필연으로서의 자유, 내맡김으로서의 관계 맺기의 기술, 지배/피지배를 넘어선 자기배려에 가까울 것이다.

이처럼 그는 스피노자의 내재성(immanence) 개념을, 하이데거의 내맡김 (Gelassenheit) 개념을, 푸코의 자기배려(epimeleia heautou) 개념을 중동태로 읽어 낸다. 물론 그들이 중동태라는 말을 사용한 바 없지만, 우리는 중동 태라는 개념을 통해 그동안 보지 못했던 새로운 관점을 얻는다. 그것은 새로운 보조선을 그어 사물을 새롭게 볼 수 있는 능력이다.

개인적인 이야기를 덧붙이자면, 이번 여름방학 동안 일본에 머물게 되었다. 일본에 오면 서점에서 시간을 오래 보내게 되는데, 그중 부러운 것 하나가 무겁지 않으면서도 진중한, (무언가 형용모순인 것 같긴 하지만) 재미있는 교양서들의 존재다. 물론 재미있다는 것이 읽기 쉽다거나 어렵지 않다는 것의 반대 의미가 될 수 없다. 커피숍에 앉아서 문고본을 손에 들고 읽고 있는 사람들이나 20년 넘은 전공 서적들이 다시 양장본으로 재출판되고 소환되는 일본의 독서 문화를 보면 한국의 상황과 비교되는 것이 사실이다. (그렇다고 해서 일본의 독서 문화와 한국의 독서 문화를 비교하면서 한국이 열등하다고 말하고 싶은 것은 아니다. 그건 그냥 차이일 뿐이다.)

학술서가 대중들의 손에서 멀어진 지금(아니 언제는 가까운 적이 있었냐고 반문할지 모르겠지만), 그렇다고 교양서가 지적 자극이라기보다 레토르트 식품처럼 마냥 손쉽게 소비되고 마는 (그럼 네가 재밌게 지적 자극을 주는 책을 쓰라고 이야기할지 모르겠지만) 고쿠분의 책은 우리에게 좋은 책이란, 좋은 이야기란 어떠해야 하는가라는 질문을 던져 준다. 이는 결국 읽는 사람, 듣는 사람으로

하여금 말을 많이 하고 싶게 하는 것일지 모른다. 이 글이 쓸데없이 길어진 것도 그 때문일 것이다. 물론 그의 책들이 얼마나 엄밀하게 철학의 문제들을 다루고 있는지 나로서는 판단하기 어렵다. 하지만 그는 우리의 사유가 멈춘 그 지점의 역사성을 검토하면서, 미처 인식하지 못했던 문제를 가시화시키는 데 탁월한 재능을 보인다. 그리고 이를 통해 현재 우리가 서 있는 문제계를 근본적으로 뒤흔듦으로써 '철학'과 '정치'를 다시 묻게 하는 연구자임은 분명하다.

김태진
동국대학교 일본학과에서 학생들을 가르치고 있다. 정치사상 전공으로, 신체 담론을 둘러싼 정치, 종교, 문화를 다루는 데 관심이 있다.

『인간은 언제부터 지루해했을까? 한가함과 지루함의 윤리학』
고쿠분 고이치로 지음, 최재혁 옮김, 한권의책, 2014

이 책은 앞서 소개한 『중동태의 세계』만큼 철학을 재미있게 풀어낸
책이다. 이 책 역시 기노쿠니야 인문대상을 받았다. 하이데거를
가지고 와서 지루함의 종류를 분석하는 이 책은 우리의 호기심을
자극하면서도 지루함을 참고 견디라거나 열정을 키우라는 식의
손쉬운 결론으로 도망가지 않는다. 그의 책의 매력이라면 우리를
예상 가능한 답변으로 몰아가면서도 그 길에서 살짝살짝 빗겨 나는
데 있다. 결론보다 그러한 결론으로 이끌어 가는 과정이 메인이다.
직접 읽어 보시길 권한다.

이외에도 하이데거의 '내려놓음', '기술' 개념을 통해 3·11 이후
원자력발전의 문제를 다루는 『원자력시대의 철학
(原子力時代における哲学)』, 실제 주민투표 운동을 조직하면서
느꼈던 대의민주주의 문제를 다루는 책 『다가올 민주주의
(来るべき民主主義)』, 코로나 시대의 새로운 권력 양상을 다루는 사회학자
오사와 마사치와의 대담 『코로나 시대의 철학(コロナ時代の哲学)』,
자연과 증여 개념의 재해석을 통해 새로운 세계관을 탐구하는
인류학자 나카자와 신이치와의 대담 『철학의 자(哲学の自然)』.
이외에도 『민주주의를 직감하기 위해(民主主義を直感するために)』,
『근대정치철학―자연, 주권, 행정(近代政治哲学―自然·主権·行政)』,
『통치신론(統治新論)』 등등 그의 저작은 어느 하나 거를 타선이 없다.
일본어가 가능하신 분들은 일독을 권한다.

"'지루함과 어떻게 마주하며 살아갈 것인가?'라는 질문은
어디까지나 자신과 관련된 물음이다. 그러나 지루함과 마주하는
삶을 살 수 있게 된 인간은 필시 자신이 아니라 타인과 관련해서도
사고할 수 있게 된다. 그런 상황은 '한가함과 지루함의 윤리학'의
다음 과제를 불러올 것이다. 즉, '어떻게 하면 모두가 한가해질
것인가? 모두에게 한가로움을 허락하는 사회는 어떻게
가능할까?'라는 질문이다." ― 책 속에서

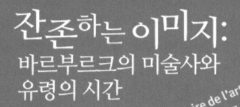

미술사를 뛰어넘는 이미지의 힘

김남시

서점에서 '미술사'라는 단어가 들어간 책 한 권을 뽑아 그 도판들만 훑어보아도 미술의 역사가 인간이 만들어 온 이미지 중 극히 일부만을 포괄한다는 걸 알 수 있다. 예를 들어 국내에서 가장 많이 읽히는 곰브리치(Ernst H. Gombrich)의 『서양미술사』는 동굴벽화에서 인디언, 아프리카 부족의 가면, 이집트 무덤 벽화나 석상, 고대 그리스 화병 그림, 신전, 조각 등을 조금 다루고 나서는 서양미술사의 표준 계보인 비잔틴, 중세, 르네상스, 근대 미술로 나아간다. 대부분의 서양미술사가 취하는 이런 구성에는 일정한 패턴이 있다. 동굴벽화나 가면, 각종 주술 도구 등 종교적 제의와 관련된 인공물들이나 화병, 그릇, 신체 혹은 실내 장식 등 일상적 삶과 연관된 이미지들은 초반에 잠시 등장했다 슬그머니 사라지고 어느 시점부터는 미술관에서만 감상되는 작품으로 넘어간다는 것이다. 이런 책을 읽다 보면 역사가 진행되면서 마치 사람들이 더 이상 이런 제의적, 주술적, 실용적 인공물들을 만들거나 취급하기를 그만두고 감상하기 위한 작품들에만 몰두해 온 듯한 인상을 받는다. 하지만 오늘날 우리가 이미지들로 무엇을 하고 있는지 살펴보기만 해도 이게 착각에 불과하다는 걸 알게 된다.

예를 들어 동네 상점이나 식당, 자영업 사무실 등에 가면 눈에 띄는 자리에 해바라기 조화나 사진, 그림이 걸려 있는 경우가 많다. 우리 사회에서 해바라기 이미지는 "재물과 행운의 상징", "부와 번창"을 부르는 "돈 들어오는 그림"으로 여겨져 지속적으로 제작, 유통되고 있는 탓이다. 최근 행정안전부 경찰국 신설에 반대해 시민들이 경찰청에 보내는 근조화환은 어떤가? 국화를 둥글게 모아 꽂고 뒤쪽에 플라스틱 야자수 잎을 둘러 모양을 낸 이 독특한 인공물은 이제 장례식장뿐 아니라 대한민국 정치현장 한복판에 등장하는 이미지가 되었다. 국내뿐 아니라 해외 곳곳에 설치되며 이슈가 되고 있는 위안부 소녀상은 어떤가? 젊은 세대를 포함해 여전히 많은 이들이 소지하고 다니는 부적이나 배지, 행운 마스코트나 타투는? 한마디로 우리에게 이미지는 여전히, 우리의 욕구나 바람과 관련되어 신체나 삶의 공간 곳곳을 채우며 작동하고 있는 인공물이다. '미술작품'이란 이렇게 몸에 지니고, 벽에 붙여 기원하거나 욕망하며 사용하는 이미지들 중 극히 일부분이고, '작품 감상'이란 18세기에 미술관이 처음 생기고 이른바 '순수미술'이 자리 잡은 후에야 가능해진 특수한 이미지 취급법에 불과하다. 미술작품이 아닌 이미지들이 훨씬 많고, 우리가 그런 이미지를 사용해 온 역사는 미술작품을 감상해 온 역사보다 훨씬 길다. 그런데도 주류 미술사는 여전히 이 혼종적이고도 실천적인 이미지의 역사를 수용하지 않는다.

바르부르크의 이미지론

아비 바르부르크(Aby Warburg)는 미술작품을 이해하기 위해서라도 이미지에 대한 인간의 심층적 관계를 사유해야 한다는 문제의식을 처음 제기한 인물이다. 1923년 푸에블로 인디언 구역 여행에 대한 강연을 준비하며 그는 이렇게 적었다. "나는 심미적으로만 평가를 내리는 미술사에 커다란 염증을 느끼고 있었다. (……) 이미지는 종교와 예술 사이에서 생물학적 필연성을 가지고 생겨나는 산물일 텐데, 이를 형식적으로만 고찰하는 일은 무엇도 잉태하지 못할 말장난으로만 여겨졌다."* 바르부르크에게 이미지는 단순한 심미적 감상의 대상이 아니다. 이미지는 막막하고 광활한 세계에 맞서 생존해야 할 인간이 그 세계의 윤곽을 파악하고, 그 속에서 자신의 위치를 확인하며 그에 적합한 태도와 행동 방식을 결정하는 '방향정향(Orientierung)'의 도구이자 그 산물이다. 인류의 문명이 바르부르크가 '사이공간(Zwischenraum)'이라 칭한 외부세계에 대한 정신적, 심리적 거리감을 확보함으로써 형성된 것이라면, 이미지는 문명 이전의 근원적인 불안, 세계에 대한 감정 이입적 합일과 그로부터 거리를 취하는 반성이라는 양극성 사이에 존재한다. 이미지가 인간의 심층적 무의식과 충동, 불안을 제어하면서 동시에 그를 담지하고 전달하는 힘을 갖는 것도 이 때문이다. 이러한 이미지의 역동성을 해명하기 위해 바르부르크는 고대 석관, 르네상스 시대 부조와 회화뿐 아니라 점성술 도구, 천문도, 달력, 지도, 나아가 현대의 우표나 신문, 잡지의 사진 및 광고 이미지까지 수집했고, 철학, 고고학, 인류학, 종교학, 천문학, 심리학, 생물학 등 온갖 학문적 방법론을 동원한다.

---

* 아비 바르부르크, 김남시 옮김, 『뱀 의식: 북아메리카 푸에블로 인디언 구역의 이미지들』(읻다, 2021), 156쪽.

디디 위베르만은, 바르부르크가 수습하지 못하고 중단된 이런 방향의 연구를 실천하는 명실상부한 이미지 연구자 중 하나다. 그가 바르부르크의 이미지론을 정리한 『잔존하는 이미지(*La imagen superviviente*): 바르부르크의 미술사와 유령의 시간』은 2002년 처음 출간되었다. 바르부르크가 생전에 출간한 글과 미출간 원고, 강연문 등을 모은 선집은 1932년 프리츠 작슬(Fritz Saxl)에 의해 출간된 바 있지만, 아직 아카이브에 있는 방대한 양의 자료들은 정리되어 공개되지 않은 시점이었다. 위베르만은 아카이브에 있는 바르부르크의 노트, 편지, 메모, 일기 등을 뒤져 스케치나 도식은 물론 필적과 그가 사용한 노트의 표지 패턴까지 추적하며 바르부르크에게 접근한다. "신은 디테일에 숨어 있다"며 바람에 나부끼는 그림 속 인물의 머리카락, 옷자락과 주름 등의 부속물(Beiwerk)에 주목하던 바르부르크적 시선을 그가 남긴 자료를 향해 돌린 것이다.

위베르만은 책의 제목을 통해 바르부르크 이미지론의 핵심이 '잔존 (Nachleben)' 개념에 있음을 분명히 한다. 미술사는 특정 시대의 인공물들을 특정한 역사철학이나 시간 모델과 결부시킨다. 바르부르크 이전 미술사는 탄생, 성장, 쇠퇴, 죽음이라는 생물학적 모델에 따라 미술의 역사를 기록했다. (죽었던) 고대의 위대함이 '재생'했다는 뜻의 '르네상스'도 이렇게 붙여진 것이다. 바르부르크의 '잔존' 개념은 이런 미술사의 근본 토대를 뒤흔든다. 그에 따르면, 과거의 것이 전혀 예상치 못한 시대와 장소에서 출현하고, 동일한 것이 서로 대립적인 종교적 맥락에서 나타나며, 소멸된 것으로 여겨진 것이 엉뚱한 곳에서 불쑥 모습을 드러낸다. 아메리카 인디언의 뱀 의식이 고대 그리스 디오니소스 제의, 라오콘의 심판하는 뱀과 아스클레피오스의 치유하는 뱀(지팡이)에서, 점성술의 뱀 주술과 모세의 청동 뱀 기적에서 출몰하는 식이다. 이처럼 이미지는 선형적이고 예측 가능한 경로를 따르는 대신 혼종적이고 불순한 이종교배의 방식으로, 현재에서 미래라는 일선적 시간을 교란시키며 시대착오적으로 등장한다. 이는 역사적 연속성에 입각한 기존 미술사의 시간 개념을 뒤죽박죽으로 만들어 버릴 것이다. 바르부르크 연구소 소장이었고 바르부르크의 전기를 쓰기도 한 곰브리치도, 도상해석학을 통해 바르부르크 이미지론의 계보를 완성했다고들 말하는 파노프스키(Erwin Panofsky)도 미술사의 토대를 뒤흔들 이런 생각을 수용할 수 없었다. 바르부르크 학파의 계승자인 곰브리치나 파노프스키가, 위베르만의 표현을 빌리자면, 바르부르크의 유령을 쫓아내는 퇴마 의식의 수행자가 된 이유다.

위베르만의 바르부르크

위베르만의 책에는, 그 제자들에 의해 축출된 바르부르크의 유령을 소환해 기존 미술사 방법론의 한계를 넘어서려는 강한 열망이, 논리적이기보다 시적인 위베르만 특유의 문체로 채워져 있다. 신기한 건 이런 스타일이 바르부르크를 이야기하기에 더할 나위 없이 잘 어울린다는 것이다. 위베르만이 가장 공을 들인 것이 이 책의 3부 '증상으로서의 이미지'인 것도 이런 맥락에서 자연스럽다. 여기서 위베르만은 정작 바르부르크 자신은 깊게 알지 못했던 프로이트(Sigmund Freud)의 이론을 가지고 와 자신만의 바르부르크를 구축해 낸다. 주지하듯 '증상(Symptom)'은 욕망과 그에 대한 억압이라는 두 대립하는 힘이 맞부닥침으로써 생겨난다. 둘 중 한 힘이 다른 힘을 완전히 진압하지 못함으로써 생긴, 프로이트의 말을 빌리자면, 두 힘 사이 타협의 산물이다. 히스테리 환자의 기이한 몸짓에서 이해 불가능한 비논리만을 본 샤르코(Jean Martin Charcot)와는 달리 프로이트는 옷을 찢으려는 힘과 그를 막으려는 힘이 동시에 갈등하며 드러나는 "모순에 가득

찬 동시성"*을 발견한다. 이미지를 양극성 사이의 긴장으로 파악하려는 바르부르크의 아이디어를 프로이트의 증상 개념과 연결함으로써 위베르만은 바르부르크 이미지론이 제기한 중요한 질문들을 설득력 있게 설명하는 데 성공한다. 고대 그리스의 이교도적 신체 표현이 어째서 그를 억압하려 했던 기독교 문화 한복판에서 재출현하는지, 격렬하게 움직이는 머리카락과 옷자락 같은 그림 속 부속물들이 어떤 심층의 긴장을 드러내고 있는지, 미국 정부의 강력한 동화 정책하에 미국식 교육을 받는 인디언 아이들이 그럼에도 뱀 모양의 번개를 그리게 한 이미지적 기억은 어디서 기인하는지……

정신분석적 바르부르크 독해의 설명력에 지나치게 감정 이입한 탓일까? 위베르만은 바르부르크가 정신병을 앓을 때 그의 주치의였던 빈스방거(Ludwig Binswanger)와 바르부르크의 연구 대상과 방법 사이에 놀랄 만한 유사성이 있으며 심지어 그것이 바르부르크의 성공적 치유에 기여했을 것이라 암시한다. 그러나 일본의 표상문화론 연구자인 다나카 준(田中純)도 지적**하듯, 바르부르크의 병이 치유 불가능하며 퇴원하더라도 지적인 활동은 어려울 것이라 진단했던 빈스방거와 바르부르크가 유사한 이미지론을 전개했다는 건, 증상을 겪는 환자와 그를 외부에서 진단하는 의사 사이의 근본적인 시점의 차이를 간과한 무리한 주장이다.

---

* Sigmund Freud, *Hysterische Phantasien und ihre Beziehungen zur Bisexualität*, Sigmund Freud, *Studienausgabe*, Bd. VI, S. 194.
** 田中純, 歷史の地震計: アビ.ヴァ-ルブルク『ムネモシュネ?アトラス』論, 東京大學出版會, 2017.

번역의 문제

그럼에도 이 책은 바르부르크에게 다가가려면 참고하지 않을 수 없는 중요한 연구서임에 틀림없다. 이보다 먼저 번역된 다나카 준의 평전*이 어느 정도의 사전 지식 없이는 접근하기 어려웠다면, 이 책은 바르부르크에 대한 충실한 입문서로도 손색이 없다. 하지만 이렇게 중요한 책이 번역되었다는 사실에 마냥 기뻐할 수만은 없게 되었다. 번역서를 검토한 결과 이 책이 6만 5천 원이라는 부담스러운 가격을 지불하고 바르부르크에 입문하려는 이들에게 도움보다는 혼란을 불러낼 것임을 확신하게 되었기 때문이다. 옮긴이는 번역을 위해 "프랑스어판과 영어판을 번갈아 참조"하고, "인용문도 원전을 찾아서 다시 확인하고자 했다"고 밝히고 있으나 인용문 전체의 80퍼센트 이상을 차지하는 독일어 인용문 번역은 과연 원전을 확인한 것인지 의심스러울 정도의 오역이 잇따라 나온다. "Pathosformel"을 "파토스 형성"으로, "Engramm"을 "기억의 흔적"으로, "Dynamogramm"을 "역량 기록"으로 옮긴 건 번역자의 재량이겠으나, 프로이트의 "Verschiebung"(전위)을 "치환"으로, "Symptom"(증상)을 "징후"로 옮긴 건 문제가 많아 보인다. 통상 "반감각이상증" 또는 "편측감각이상증"이라 번역되는 "Hemiparesthesia"를 "반쯤의 마비"로, "meta-representation"을 "재현-이상", "infra-representation"을 "재현-이하"라고 번역하는 등 원문의 함의를 담지 못하는 아마추어적 번역어가 다수 출현한다. 문맥을 이해하지 못해 부정을 긍정으로, 긍정을 부정으로 오역한 곳도 적지 않고, 간접 인용과 직접 인용을 구분하지 않거나, 한국어로 읽어도 어색한 초보적 문장 오류도 심심치 않게 발견된다. (자세

---

* 다나카 준, 김정복 옮김, 『아비 바르부르크 평전』, 휴먼아트, 2013.

한 사항은 알라딘에 올라와 있는 이 책의 리뷰를 참고하라.)

그 결과 이 책은 바르부르크에 입문하려 하거나 자신의 논문 등에 이를 인용하려는 사람에게 큰 불확실성을 준다. 이 번역서를 읽거나 인용하기 위해 반드시 원문을 참조해야 한다면 번역서로서의 기능은 수행하지 못하는 것이다. 내가 보기에 이 문제는 번역 과정에서 마땅히 진행되었어야 할 것이 생략되어 나온 결과다. 번역자의 번역을 편집자가 꼼꼼히 검토했었다면 충분히 잡아낼 수 있었을 오역들이 그대로 인쇄된 지면을 마주하는 건 독자로서는 매우 안타까운 일이다. 국내에 소개되기 쉽지 않은 중요한 책일수록, 충실하고 성실한 번역이 요구된다. 중요한 책의 번역서가 그 책에 기반한 후속 연구의 발판이 되지 못할 수준이라면 우리는 소중한 학문적 기회를 잃어버린 것이나 마찬가지이기 때문이다. 지금까지 해외 이론서 번역에 이런 사례가 적지 않았는데 유감스럽게도 이번에는 이 책이 그 대열에 합류하게 되었다.

바르부르크라는 유령을 유령으로서 되살리려는 위베르만의 책이 이 거칠고 구멍난 번역의 투망을 거쳐 어쨌든 우리에게 전달되었다. 그 속에서도 바르부르크를 알아보고 가늠할 수 있다면, 수백 년 동안 퇴적된 역사의 지층 속에서도 잔존하고 있는 이미지의 힘 덕분일 것이다.

김남시
이화여대 조형예술대학 교수. 지은 책으로 『광기, 예술, 글쓰기』, 『본다는 것』이 있으며, 옮긴 책으로 『모스크바 일기』, 『과거의 문턱』 등이 있다.

『뱀 의식: 북아메리카 푸에블로 인디언 구역의 이미지들』아비 바르부르크 지음, 김남시 옮김, 읻다, 2021

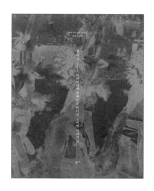

바르부르크에게 인디언 구역 여행은 이미지의 근원적인 힘을 확신케 해준 계기였다. 1895년의 여행과 1923년의 강연 사이에 발생한 자신의 정신병에 대한 회고가 이미지의 의미에 대한 사유와 종합되어 바르부르크 이미지론의 토대를 이룬다.

"모든 인류는 영원히, 모든 시대에 걸쳐 분열적이다." ─ 책 속에서

『모든 것을 무릅쓴 이미지들: 아우슈비츠에서 온 네 장의 사진』조르주 디디 위베르만 지음, 오윤성 옮김, 레베카, 2017

1944년 8월, 패배가 확실시되던 시점에 나치 지도부는 유대인 학살의 흔적을 없애기 위해 소각로에서 '제거'할 수 없던 시신들을 바닥에 놓고 불태웠다. 여기 동원된 유대인 특별 작업반원들이 목숨을 걸고 찍은 네 장의 사진. 이 불명료하고, 흐릿하고 모호한 이미지에 대한 위베르만의 논쟁적인 문제 제기가 담겼다.

"현재의 지옥에서 네 장의 이미지를 얻어내는 것은 1944년 8월의 그 날에 잔존하는 네 조각을 파괴에서 건져 내는 것을 의미했다."
"이미지들의 문제는 시대의 이 큰 불화, 우리의 '문명 속의 불만'의 중심에 있다. 이미지들이 무엇으로부터 잔존하는 것들인지를 바라볼 줄 알아야 한다. 역사가, 수수한 과거로부터 해방되어, 우리가 시간의 현재를 '여는' 것을 도울 수 있도록." ─ 책 속에서

165

"지금의 AI 현실에 놓인 함정과 기회,
인간이 신뢰할 수 있는
AI가 무엇인지 보여준다!"
_에릭 브린욜프슨(MIT 슬론 경영대학원 교수 · 《제2의 기계 시대》 저자)

게리 마커스 · 어니스트 데이비스 지음
이영래 옮김

2029
기계가
멈추는 날

AI가 인간을 초월하는
특이점은 정말 오는가

비즈니스북스

『2029 기계가 멈추는 날』,
게리 마커스 · 어니스트 데이비스 지음, 이영래 옮김, 비즈니스북스, 2021

인공지능이 인간을 더 닮으려면?

박진호

최근 10년간 인공지능이 세계적으로 화제가 되고 있다. 기계번역, 사진 자동 분류, 시리(Siri)나 알렉사(Alexa) 같은 음성 비서 등 인공지능 기술을 활용한 제품이 상용화에 성공했고, 인공지능 관련 기술을 개발하고 제품을 만드는 데 엄청난 자본이 몰리고 있다. 최근 이러한 인공지능의 성공에는 기계학습(machine learning), 그중에서도 특히 인공 신경망(artificial neural network)을 이용한 딥러닝(deep learning)이 핵심적인 역할을 하고 있다.

인공지능은 기계가 어떤 일을 지능적으로 하게 하는 기술이라고 할 수 있다. '지능적'이라는 말에는 많은 의미가 담겨 있는데, 일을 할 때 고정된 규칙을 단순히 따르는 데 그치지 않고 그때그때의 상황에 따라 적절한 대응 방식을 선택할 수 있다는 것이 중요한 구성 요소이다. 예컨대 영어 문서를 한국어로 번역할 때 어떤 단어를 어떻게 번역하라는 규칙을 항상 그대로 따르면 안 되고 같은 단어라도 문맥에 따라 적절히 달리 번역해야 하므로 지능을 요하는 과제라 할 수 있고, 기계가 이 일을 잘한다면 인공지능에 해당한다. 인공지능이 최근 각광을 받게 된 배경을 이해하는 데에는 인공지능의 겨울이라 불리는 과거의 별로 영예롭지 못한 역사를 아는 것도 도움이 된다.

인공지능과 도메인 지식

인간이 많은 일들을 지능적으로 잘 수행할 수 있는 것은 대개 그 일과 관련된 많은 지식을 가지고 있고 그 지식을 적절하게 잘 활용할 수 있기 때문이다. 의사가 환자의 환부를 촬영한 영상을 보고서 무슨 질병인지 판단하는 것은, 의학 공부를 많이 하고 의료 현장에서 많은 경험을 쌓은 덕분이다. 법률가가 형사 사건 기록을 검토하고서 적용할 죄목과 형량을 도출해 낼 수 있는 것은, 법령을 잘 알고 있고 구체적인 사례에 적용할 적절한 법조문을 찾아내는 법률적 추론(legal reasoning)의 훈련이 잘 되어 있기 때문이다.

따라서 인공지능에 대한 연구가 시작된 초기에는, 인공지능으로 해결하고자 하는 과제를 잘 정의한 뒤, 그 과제와 관련된 전문적인 지식(knowledge base)을 구축하고 컴퓨터로 처리할 수 있는 형태로 나타내는 데, 즉 지식 표상(knowledge representation)에 초점이 맞추어졌다. 인공지능에 대한 이러한 접근법을 GOFAI(Good Old-Fashioned AI) 또는 Symbolic AI라고 부른다. 이 경우, 해당 분야의 전문가의 역할, 도메인 지식이 중요하다. 기계번역기를 만들려면 출발언어와 도착언어의 전문가가 필요하고, 음성인식기를 만들려면 음성학자가 필요하고, 질병 진단기를 만들려면 의사가 필요하고, 죄목 및 형량 판단기를 만들려면 법률가가 필요한 것이다.

언어, 의료, 법률 등 특정 도메인의 난이도가 웬만큼 되는 과제를 수행하기 위해 필요한 배경지식은 대개 상당한 양에 달한다. 따라서 하나의 과제를 수행하는 인공지능 엔진을 만들기 위해서 도메인 전문가가 상당히 많은 양의 도메인 지식을 규칙의 형태로 진술해야 했고, 이것을 컴퓨터가 이해할 수 있는 코드로 바꾸는 데도 많은 시간과 노력이 소요되었다. 예컨대 브릴(Brill)이 만든 영어 품사 태거(tagger)*에는 1천 개 이상의 규칙이 포함되었다. 도메인 전문가가 작성한 방대한 지식을 컴퓨터 코드로 바꾸면 코드도 수천 내지 수만 줄에 이르러서 유지·관리에 애를 먹게 된다. 특정 사례에 대해 잘못된 결과가 나오면 이를 시정하기 위해 전문가가 규칙을 수정하고 프로그래머가 그에 따라 코드를 수정하게 되는데, 서로 긴밀하게 관련된 소프트웨어의 한 부분을 고치면 다른 부분에서 생각지 못했던 부작용을 낳는 일이 흔히 있다. 프로그래머들에게는 악몽 같은 일이다. 게다가 이런 식으로 만들어진 인공지능은 성능도 신통치 않았다. 시연용의 장난감 같은 시제품은 꾸역꾸역 만들 수 있었지만, 상업적 성공과는 거리가 멀었다. 그래서 이런 규칙 기반 AI, Symbolic AI는 시장에서도 연구자들 사이에서도 금세 인기가 식어 버렸다.

---

* 문장의 각 단어에 품사를 달아 주는 소프트웨어다. 하나의 문자열이 둘 이상의 품사에 대응할 수 있기 때문에 앞뒤 문맥을 고려하여 품사를 지능적으로 판단해야 한다. 예컨대 'like'는 '좋아하다'라는 뜻의 동사일 수도 있고 '~처럼'이라는 뜻의 전치사일 수도 있으며, 'flies'는 '파리'라는 명사의 복수형일 수도 있고 '날아가다'라는 동사의 3인칭 단수 현재형일 수도 있다. 'They like flies'의 세 단어에는 대명사, 동사, 명사의 품사를 달아 주어야 하고, 'Time flies like an arrow'의 다섯 단어에는 명사, 동사, 전치사, 관사, 명사의 품사를 달아 주어야 한다. 후자의 경우 'flies'를 '파리'라는 명사의 복수형으로, 'like'를 '좋아하다'라는 동사로 보아도 문법상 하자가 없다. 그럴 경우 이 문장의 의미는 '시간 파리는 화살을 좋아한다'가 되는데, 인간은 세상 지식에 비추어 그런 의미를 배제할 수 있지만, 기계는 그런 지식이 없기 때문에 이 의미를 배제하려면 다른 정보가 필요하다.

기계학습의 대두

1990년대쯤부터 각광을 받기 시작한 기계학습은 상당히 다른 접근법을 취한다. 도메인 전문가의 도움을 별로 받지 않고서도, 대량의 데이터만 있으면 기계가 데이터에 내재한 패턴이나 규칙성을 스스로 찾아낼 수 있다는 것이다. 개나 고양이 같은 동물들의 사진이 수십만 장 있으면, 개나 고양이의 형태상의 특징을 사람이 컴퓨터에 굳이 알려 주지 않아도, 각 사진의 픽셀의 패턴으로부터 개나 고양이 등 동물의 구별을 가능케 하는 특징을 컴퓨터가 스스로 알아서 찾아내게 되고, 이러한 훈련을 거친 기계는 새로운 동물 사진을 보여 주면 무슨 동물인지 알아맞힐 수 있는 것이다. 특히 음성인식 분야에서 비교적 일찍 기계학습이 성공을 거두어서, 이 분야의 권위자는 "우리 실험실에서 언어학자를 한 명씩 해고할 때마다, 우리 음성인식 엔진의 성능이 부쩍 올라가곤 했다"는 유명한 말을 남겼다.

기계학습 중에서도 딥러닝이 인공지능의 대세가 되면서 위의 경향은 더욱 가속화되었다. 딥러닝 이외의 기계학습 기법을 사용할 때에는, 도메인 전문가의 역할이 과거에 비해 축소되기는 했지만 여전히 필요했다. 입력 데이터가 지닌 수많은 특성/자질(feature)들 가운데 주어진 과제를 수행할 때 어떤 것이 중요한지 판단하는 일은 여전히 도메인 전문가가 했기 때문이다. 그런데 딥러닝 기법을 사용할 때에는 그런 자질 선택마저도 기계가 알아서 수행해 주기 때문에, 도메인 전문가의 역할이 거의 제로에 가깝게 되었다. 번역은 언어를 다루는 일이기 때문에 자동 번역기를 만들려면 언어 전문가가 당연히 필요할 것으로 생각하기 십상이지만, 현재 신경망 번역기를 성공적으로 운영하고 있는 유명 대기업의 해당 부서에는 언어 전문가가 한 명도 없는 것이 보통이다.

"거실에 있는 것들을 전부 벽장에 넣어 줘"라는 명령을 문자 그대로 해석한 로봇.
(출처: 『2029 기계가 멈추는 날』 76쪽, 비즈니스북스 제공)

좁은 인공지능과 일반 인공지능

기계학습, 그중에서도 딥러닝이 몇몇 영역에서 어느 정도 성공을 거두고 있는 것은 사실이지만, 그런 방식으로 인간에 필적하는, 또는 인간을 뛰어넘는 인공지능을 만들 수 있다고 생각하는 것은 섣부르다. 『2029 기계가 멈추는 날』은 바로 이 점을 힘주어 설파하고 있다. 딥러닝을 포함한 기계학습으로 할 수 있는 일에 대한 신중한 성찰보다는 섣부른 과장 광고가 성행하고 있는 요즘 이 책의 목소리는 더욱 소중하고 이에 귀를 기울일 필요가 있다.

현재의 딥러닝 기반 인공지능은 매우 좁게 정의된 특정 과제를 잘 수

171

행하도록 대량의 데이터를 가지고 인공 신경망을 훈련시킴으로써 성립된다. 따라서 애초에 정의된 과제만 수행할 수 있을 뿐 다른 과제는 전혀 수행할 수 없다. 이 책의 저자들은 이것을 ANI(Artificial Narrow Intelligence)라고 부른다. 이와 대비해서, 다양한 과제를 수행할 수 있는 인공지능은 AGI(Artificial General Intelligence)라고 불린다. 현재 성행하고 있는 방식으로 AGI를 만들 수 없는 이유는, 인간이 지니고 있는 상식적 지식, 세계에 대한 인지적 모델, 시공간을 파악하고 대응하는 능력, 인과관계를 포착하고 이를 바탕으로 추론하는 능력, 즉 딥 언더스탠딩(deep understanding)이 인공 신경망에는 없기 때문이다.

인공 신경망의 작동 방식

인공 신경망은 그 구조가 아무리 복잡할지라도, 기본 원리는 단순하다. 입력 데이터를 수치들의 벡터로 표상한 뒤, 신경망을 거치면서 가중치를 곱하고 그 결과들을 더해 어떤 비선형 함수로 그 수치를 변경하는 식의 조작을 엄청나게 반복할 따름이다. 처음에는 신경망의 가중치에 초깃값을 무작위로 부여하기 때문에, 신경망이 내놓은 출력이 우리가 원하는 정답과는 거리가 멀게 마련이다. 그런데 신경망의 각 가중치를 어떤 방향으로 수정하면 신경망의 출력이 정답과 가까워지는지 알 수 있어서, 가중치들을 그 방향으로 아주 조금 수정한다. 그러면 신경망의 출력이 정답과 아주 조금 가까워진다. 이 일을 엄청나게 반복하면 신경망의 출력이 정답에 매우 가까워지게 되는 것이다.

그런데 인공 신경망에는 해당 과제를 수행하는 데 필요한 지식이 명시적인 형태로 표상되어 있지 않다. 그런 지식을 명시적으로 나타내지 않고

서도 원하는 결과를 얻을 수 있다는 것이 딥러닝의 장점이라면 장점이다. 하지만 이 책의 저자들은, 그런 식으로는 좁게 정의된 특정 과제만 수행할 수 있을 뿐, 일반 인공지능으로는 한 발짝도 나아갈 수 없다고 주장한다. 책에서는 다양한 사례를 통해 이 주장을 설득력 있게 펼치고 있다.

단기적 효과와 장기적 암중모색

어쩌면 현재의 다수 공학자들도 그 사실을 모르는 바 아니지만, 좋은 결실을 볼 수 있을지 없을지 불확실한 일, 결실을 보기까지 시간이 얼마나 걸릴지 알 수 없는 일에 매달리기보다는 단기간 내에 가시적인 효과를 볼 수 있는 일에 집중하고 있는 것인지도 모르겠다. 비유하자면 집 밖에서 돈을 어딘가 떨어뜨렸는데 지금 깜깜한 밤중이어서 가로등 근처 외에는 전혀 안 보일 때, 깜깜한 데서는 돈을 찾을 가망이 별로 없으므로 가로등 주변만 찾는 사람이 있는 반면에, 깜깜해서 찾기가 너무 어렵긴 하지만 돈을 떨어뜨렸을 가능성이 높은 지점 위주로 찾는 사람도 있다. 딥러닝에 매달리는 사람은 전자와 비슷하고, 이 책의 저자들은 후자와 비슷하다. 게리 마커스는 인간의 뇌의 구조와 기능을 탐구해 온 신경과학자이고, 어니스트 데이비스는 상식을 컴퓨터로 표상하고 추론에 이용하는 방안을 탐구해 온 컴퓨터과학자이다. AGI를 만들기 위해 인간의 지능을 적극적으로 참고해야 한다는 주장을 줄곧 해온 사람들이다. 인간의 지능이 작동하는 방식을 현재의 기술로 기계에 구현하는 것은 너무 어렵긴 하지만, 그렇다고 해서 손쉬운 편법으로 빠지기보다는 우직하게 정공법을 고집하고 있다.

　세상에 둘 중 어느 한 부류의 사람만 있는 것보다는 양쪽 부류의 사람들

나뭇가지의 잘못된 부분을 톱질하는 인공지능 로봇.(출처:『2029 기계가 멈추는 날』 253쪽, 비즈니스북스 제공)

이 균형 있게 존재하는 것이 더 좋을 것이다. 현재는 전자의 부류가 압도
적으로 많은 듯하다. 후자의 사람들은, 성과가 금방 나오기 어렵고 성과가
나올지 어떨지도 불확실하기 때문에 탐색을 하는 당사자도, 지켜보는 사
람도 불안하고 답답할 수 있다. 그럼에도 불구하고 그런 탐색을 하는 사람
이 소수라도 있어야, 인공지능 기술이 미래에 획기적인 돌파구를 찾을 수
있을 것이다.

사실 현재 인공지능의 대세인 인공 신경망도 오랫동안 찬밥 신세였다. 꽤 규모가 큰 인공 신경망을 훈련시키는 데 필요한 방대한 데이터나 하드웨어가 갖추어져 있지 않았기 때문이다. 제프리 힌튼(Geoffrey Everest Hinton), 요슈아 벤지오(Yoshua Bengio) 같은 소수의 학자들은 주위의 차가운 시선과 연구비의 빈곤에도 불구하고 고집스럽게 인공 신경망에 대한 탐색과 연구를 지속했기 때문에, 2010년대에 빅데이터와 GPU 같은 하드웨어의 뒷받침을 받게 된 후 성공을 거둘 수 있었다. 그들이 가로등이 비추는 밝은 데서만 탐색 작업을 했다면 오늘날의 딥러닝은 없었거나 훨씬 더 뒤로 미뤄졌을 것이다. 이 책의 저자들은 과거의 힌튼과 벤지오 같은 일을 하고 있는지도 모른다.

단 하나의 마법 같은 만병통치약은 없다

저자들의 말처럼, 인간의 지능은 너무나 다양한 요소들로 이루어져 있어서, 어느 하나의 마스터 알고리즘이 마법같이 모든 종류의 지능적 활동을 다 잘할 수 있을 것으로 기대하는 것은 무리일 것이다. 딥러닝이 잘하는 부분도 있고, Symbolic AI 같은 접근법이 필요한 부분도 있을 것이다. 또한 어느 하나의 과제를 잘 수행하는 인공지능 엔진을 만들 때 딥러닝과 도메인 지식을 결합하는 방안도 모색할 필요가 있다.

현재 유행하는 딥러닝은 신경망의 모든 파라미터(parameter)를 무작위로 초기화하는 것이 보통이다. 해당 과제를 수행하는 데 필요한 사전 지식을 전혀 미리 집어넣지 않고 제로에서 출발하는 셈이다. 해당 과제에 유용한 사전 지식을 신경망에 미리 집어넣어 준다면, 신경망 훈련에 소요되는 시간과 연산 자원을 절약할 수 있을 것이다. 요즘 신경망의 규모를 점점 더 키워서 성능을 높이는 일이 성행하고 있는데, 그런 거대 규모 신경망을 훈련시키는 데 엄청난 전기와 연산 자원이 소요되고 있어서 문제가 발생하고 있다. 훨씬 더 적은 데이터와 훨씬 더 작은 규모의 신경망으로 전기와 연산 자원을 훨씬 적게 쓰고도 좋은 성능을 낼 수 있는 방안을 찾아야 한다. 도메인 전문가의 사전 지식을 신경망에 주입하는 것이 시급히 필요한 것이다. 그래서 사전 확률을 중시하는 베이지안 통계학(Bayesian statistics)의 아이디어를 딥러닝에 접목시킨 베이지안 딥러닝에 주목할 필요가 있다.

인공지능처럼 너무나 유행하는, 인기 있는 주제 주변에는 소위 '사짜'들이 판치게 마련이다. 인공지능 붐에 편승하여 뻔한 이야기를 번드르르하게 늘어놓는 책들도 많고, 인공지능이 할 수 있는 일을 지나치게 과대 포장하여 지나친 장밋빛 전망을 내놓거나 지나친 공포를 조성하기도 한다. 현재 인공지능 기술이 할 수 있는 일과 한계를 차분하게 돌아보고 인간의 지능이 가진 특성을 전문적인 관점에서 조망하여 기계가 인간으로부터 배울 점을 알려 주는 이 책의 접근법은 인공지능에 대한 대중의 이해를 높이고 전문가들에게도 건전한 방향을 제시할 것으로 믿는다.

박진호
본지 편집위원. 언어학자. 서울대학교에서 가르치고 있다. 공저로 『한국어 통사론의 현상과 이론』, 『현대한국어 동사구문사전』, 『인문학을 위한 컴퓨터』 등이 있다.

『마스터 알고리즘: 머신러닝은 우리의 미래를 어떻게 바꾸는가』 페드로 도밍고스 지음,
강형진 옮김, 비즈니스북스, 2016

**기계학습의 역사적 배경, 작동 방식을 비전문가도 이해할 수 있게
직관적으로 잘 설명한 책이다. 기계학습의 한계에 대해 성찰하기 전에
기계학습을 우선 잘 알아야 하는데, 기계학습의 개요와 그 밑에 깔린
정신을 알고 싶은 사람들에게 권한다.**

"이 책의 가장 큰 목표는 당신이 머신러닝의 비밀에 들어서게 하는
것이다. 차량의 엔진이 어떻게 작동하는가는 기술자와 정비공만
알면 된다. 반면 운전대를 돌리면 차량의 진행 방향이 바뀌고
브레이크를 밟으면 차량이 멈춘다는 것은 모든 운전자가 알아야
한다. 그런데 우리는 머신러닝을 사용하는 방법은커녕 머신러닝에서
운전대나 브레이크에 해당하는 게 무엇인지조차 모른다. 이 책은
당신에게 머신러닝을 효과적으로 사용하려면 알아야 하는 개략적인
지식, 개념 모형을 소개한다." ― 책 속에서

『마음이 태어나는 곳: 몇 개의 유전자에서 어떻게 복잡한 인간 정신이 태어나는가』
게리 마커스 지음, 김명남 옮김, 해나무, 2005

**인공지능이 인간을 닮게 만들려면 우선 인간의 지능을 잘 알아야 한다.
이 책은 유전자와 환경이 상호작용하여 인간의 뇌의 구조가 형성되고
이를 바탕으로 인간의 마음이 구조화되는 메커니즘을 설명한다. 이
분야의 첨단 연구를 하고 있는 젊은 연구자의 재치가 번뜩이는 책이다.**

"또한 홀로 존재하는 유전자란 있을 수 없다. 뇌든 심장이든
신장이든 복잡한 생물학적 구조는 모두 많은 유전자들의 협동과
상호작용의 결과이지, 단 하나의 유전자가 만들어 낸 것이 아니다.
특정 행동에 '대응하는' 하나의 유전자라는 개념이 우스울 수밖에
없는 것은, 하나의 행동을 만들어 내기 위한 신경회로가 단 하나의
유전자로 설명될 수 없을 정도로 복잡하기 때문이다. 심장의
좌심실을 만드는 데 단 하나의 유전자로는 충분치 않은 것처럼,
언어에 대한 하나의 유전자나 날씨 얘기를 좋아하는 성격에 대한
하나의 유전자 같은 것은 불가능하다. 단 하나의 뇌세포나 단 하나의
심장 세포조차 많은 단백질이 상호작용한 결과물이고 따라서 많은
유전자들의 결과물이다." ― 책 속에서

Welcome Back, Pluto
Ron Toms, RLT Publishing, 2021

개념과 정의의 숨바꼭질
── 누가 명왕성을 사랑했나

심채경

2006년 8월 국제천문연맹(IAU, International Astronomical Union) 총회가 체코 프라하에서 열렸다. 3년에 한 번 열리는 총회는 전 세계 회원이 모이는 학술 교류의 장이자 연맹의 정책을 결정하고 운영에 필요한 논의를 하는 자리다. 규정을 개정한다던지 하는 결정은 각국 대표단이나 위원회 중심으로 이뤄지지만, 천문학에 관한 내용은 개인 회원들의 투표에 부치기도 한다. 예를 들어, 2018년 총회에서는 회원들의 투표를 거쳐 우주가 팽창하고 있다는 이론을 허블의 법칙에서 허블-르메트르의 법칙으로 바꿔 부르기로 했다. 비슷한 시기, 같은 내용을 허블(Edwin Powell Hubble)보다 먼저 제안했으나 크게 주목받지 못했던 르메트르(Georges Lemaître)의 이름을 병기하기로 정한 것이다.

총회에서의 투표는 자주 있는 일이지만, 2006년의 투표는 유독 뭇사람들의 큰 관심을 받았다. 투표 결과 명왕성을 행성에서 제외했기 때문이다. 스스로를 과학 애호가라 밝히는 론 톰스(Ron Toms)는 *Welcome Back, Pluto*('귀환을 환영해, 명왕성', 이하 '*Pluto*')를 통해 그 결정이 잘못되었다고 주장하며 그 이유를 조목조목 밝힌다.

IAU는 태양계에 있는 천체 중 행성을 다음과 같이 규정한다. (1) 태양 주위를 돌고, (2) 충분한 질량을 갖기 때문에 자체 중력으로 유체역학적 평형을 이뤄 구에 가까운 형태를 유지하며, (3) 제 궤도 주변의 다른 천체들을 모두 치운 천체. 여기서 치운다는 것은 주변의 작은 천체를 포획, 흡수하거나 충돌, 섭동을 통해 다른 궤도로 보내 버리는 등의 다양한 과정을 뜻한다. 비유하자면 궤도상의 골목대장 노릇을 확실하게 해서, 근처 조무래기들을 모두 수하로 만들거나 멀리 보내 버린 천체라는 뜻이다.

덧붙여, 행성의 조건 중 앞의 두 가지는 만족하지만 마지막 조건을 만족하지 않는 천체*는, 왜소행성(dwarf planet)이라 부르기로 정했다. 이를테면 명왕성이다. 명왕성은 골목대장 정도는 아니다. 처음에는 명왕성이 그 일대를 지배하는 것처럼 보였지만, 이후 비슷한 천체들이 여럿 발견되었고, 앞으로도 그 수는 늘어날 전망이다. 이 결정에 따라 행성으로 불리던 명왕성과 소행성이었던 세레스를 비롯한 총 다섯 개의 천체가 왜소행성으로 분류되었다.

*Pluto*는 이런 결과를 초래한 IAU의 결정문이 별로 과학적이지 않고 설득력도 떨어진다고 주장한다. 투표 과정 자체도 기존 아홉 개 행성 목록에서 명왕성을 제외하려는 불순한 목적을 내포한 채 감정적으로 진행된 졸속 절차였다고 지적한다.

---

* 단, 위성이 아닌 것.

일상의 단어와 학술 용어

일상생활과 과학에서 공통적으로 쓰이는 용어가 있다. 예를 들면 대륙, 산, 노란색 등이다. 명확한 정의 없이 쓰이면서 혼란을 야기하지도, 논쟁의 대상이 되지도 않는다. 행성이라는 단어도 그중 하나다. 아주 오래전부터 사용되어 왔고, 행성이라 불리는 천체의 범위도 역사의 흐름에 따라 달라졌다. 예를 들어, 오랫동안 소행성대의 대표 격으로 자리매김해 왔던 세레스는 처음 발견된 당시에 행성으로 간주되었다. 이후 주변 궤도에 있는 수많은 작은 천체가 발견되면서 소행성으로 불리기 시작했다. 그러나 다른 소행성 치고는 압도적으로 크고 둥글다. 세레스 다음으로 작은 소행성 베스타는 좀 더 울퉁불퉁하고 크기는 세레스의 절반 정도다. 소행성대 중에서 유독 특별해 보이는 세레스는 2006년 명왕성과 함께 왜소행성으로 분류되었다.

  저자는 지질학에서 산과 언덕, 호수와 연못 등을 구분하는 엄격한 경계가 없음을 지적하면서, 일상의 단어들은 누구에게 통제받는 대상이 아니니 IAU 역시 행성과 왜소행성을 군이 정의할 필요가 없다고 주장한다. 그와 더불어, '금속'이라는 개념의 독특한 쓰임도 소개한다. 별, 은하 등을 논할 때 천문학자는 수소, 헬륨보다 무거운 원소를 죄다 금속이라고 부른다. 예를 들어 어떤 별의 '금속 함량(metallicity)'은 수소와 헬륨이 아닌 원소의 함량비다. 비금속 원소인 탄소나 질소를 천문학자들이 금속이라 부른다고 해서 항의하는 사람은 없다. 사실 "천문학 분야에서 행성이라는 단어를 제외하고 마치 법률 조항처럼 명확한 기준이 분명하게 정의되어 있는 다른 단어는 아무것도 없다. 천문학을 비롯해 대부분의 과학, 과학자가 정의가 아닌 개념을 바탕으로 일하기 때문이다."[*]

---

[*] 마이크 브라운, 지웅배 옮김, 『나는 어쩌다 명왕성을 죽였나』(롤러코스터, 2021), 386쪽.

저자는 금속이라는 단어가 화학, 물리학, 천문학에서 서로 다르게 쓰일 수 있음을 수용한다. 그렇다면, 천문학자들이 행성을 무엇이라 부르든 그 역시 내버려 둘 수는 없을까?

IAU는 지구 문명의 언어를 지배하려던 것이 아니라, 천문학자들이 모여 그들이 사용하는 용어에 대해 논의했을 뿐이다. 저자는 IAU가 그런 결정을 할 권한이 없다고 여기면서도, 동시에 그 결정문의 공신력을 대단히 높이 평가한다. 그래서 IAU의 결정을 번복시킬 수 있도록 일반 대중이 적극적이고 지속적으로 반대 의사를 밝히자고 촉구한다. 어찌 보면 오히려 IAU의 권위를 확대 해석해 만든 가상의 공포에 짓눌리는 듯도 하다. 금속은 괜찮지만 행성만큼은 건드리지 말라는 이유는 무엇일까.

행성은 우월하고 왜소행성은 열등한가

행성의 정의에 관한 투표가 있기 몇 달 전인 2006년 1월, 인류 최초의 명왕성 탐사선 뉴호라이즌스(New Horizons)가 지구를 벗어나 긴 여정에 올랐다. 이 탐사선은 발사할 때는 행성 탐사선이었지만 가는 도중 왜소행성 혹은 카이퍼대 천체* 탐사선으로 바뀐 셈이다. 저자는 관련 전문가들이 자

---

* 카이퍼대(Kuiper belt) 혹은 에지워스-카이퍼대(Edgeworth-Kuiper belt)라 불리는 공간에 있는 소천체. 카이퍼대는 해왕성보다 멀리, 지구-태양 간 거리의 약 30배에서 50배에 이르는 거리에서 태양계를 둘러싼 도넛 모양의 공간으로, 수많은 작은 천체가 있어 마치 소행성대를 연상시킨다. 천문학의 다른 대부분의 개념이 그렇듯이, 카이퍼대의 엄밀한 정의는 아직 정해진 바 없다. 명왕성은 왜소행성임과 동시에 카이퍼대 대표격인 천체. 뉴호라이즌스호는 2015년 명왕성 궤도를 근접 비행하며 당초의 목적을 달성한 뒤 항행을 계속하여 2019년 다른 카이퍼대 천체인 아로코트를 성공적으로 관측했다. 과학 임무를 마친 탐사선은 오늘날까지도 태양계 바깥쪽을 향해 계속해서 나아가고 있다.

주 듣는다는 질문 하나를 소개한다.

"명왕성이 더 이상 행성이 아니라면, 왜 뉴호라이즌스를 명왕성에 보냈 나요?"(*Pluto*, 49쪽)

이 질문은 책 전체에 담긴 정서를 관통한다. 행성이란 왜소행성이나 다른 소천체보다 우월한 존재이며, 명왕성은 행성에서 왜소행성으로 강등당함으로써 그 가치를 인정받지 못하고 소외당했다는, 아무 이유 없이 가해지는 학교 폭력처럼 부당하게 따돌림당하고 있다는 '느낌적인 느낌' 말이다.

동시에 과학자를 탄식하게 하는 문장이기도 하다. 오직 행성만이 탐사할 가치가 있는 것은 아니다. IAU의 결정 이듬해에만 해도 왜소행성 세레스와 소행성 베스타를 관측하는 탐사가 시작되었다. 류구, 베누와 같은 소행성, 추류모프-게라시멘코와 같은 혜성의 탐사도 수차례 이뤄졌다. 이름난 고산을 모두 등정하듯, 행성마다 모조리 탐사선을 하나씩 보내야 한다는 것일까. 그렇게 한들 '내가 여기 왔노라' 하고 외치는 것 외에 무슨 의미가 있단 말인가. 게다가 우주에서는 아무리 외쳐 봤자 들리지 않는다.

저자는 문제의 결정문이 뉴호라이즌스 팀의 발목을 잡았고, 명왕성을 발견한 클라이드 톰보(Clyde W. Tombaugh)가 행성 발견자의 영예를 잃게 되었다고 말한다. 톰보가 더 존경받아야 마땅하다고 주장한다. 나는 저자에게 묻고 싶다. 주기 혜성의 존재를 최초로 예견한 에드먼드 핼리(Edmond Halley)는 행성이 아니라 혜성을 발견했으므로 덜 존경하는가? 마이크 브라운(Mike E. Brown)이 명왕성 너머에서 발견한 에리스가 열 번째 행성이 아니라 왜소행성으로 분류되는 바람에 그를 더 존경하지 못해 아쉬운가?

명왕성이 있는 카이퍼대에서 명왕성만큼이나 큰 에리스가 발견되고 이후 다른 천체들의 발견이 이어지면서, 근처에 비슷한 천체가 여럿 있다면 명왕성을 행성이라 할 수 있는가에 대한 논의가 시작되었고, 결국 마이크 브라운은 행성 발견자가 되기는커녕 명왕성을 '강등'시킨 주범으로 지목되고 말았다. 그러나 자칭 '명왕성 암살자' 마이크 브라운은 2006년 당시, 자신이 열 번째 행성의 발견자가 되는 것보다 에리스와 명왕성을 왜소행성이라는 새로운 그룹으로 분류하는 것이 옳다는 데에 의견을 더했다.

천문학자의 정의가 우주적이지 않다니

*Pluto*는 IAU 결정문이 태양계라는 특별한 조건하에 있는 행성에 대한 것일 뿐, 행성에 대한 범우주적 정의가 아니라고 지적한다. 맞는 말이다. 예를 들어, 태양계에는 중심별이 태양 하나뿐이지만 두 개 이상의 별이 하나의 계를 이루는 경우 이 행성들이 어느 별 주위를 어떻게 공전하는가 하는 것은 태양계와 사뭇 다를 수 있다. 게다가 어느 특정 별에 속박되지 않고 성간 공간에 자유롭게 부유하는 행성도 있다. 이들에게는 IAU의 정의를 적용하기 어렵다.

시간 규모도 문제다. 같은 태양계라도, 태양계가 막 형성된 초기에는 행성들의 궤도가 바뀌기도 했다. 태양계에서 가장 거대한 목성만 해도, 한자리에 머물지 못하고 돌아다니면서 수많은 다른 천체를 맞닥뜨린 끝에 오늘날의 목성 궤도에 안착했다. IAU의 결정문에 따르면 궤도를 미처 다 '치우지' 못했던 수십억 년 전의 목성은 행성이라 부를 수 없다.

그래서 IAU 결정문은 잘못되었다는 것이 저자의 주장 중 하나다. 그는 우주에 있는 모든 행성에, 그리고 그 행성의 수명 주기 중 모든 순간에 다 적용할 수 있는 금과옥조가 아니라면 감히 행성을 정의하려 들 생각도 하지 말라고 외치는 듯하다.

그런데 어떻게 태양이 아닌 다른 별 주변의 행성들까지 우리가 모두 굽어살필 수 있단 말인가. 현재까지 5천여 개 이상의 외계행성이 발견되었지만, 그 물리량이나 궤도 등의 정보는 아직 충분히 알려지지 않았다. 원격 관측으로 추정할 수 있는 공전 주기와 질량 추정값을 활용해 여러 가지의 서투른 분류를 시도하며 애쓰는 중이다. 또한, 지금까지 우리는 외계행성을 충분히 골고루 발견하지 못했다. 외계행성은 아주 멀리 있고 스스로 빛을 내지 않아 알아보기 어렵다. 운 좋게 현존하는 관측법으로 잘 탐지되는 종류의 행성들도 따로 있다.* 그러니 현재까지 알려진 외계행성 목록은 편향된 것일 수밖에 없다. 이 넓은 우주에 어떤 행성들이 존재하는지 아직 잘 알지 못하므로, 범우주적이며 절대적인 행성 개념을 정하는 것은 불가능하다.

그 어려운 일을 IAU가 해냈느냐 하면, 그건 아니다. 애초에 IAU의 결정문 자체가 태양계 천체에 관한 것임을 상기할 필요가 있다. 이 문건의 제목은 「태양계 내의 행성에 대한 정의(Definition of a Planet in the Solar System)」이다. 제목만 보아도 명확하지 않은가. 천문학자들이 지금의 태양계 천체를 연구하며 대두된 갑론을박을 종합해 정리하는 결정이었을 뿐, 범우주적이며 절대적인 행성 정의를 한 것은 아니었다.

다만, 저자의 주장 중 궤도를 '치운다'는 표현이 엄밀하지 않다는 지적은 귀담아 둘 필요가 있다. 궤도 주변 어디까지가 치워진 상태여야 하는지, 그 범위 안에 잔존하는 작은 천체의 크기 분포나 밀도의 상한값은 어떻게 정하는지 구체적으로 명시하지 않았기 때문이다. 그런데 이 역시 아직 정보가 충분치 않아 쉽게 정하기는 어렵다. 행성의 궤도 환경에 대해서는 앞으로 더 많은 탐색과 연구가 필요한 상황이다. 당장 해결할

---

* 예를 들어, 모항성에 가까운 거리에서 빠르게 공전하는 큰 행성이 비교적 쉽게 발견된다.

수 없는 문제지만, IAU가 그에 대한 적절한 답변을 준비했더라면 좋았을 것이다.

명왕성이 특별한 이유

저자는 2006년 IAU 결정문이 범우주적 관점에서 흠결이 많다고 지적하는 한편, 명왕성을 특별대우하자고 말한다. 명왕성에 문화·역사적 행성 지위를 별도로 부여하자는 것이다. 아까는 행성의 정의가 그야말로 범우주적으로 흠결 없기를 바라더니, 책장을 넘기자 저자의 태도가 바뀌었다.

저자는 행성이라 부르는 목성, 토성, 천왕성, 해왕성에는 딛고 설 표면도 없는데 명왕성에는 표면도 있고 대기도 있고 산과 평원 같은 지형이 있는데 왜 행성이 아니냐고 묻는다. 그러면서 고도로 발달한 문명을 이룩한 외계인이 태양계를 방문했을 때, 우주선을 착륙시킬 땅이 없는 것을 상상해 보라고 한다. 그게 어디 행성이라 할 수 있겠느냐고 묻는다. 나도 저자에게 되묻고 싶다. 그런 사고실험이 천문학에서 행성의 범주를 논할 때 유효하다고 생각하는지. 태양계를 방문하려는 외계인에게도 묻고 싶다. 착륙 후보지 순위에서 명왕성이 몇 번째인지, 목록에 있기는 한지 말이다.

억지 주장은 계속된다. 학교에 다니는 지구상의 수많은 아이들과 그 선생님들을 실망시킨 것은 나쁜 일이라는 것이다. 그런데 명왕성이 행성에서 제외되었다고 해서 아이들은 왜, 어째서 실망했을까? 그게 사실이라면, 아이들이 실망한 이유 중 하나는 아마 IAU의 결정문을 알리는 소식이 명왕성이 '강등'당했다거나 태양계 행성에서 '퇴출'되었다는 표현으로 전해졌기 때문일 것이다. 행성들이 모여 작고 왜소한 명왕성을 따돌리는 모습의 그림, 무언가의 가치가 떨어지는 것을 표현한다는 신조어 '명왕성당했다(plutoed)' 등을 떠올려 보면 그렇다. 마치 태양계 천체에도 우열이 있고, 명왕성은 그 지위가 격하되면서 비참한 운명을 맞이했다는 듯한 인상을 준다. 심지어 명왕성이 태양계에서 아예 없어졌다는 오해를 불러일으키기도 한다.

세레스의 경우를 생각해 보자. 소행성이었던 세레스는 2006년 IAU 결정문에 따라 왜소행성으로 바뀌었다. 태양계 천체 분류가 우열을 가르는 것이라면, 한 단계 승격한 셈이다. 그런데 명왕성의 강등에 슬퍼하는 만큼 세레스의 승급이 기쁜 소식으로 전해지지는 않았다. 명왕성에 대한 위로와 동정의 정서가 견고해지는 동안 세레스를 향한 축하의 물결은 조금도 일지 않았다. '세레스야, 환영해'라는 제목의 책도 출간될 기미가 없다.

명왕성의 지위에 대한 논란은 유독 미국에서 활발하다. 저자는 2006년의 투표가 유럽에서 열린 총회 마지막 날에 이뤄지는 바람에 많은 미국 천문학자들이 해외 출장길에 오르지 않았거나 서둘러 귀국하느라 참석할 수 없었으므로 그 결과가 전체 천문학자의 입장을 잘 대변하지 못한다고 주장한다. 투표가 이뤄지기 한참 전인 2000년, 미국 헤이든 박물관에 전시할 태양계 천체 모형에서 명왕성을 뺀 여덟 개의 행성 모형만 제작하는 결정을 내렸던 당시 박물관장 닐 디그래스 타이슨(Neil deGrasse Tyson)은 다양한 나이대의 사람들로부터 수많은 항의를 받아 더욱 유명해졌다. '명왕성 암살자' 마이크 브라운을 성토하는 목소리도 높다. 명왕성이 행성 목록에서 빠지는 바람에 아이들이 행성 이름을 외울 때 활용하는 리드미컬한 문장*을 바꾸게 된 것을 탄식하는 사람들도 많고, 명왕성의 불운을 동정하는 사람들도 적지 않다. 명왕성이 어떻게 왜소행성이 되었는가에 관한

---

* 'My Very Educated Mother Just Served Us Nine Pizzas(교양 많은 우리 엄마가 방금 우리에게 아홉 판의 피자를 주셨지).' 명왕성에 해당하는 마지막 P를 제외하기 위해 '아홉 개의 피자(Nine Pizzas)'는 '나초(Nachos)'로 바뀌었다.

책도 여러 권 출간되었다.

이런 관심의 원인은 무엇일까. 망원경은 유럽에서 발명되었고, 유럽인들은 망원경을 이용해 맨눈으로 볼 수 없었던 다양한 천체를 발견했다. 그러나 명왕성만큼은 미국인이 발견했다. 미국인에게 명왕성은 미국이 우주 강국이라는 하나의 징표와 같다. 그런 명왕성이 행성에서 제외된다는 결정은 미국 사회에 일종의 박탈감을 안겼다. 캘리포니아주에서는 IAU의 결정이 캘리포니아 주민 및 주 정부의 장기적 재정 건전성에 큰 타격을 입히는 것에 규탄하는 결의안을 통과시켰을 정도다.

미국은 그동안 인류가 추진했던 우주 탐사 임무의 대부분을 주도해 왔다. 유럽 중심의 시대가 지난 뒤, 미국이 구소련을 제치고 최고의 강대국으로 우뚝 서게 된 데에는 유인 달 탐사의 성공, 그리고 이후 수십 년간 계속된 태양계 탐사 임무가 한몫했다. 미국의 성공 스토리는 우주 탐사의 역사와 결을 같이 한다는 것을, 그래서 태양계 천체에 대한 미국 사회의 정서가 남다르다는 것을 *Pluto*를 통해 다시 한번 확인할 수 있다.

과학자의 일

IAU의 결정문은 왜소행성의 장을 열었다고도 평가할 수 있다. 소행성대에서 가장 큰 천체 세레스를 주변의 다른 소행성들과 차별화했고, 명왕성을 포함해 카이퍼대의 큰 천체들, 에리스, 마케마케, 하우메아를 왜소행성으로 지정하며 다른 KBO(카이퍼대 천체)와 구분 지었다. 카이퍼대는 아주 멀고 대부분의 KBO는 상당히 작아서, 현시점에서는 KBO에 대해 알려진 정보가 제한적이다. 그러나 KBO의 목록은 관측기기의 발전과 함께 점차 길어질 전망이고, 그중 왜소행성으로 분류될 천체도 더 있을 것이다. 이들의 특성을 보다 자세히 탐구하다 보면, 기존 분류를 바꾸거나 새로운 분류 체계를 정립할 필요가 생길 수도 있다. 그러나 변경된 것 역시 범우주적으로 이상적인 분류법은 아닐 것이다.

이 책에서 IAU가 결정한 행성 정의에 대해 제기하는 의문과 그 결함을 지적하는 방식은 서툴고 과학적으로도 부적절해 보인다. 한 예로, 명왕성이 행성이어야 하는 이유가 "많은 훌륭한 행성과학자들의 의견"이기 때문이라는 표현이 반복적으로 사용된다(예를 들어, *Pluto*, 45쪽). IAU 총회에서 행성 정의에 찬성표를 던진 천문학자들이 소수의 부적격자들이었다는 근거는 없다. 투표의 유효성을 논하려면 숫자로 따지는 게 조금 나아 보인다. 예를 들면, 당시 투표에 참가한 사람이 전 세계 천문학자의 4퍼센트에 불과하므로 대표성이 없다고 말이다*. 그러는 대신, 저자는 총회가 유럽에서 열렸기 때문에, 긴 일정의 마지막 날이었기 때문에, 그렇게 중요한 결정인줄 몰랐기 때문에, 불참했던 사람들이 많다고 강조하다 도리어 설득력을 잃는다.

또한, 저자는 행성의 질량과 행성이 궤도를 '치우는 것'에 관해 추정되는 어떤 공식을 인용하면서 거기 들어 있는 여러 상수들이 각각 무엇인지 언급하지 않는다. 주석도 없고, 부록에도 없다. 그저 "아름다운 공식"이라고 짧은 감탄사를 남길 뿐이다.(*Pluto*, 76쪽) 저자는 그 외에도 행성들과 명왕성의 궤도 특성을 비교하거나, 목성에 부딪히지는 않으면서 목성 궤도상에서 함께 움직이는 소행성들의 존재를 지적하는 등 여러 방면에서 과학적 접근을 시도한다. 그러나 설득력이 약하다. 접근이 서툴고 성급하게 이루어진다. 무엇보다 애초에 잘못된 주제로 공격을 시작한 것이 문제

---

* 천문학자 닐 디그래스 타이슨에 따르면 "대부분의 여론 조사 기관들은 조사 표본이 전체 대상의 4퍼센트에 이른다면 기뻐서 춤을 출 것이다."(닐 디그래스 타이슨, 김유제 옮김, 『명왕성 연대기』(사이언스북스, 2019), 198쪽)

다. 저자는 예외적으로 행성에 대한 정의가 필요했던 이유와 그 정의가 적용되는 범위, IAU의 (생각보다 높지 않은) 지위 등을 받아들일 의지가 없다. 표적도 아닌 곳에 촉이 뭉툭한 화살을 던지며 감정에 호소한다.

이쯤에서 나는, 과학자답게, 책의 내용이 모두 저자의 몰이해에서 비롯한 것이라고 치부하며 가볍게 넘겨서는 안 된다는 점을 언급하고자 한다. 내가 온화하고 자비롭고 너그러운 사람이라서는 아니다(실제로는 정반대에 가깝다). 무언가 사소한 것 하나라도 놓치지 않으려고 애쓰는 강박 때문이다. 우주에서는 무엇이든 일어날 수 있다는 것을, 아주 드물고 희귀한 사례가 우주에서는 자주 발견되는 것을 배워 온 사람의 직업병 때문이다.

그리고 기억해야 할 것은, 이 책의 저자뿐 아니라 과학자도 서툴렀다는 점이다. IAU의 결정문이나 이를 승인하는 투표 과정에서 과학자들은 "자신의 결정이 바깥 세상에 얼마나 큰 영향을 주는지에 대해서는 잊고 있었다. (……) 과학이 대중문화에 미치는 파급 효과와 (……) 대중의 반응은 신경 쓰지 않고 그냥 이치에 맞는 말을 하는 게 가장 좋은 것"이라고 은연중에 생각하는 경향이 있다*.

"명왕성이 행성이냐 아니냐는 태양계를 이해하기 위한 아주 핵심 질문이다."** 우리는 항상 기존에 확보한 자료를 바탕으로 판단하고 체계를 수립할 수밖에 없다. 그런 판단은 영원불변하지 않는다. 새로운 정보나 다른 견해가 있으면 검토해 개선할 수 있다. 이 책의 주장은 무척 서투르지만, 진지하게 검토해 볼 가치가 있다. 미국 사회에서 명왕성, 행성과학, 우주 탐사가 갖는 지위를 다른 나라의 경우와 비교해 볼 수도 있다.

모두가 잘 알고 있듯이, 오늘날의 주기율표나 생물 분류법 등도 그렇게

---

* 마이크 브라운, 앞의 책, 323쪽.
** 마이크 브라운, 같은 책, 370쪽.

과학사에 족적을 남기며 시대에 따라 변해 왔다. 자연을 탐색하고, 패턴을 찾아 분류하고, 확인을 통해 개선하기를 반복하며 자연에 대한 이해를 높여 나가는 것, 그것이 본디 과학이 하는 일이다. 행성에 인격을 부여하거나 사회·문화적 서사를 부여하는 것은 아주 즐겁고 멋진 일이지만, 그건 과학의 영역이 아니다. 그리고 우리가 명왕성을 "어떤 이름으로 부를 건가의 문제는 우주의 근원적인 이슈가 아니라 우리 스스로가 만들어 낸 허상에 대한 논쟁일 뿐이다."*

　*Pluto*의 저자를 포함해 명왕성을 열정적으로 지지하는 이들에게 한가지 위로를 건네자면, 그토록 격렬한 명왕성 논란을 거치면서 엄청나게 많은 사람들이 명왕성에 대해 조사하고, 이해하고, 진정으로 알게 되었다는 것이다. 사람들은 이제 명왕성의 지위가 아닌 그 자체를, 사랑하게 되었다.

---

* 닐 디그래스 타이슨, 앞의 책, 136쪽.

심채경
본지 편집위원. 태양계 천체를 연구하는 행성과학자. 현재 한국천문연구원에 재직하며 달 탐사 프로젝트에 참여하고 있다. 지은 책으로 『천문학자는 별을 보지 않는다』, 옮긴 책으로 『우아한 우주』 등이 있다.

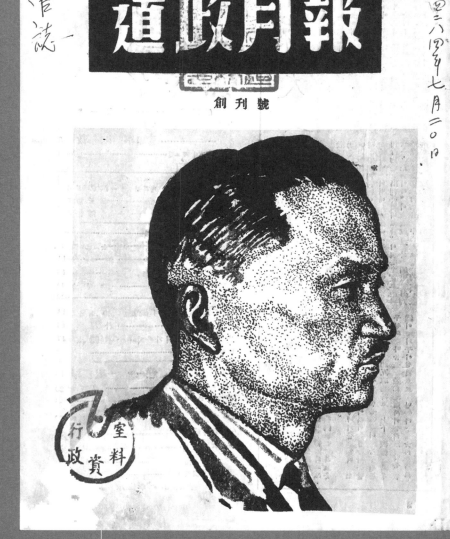

《도정월보》 창간호.
1951년 7월 20일 발행
145×205mm, 무선철
내지 1도, 사진화보(별색), 표지 4도
활판인쇄, 격월간 정기간행물
표지 그림 조병덕
표지 인물 신현돈 경북도지사

이 글에 사용한 《도정월보》 시각 자료는
대구지역학자료관 APPRO의 권상구
님에게 제공받았습니다.

한국전쟁과 디자인

"나는 오래전부터 공무원이 모두 자미있게 탐독할 수 있으며
그들의 행정적 능력을 배가하고 그들의 견식을 고양하게 하고
그들의 교양을 향상시킬 수 있는 공무원의 정기간행물이
출현되기를 기대해 왔다. (……) 경북도행정을 중심으로 한 행정,
정치, 경제, 문화 등 각 부문을 망라한 일반종합잡지의 성격을
띄운다는 점에서 전혀 참신한 기획이며……."*

《도정월보》는 공무원의 업무 능력, 정책 연구, 교양 증진을 위한
잡지로 공무원이 만든 공무원을 위한 잡지다. 한국전쟁이 한창이던
1951년 7월 20일 창간된 《도정월보》는 도 단위로는 전국에서
처음으로 경상북도에서 만들어졌다. 전쟁으로 인해 수도 서울이
함락되었기 때문에 잡지가 발행된 대구는 도정의 중심지이자 정치,
경제, 문화, 예술의 피난처였다. 잡지는 정부 발표 대국민 포고문, 전쟁
상황과 국제사회의 모습, 경제와 사회 등 당시 시대상을 포괄적으로
담고 있다. 또한 대구로 내려온 문인, 화가 등이 글이나 작품을
발표하는 지면으로 활용된 점에서 한국 현대 문화예술의 밑거름이
되었다고 평가받기도 한다. 창간사에서 밝힌 것처럼 《도정월보》는
도정을 홍보하는 매체 이상으로 한국전쟁 당시 공무원은 물론 많은
지식인과 문화예술인이 탐독하던 잡지였다.

1950년대라는 시간과 대구라는 공간이 겹쳐진 《도정월보》 잡지의
디자인적 가치에 대한 실마리는 내가 참여했던 한 좌담의 내용에서
찾아볼 수 있다. 좌담은 활자(문자)의 이미지성에 관한 것이었는데, 한글
타이포그래피의 담론을 확장해 나가기 위한 접근이었다. 우리는
한국전쟁 이후 1950년대 수입·유통되었던 극장 개봉작 〈황야의
결투〉(1956), 〈로마의 휴일〉(1953) 등 영화 포스터 제목 레터링을 살폈다.
좌담에 참여했던 디자이너 정병규는 다음과 같이 말했다.

〈황야의 결투〉 포스터.

* '1950-1960년대 한국의 영화 타이틀, 한글 현대 타이포그래피의 시작' 좌담, (정병규, 유정숙, 최지웅, 정재완), 《the T》 제9호 혁신호, 2017. 1 .1.

"1950년대 한국의 문화를 논할 때 전쟁이라는 키워드는 중요할 수밖에 없습니다. 전쟁에는 아군과 적군 간의 전투만 있는 게 아니에요. 전시 중에는 새로운 문화가 발생하기도 합니다. 한국전쟁을 예로 들면, 참전국이었던 미국이 미디어 전략가들을 대동하고 우리나라에 들어왔어요. 이때 미국인들이 남겨 놓은 사진이 굉장히 많습니다. 전쟁 치르러 오는 건지 사진 찍으러 오는 건지 모르겠다고 할 정도였으니까요. 이런 '기록' 과정에는 저절로 디자인이 따라옵니다. 기록물들은 기록과 함께 표현과 전달성을 염두에 두어야 하죠. 그런 과정에서 디자인이 필요해질 수밖에 없습니다. 이 시기에 영화 또는 선전, 미디어 도구로 기능하게 됩니다. 실제로 미국의 방송 및 영화 기술자들이 한국에 넘어와 활동하기도 했고요. 전시 상황의 민간인들에게 투여하는 일종의 마취제로서 영화가 활용됐다는 정치적·전략적 측면도 무시할 수 없을테니 말입니다. 오늘날 한국의 스펙터클 영상 문화가 이 시기에 시작됐다는 가설을 세워 보면 어떨까요. 한국 영상 문화의 현대적 유전자라고 할까, 그런 특성을 논할 때 한국전쟁부터 출발해 보자는 것이죠."*

기록은 디자인을 수반한다. 이때 디자인은 기록하고자 하는 내용뿐만 아니라, 어떻게 표현해야 할 것인가 하는 문제와 표현법의 심미적인 부분까지 포함하는 일이 된다. 따라서 잡지라는 인쇄 매체를 택했던 《도정월보》는 당시의 활자 견본과 활판인쇄술, 종이, 제본 방식 등 책 제작의 기술적인 상황을 투명하게 드러낸다. 잡지는 활자와 레터링 표현 이외에도 사진, 일러스트레이션, 도표, 다이어그램 등의 시각화 기법을 통해 기록 방식의 다양한 층위를 만들어 내고 있다. 잡지는 당시로서 제법 효율적인 기록 방식으로 이야기를 전달·공유했다. 이 글에서는 《도정월보》에 등장하는 정보의 시각화 방법을 집중해서 살펴보고자 한다.

《도정월보》가 정보를 시각화한 방법

1. 사진

잡지의 맨 앞부분과 뒷부분에 실린 '도정화보'는 대통령·장관·도지사의 지역 순방이나 주요 사업의 기록 사진을 편집해 놓은 것이다. 사진은 이봉구 씨가 주로 촬영을 맡았다. ^(판권에 이름이 등장한 것은 1954년부터 마지막 호인 1961년까지이다.)《도정월보》초기에는 화가 조병덕과 만화가 백문영, 김영환 등이 컷을 그렸지만, 이후 점차 사진 사용 비중이 늘었다. 다만, '도정화보'의 지면 편집이 단순하고 사진의 인쇄 상태가 조악한 것은 다소 아쉬운 점이다. 1959년부터 중외출판사, 경북인쇄소 등이 제작을 담당하면서부터 인쇄 품질이 향상되었는데, 이 시기는 대구·경북에 오프셋 인쇄기가 도입되기 시작한 때였다.*

* 전쟁으로 인해 대구로 피난 온 서울 오프셋인쇄사와 대한단식인쇄사는 그동안 활판·석판을 사용하던 지역 인쇄업체에 큰 자극을 주고 발전을 이끌었다. 대구 북성로 경북인쇄소 건너편에 위치한 대한단식은 오프셋 기계를 활용해 영어사전 등을 인쇄했다. 경북인쇄소는 국방부 정훈국에 징발되어 전단, 포스터와 포고문 등 군수용, 관수용 인쇄를 맡았다. 또한 일본으로부터 자동활자 주조기를 도입해, 1958년 1월에 창간한 전국 최초의 수학잡지 《경북매스매티컬저널》을 출판하기도 했다. (http://inse.or.kr/bbs.php?table=04_02&query=view&uid=3&p=2 참고)

↑ 도정화보. 왼쪽 위부터 시계 방향으로 '이 대통령 각하 부석사 시제', '내무부 차관 내도', '의회 분과별 예산 심의', '제1회 경북문화상 수여식'. 사진 이봉구. 《도정월보》1956년 12월 25일 발행.

↗ 포항 구룡포 어촌 마을 생활을 묘사한 '바다와 싸우는 사람들' 기사. 《도정월보》편집실에서 취재한 것이다. 지면의 오른쪽 사진에는 '출어하는 범선', 왼쪽 사진에는 '해초 따는 부녀자'라는 캡션이 달려 있다. 《도정월보》1959년 4월 30일 발행.

→ 4·19 혁명의 주요 경위를 기록한 '민주혁명의 발자취' 사진 화보. 왼쪽 위부터 시계 방향으로 '4월 19일 고대 학생 데모', '4월 12일 마산 데모(김주열 군 시체 발견 후)', '4월 19일 대구 학생 데모'. 사진 영남일보, 대구일보 제공. 《도정월보》1960년 5월 31일 발행.

2. 일러스트레이션

디자인은 이미지와 텍스트의 관계를 조율하는 것이다. 글과 그림이 각자 역할을 하면서 상호 보완할 때 독자는 새로운 독서법을 경험할 수 있다. 《도정월보》 본문 중에는 그림 중심으로 이야기를 풀어 가는 기사가 등장한다. 단순한 삽화 기능을 넘어선 일러스트레이션의 접근법을 보여 주고 있다.

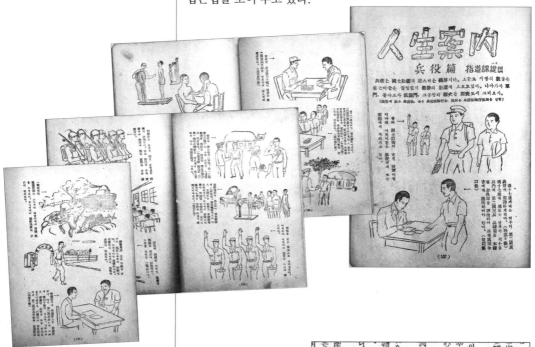

↑ '인생안내—병역편'은 만 17세부터 만 40세까지 져야 하는 병역 의무에 관한 설명을 일러스트레이션을 활용해 보여 주고 있다. 《도정월보》 1955년 5월 30일 발행.

→ '한국 농민들에 대한 지침' 글 본문에 삽입된 일러스트레이션. 내용을 묘사하는 삽화 기능에 머물지 않고 보다 적극적으로 글을 보충하고 있다. 일러스트레이션은 별도의 캡션을 달고 있어서 독자적인 이야기를 완성하고 있다. 《도정월보》 1955년 5월 30일 발행.

3. 다이어그램

몇 호에 걸쳐《도정월보》는 뒷표지에 다이어그램을 실었다. 이것은 잡지 디자인 중에서 가장 눈에 띄는 부분이기도 하다. 다이어그램은 시군별 남녀 인구 동향, 출생과 사망자 수, 도내 학교 분포도, 암소와 숫소 마리 수, 농지 개량 사업, 농촌 지도자 양성 통계 등을 다루고 있다. 다이어그램은 방대한 정보를 체계적으로 시각화해서 효율적으로 전달하는 수단이다.《도정월보》의 발간 목적을 고려하면 이와 같은 인포그래픽은 도정의 정책 의사 결정을 지원하기 위한 기초 자료로 사용되었을 것이고, 지금의 '정책 지도' 개념의 초기 단계로 이해할 수 있다.

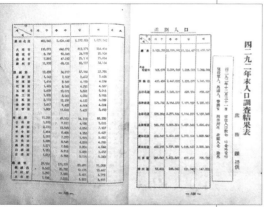

↑ 1959년 말 조사한 전국의 인구 조사표는 '4292년 말 인구 조사 결과표'라는 제목으로 내지 마지막에 도표로 정리되어 있다.

→ 이 중에서 185쪽 경상북도의 인구조사 결과를 잡지 뒷표지에 '4292년 말 상주 인구 조사표'라는 제목의 다이어그램으로 보여 주고 있다.《도정월보》1960년 5월 31일 발행.

경북도내학교 분포도
《도정월보》1955년 5월 30일 발행.

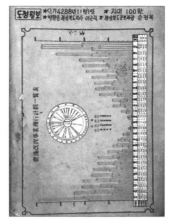

농지개량사업 이행계획 일람표
《도정월보》1955년 11월 1일 발행.

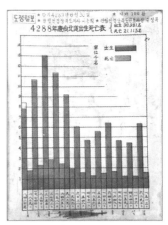

1955년 경상북도 출생 사망표
《도정월보》1956년 6월 30일 발행.

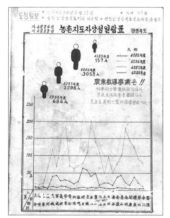

농촌 지도자 양성 일람표
《도정월보》1956년 8월 15일 발행.

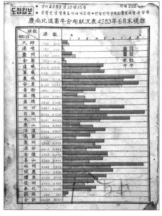

경상북도 축우 분포 상황표
《도정월보》1956년 12월 25일 발행.

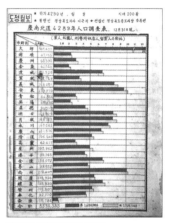

경상북도 4289년 말 인구 조사표
《도정월보》1957년 4월 25일 발행.

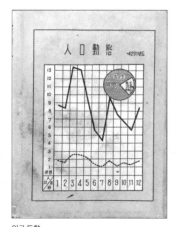

인구 동향
《도정월보》1959년 2월 25일 발행.

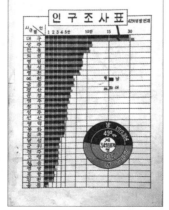

인구 조사표
《도정월보》1959년 4월 30일 발행.

1955년부터 1956년까지 《도정월보》
편집인이었던 경상북도 공보과장 손정목은
1951년 제2회 고등고시 행정과에 합격하여 공직
생활을 시작한 인물이다. 1957년 29세의 나이로
예천군에 제8대 최연소 군수로 취임했으나
이후 3·15 부정선거 당시 경상북도 선거
담당 과장이었다는 이유로 3년간 실직했다.
1963년 행정서기관으로 복직해서 1970년부터
1977년까지 서울특별시청에서 기획관리관,
도시계획국장, 내무국장 등을 역임하면서 서울
도시계획 연구에 매진했다.

디자인 · 리뷰

잡지와 프로파간다

적극적인 이미지(사진, 일러스트레이션, 다이어그램) 사용은《도정월보》가
프로파간다로서의 성격을 갖추는 데 큰 역할을 한다. 1960년
2월 발행된 잡지 표지 안쪽에는 제4대 '대통령 부통령 선거일자
공고에 즈음하여'라는 공지가 실려 있다. 해당 면의 맞은 쪽(내지
1쪽)에는 현 이승만 대통령의 사진이 인쇄되어 있으며 뒤가 비치는
얇은 유산지가 붙어 있어서 어떤 아우라를 형성하기도 한다. 선거
일정 공고와 현직 대통령의 사진이 펼침면에 배치된 것은 강력한
프로파간다이다. 이후 지면에는 제2차 세계대전 중이던 1942년에
임시정부 대통령이던 이승만 박사가 연설한「싸워서 이겨라
고국동포여」라는 글 전문을 실었다. 연설문은 순한글로 표기되어
있어 누구나 쉽게 읽고 이해할 수 있도록 했다. 당시 잡지 전반에 걸쳐
국한문 혼용 표기였던 것을 생각하면 이 또한 대중 독자를 의식한
편집 방침이라고 볼 수 있다. 이후 3·15 부정선거는 4·19 혁명의
원인이 되었고 4월 27일, 대통령이던 이승만은 하야했다. 1960년
5월에 발행된《도정월보》에는 혼란 정국을 안전시키기 위한「허장관
시정방침」이라는 글과 함께 '민주혁명의 발자취' 사진화보가 실렸다.
지난 몇 호에 걸쳐 1면을 차지하던 이승만 전 대통령의 소식은
한순간에 지면에서 사라졌다.

↑《도정월보》1960년 2월 발행.
➡《도정월보》1960년 5월 31일 발행.

《도정월보》의 표지들.
강복동, 김용성, 김용진, 박지홍, 손동진,
정준용, 조수호, 조병덕 등의 화가가
표지에 그림을 그렸다.

* 활판 인쇄 시절, 인쇄소에서 원고대로
활자를 골라 뽑는 사람.

《도정월보》 표지
1961년 4월 25일 발행

《도정월보》는 한국전쟁으로 혼란하고 궁핍했던 시기, 사진이나 색을
다루는 인쇄 환경이 척박했을 시기에 나온 결과물이었다. 조악한
본문 조판과 사진인쇄 등 기술적 완성도는 아쉽지만 화보 구성,
일러스트레이션 연출, 다이어그램 등 몇몇 편집과 디자인 측면에서는
그 솜씨를 자랑할 만하다. 대통령과 도지사의 글은 1단으로 처리하고
뒤에 이어지는 실무적인 글들은 2단, 3단으로 조판해서 위계를
시각화한 점도 흥미롭다. 새로 부임하는 도지사에 의해 표지 제호와
디자인에 변화가 생기는 점도 눈에 띈다.

당시 제작 환경을 감안하면 내지 타이포그래피는 인쇄소의
문선공* 실력이었을 것이고 표지 레터링 정도가 글씨를 잘 쓰거나
그리는 누군가의 작품이었을 것이다. 화가와 만화가, 사진가 등의
이름이 목차에 표기되어 있지만 디자이너(또는 장정가)의 이름은 잡지
어디에도 등장하지 않았다. 특이할 만한 점은 1961년 4월 25일
발행한 《도정월보》(제11권 제2호) 목차에는 '표지·도안·조조열',
'扉컽·김윤찬'이라고 표기가 되어 있다. 표지는 4·19 혁명의
출발점이었던 대구 2·28 민주운동을 기념하기 위해 그려진 것으로
의뢰인의 구체적인 요구에 의해 짧은 기간 동안 제작한 것으로
보인다. 이는 화가의 오롯한 미술작품이 아닌 도안의 개념으로 접근한
것으로 당시 미술과 도안(디자인)의 위계를 드러낸다고 볼 수 있다.
'扉컽'은 '도비라(とびら)'로 지금의 표제지를 가리킨다. 1960년대의
잡지에서 도안가의 이름을 발견한 것은 한국 초기 디자인의
미미한 흔적이지 않을까. 누렇게 바래고 부서지는 종이를 들춰
가면서 발견하는 정보와 역사적 사건들은 묘한 희열을 안겨 준다.
한국전쟁이 한창이던 70여 년 전, 어느 인쇄소에서 《도정월보》와

디자인 · 리뷰

치열하게 호흡했을 이름 모를 디자이너와 이렇게나마 조우한다는
것이 기뻤다. 전쟁은 모든 것을 파괴하지만 한편으로는 강력한 선전
미디어를 만들어 낸다. 《도정월보》는 한국 디자인의 DNA를 논할 때
'전쟁'이라는 그동안 주목하지 않았던 새로운 화두를 던져 준다.

• • •

한국 출판의 역사 중에서 나는 특히 북 디자인의 역사에 관심을
가지고 있다. 한국에 북 디자인이라는 행위와 용어가 자리 잡게
된 정황, 활자와 식자, 인쇄와 제본 등 제작 환경의 변화, 그 당시
디자이너(혹은 장정가)가 일하는 방식 등을 탐구하는 일이 나에게는
흥미롭다. 이용제, 박지훈, 류현국 등은 한국의 새활자시대(1864-
1949년)에 대한 자료 발굴·수집·비평 연구를 진행했다. 일반적으로 활자
연구는 북 디자인 연구의 중요한 단서가 된다. 그러나 책에서 활자의
역할이 절대적이었던 시절을 지나, 사진 이미지의 재현과 복제가
가능해진 1950년대 이후의 북 디자인은 인쇄의 기술적 환경을 함께
살펴보는 것이 중요하다. 하지만 북 디자인 교육·연구가 내용의 표현
중심으로 이루어지고 있어 인쇄 기술에 대한 경험과 정보는 부족하다.
현장에서 활동한 기술 장인에 관한 기록이 필요한 이유이기도 하다.
기술과 콘텐츠는 공진화(共進化)한다. 새롭게 도입된 오프셋 인쇄기는
보다 정밀한 사진 이미지 구현을 가능하게 했다.
이후 1970년대에 북 디자인은 '읽고' '보는' 시각문화의 정점에
놓이게 되었다. 인쇄술의 향상으로 사진을 활용한 기사 작성이나
사진이 중심이 되는 포토에세이, 사진책의 기획과 출판도 활발해졌다.

정재완
홍익대학교 시각디자인학과를 졸업한 후, 정디자인과
민음사출판그룹에서 북 디자이너로 일했다. 현재 영남대학교
교수로 재직 중이며 사월의눈 사진책 디자인을 도맡고 있다.
지은 책으로 『세계의 북 디자이너 10』(공저), 『아파트 글자』(공저),
『Designed Matter』(공저)등이 있으며, 디자인한 책 중에서
『작업의 방식』이 '2022 한국에서 가장 아름다운 책'에 선정되었다.

독자의 공부를 돕는 책을 만듭니다

사공영

사람들을 만나면 "요즘은 뭐가 재밌어요?"라는 질문을 자주 받는다. 주로는 "저는 그냥 사는 게 재밌어요." 하고 답하는데 올해는 대체로 "뉴스레터요!" 하고 답하고 있다. 매일 아침 메일함에 도착하는 뉴스레터에는 재밌는 글이 있고 탐나는 저자가 있다. 사고 싶은 물건과 놓친 신간도 있고, 가보고 싶은 장소와 만나 보고 싶은 동료도 보이기 시작했다.

작년 여름부터 동료들과 한 달에 한 번 각자 보는 뉴스레터를 공유했다. 뭐가 좋은지, 왜 구독하는지를 상세히 나누면서 곧 시작할 우리의 뉴스레터를 차근차근 구상했다. 지루하지 않을 것, 책 소개 혹은 광고를 위한 채널로 여겨지지 않을 것, 궁금해서 받아 봤는데 열어 보니 별거 없는 뉴스레터가 되지 않을 것과 같은 대략의 목표를 잡고 조금씩 발전시키다가 명확한 콘셉트를 정했다. 독자를 돕는 뉴스레터. 독자의 공부를 돕는 책을 만든다는 평소 우리의 모토에 딱 맞는 방향이었다.

우리가 돕는 독자는 누구일까

입사 면접 때 어떤 책을 만들고 싶으냐는 질문에 내가 만들고 싶은 책이 출판사의 색깔과 어울리는지는 잘 모르겠다는 어설픈 대답을 한 적이 있다. 그리고 이런 말을 들었다. "책을 기획하는 편집자는 자기 책의 독자를 잘 알기만 하면 뭐든 해볼 수 있어요. 손익분기를 넘길 수 있는 책이면 일단 기획해 봐요. 베스트셀러 만들어 내라고 안 할게요." 이 말과 달리 지금 나는 종종 베스트셀러에도 욕심내고 있지만, 그때는 그저 고마운 말이라고 여겼던 이 말이 최근 3-4년 동안 내가 만든 거의 모든 책의 방향을 정확히 설명한다.

규모가 작고 변화에 빠른 출판사에서 일하며, 나와 동료들은 대중이 아니라 독자를 바라보며 책을 만들고 있다. 이때 독자는 일 년에 한 권 내지 한 달에 한 권, 모처럼 마음이 내켜 좀처럼 읽지 않는 책을 사보는 사람이 아니라 한 달에 두세 권 많게는 서너 권, 관심 있는 주제의 책을 꾸준히 사거나 읽는 사람들을 말한다.

'그런 사람이 누굴까?' 곰곰 생각해 보면, 가장 먼저 책을 쓰는 저자나 만드는 우리 같은 사람들이다. 읽는 모임에 나가는 사람, 책이 담은 문제의식을 삶으로 끌어오려는 사람, 책을 여전히 믿을 만한 지식의 집으로 삼고 싶어 하는 사람, 그런 만큼 좋은 책을 골라 읽고 싶어 하는 사람, 자기 일을 잘하고 싶어 하는 사람, 성장하고 싶어 하는 사람. 이들이 우리가 바라보는 독자, 우리가 책을 만들 때 생각하는 사람들이다.

그래서 은유적인 제목은 잘 짓지 않는다. 이 책이 당신 것이고, 당신을 도울 거라는 말을 독자에게 전하기 위해서다.

꾸준히 읽는 독자에게 맞춘 일들

무거운 양장 제본을 하지 않는다. 많이 읽는 이들은 종종 책을 들고 다니는데, 무거우면 불편하기 때문이다. 재생 용지와 친환경 콩기름 잉크를 사용한다. 책을 좋아하는 사람은 대체로 환경 문제에도 관심이 많다. 책의 판형은 많은 것을 결정한다. 독자가 책을 집어 드는 순간 느껴지는 무게와 질감, 책의 제작비, 버려지는 종이. 우리는 버려지는 종이의 양을 최소화하기로 했다. 그러면 제작비를 조금 더 효율적으로 사용할 수 있게 되면서 독자에게도 한 손에 쏙 들어오는 작고 가벼운 책을 전할 수 있다.

읽기와 쓰기 관련 책은 부지런히 기획하고 출간한다. 공부의 기초는 읽기고, 꾸준히 읽는 사람일수록 더 잘 읽고 싶어 하기 때문이다. 모으고 다져 온 지식을 제대로 써내는 데까지가 공부다. 그래서 공부하는 독자는 단어와 문장에도 관심이 많다.

책은 사람이 쓰고 만들고 권하고 알린다. 이들이 성장해야 좋은 책을 계속해서 낼 수 있다. 따라서 책을 쓰고 만드는 사람, 도서관을 운영하거나 서점을 꾸리는 사람을 돕는 책도 계속 만든다. '독자를 돕는 뉴스레터'에도 이들의 이야기를 담기로 했다. 작가와 편집자, 온라인 서점 엠디와 특색 있는 동네 책방지기, 종이책 제작자와 전자책 유통사, 새로운 이야기와 창작자를 발굴하는 스토리 프로덕션 피디……. 다 같이 책을 둘러싸고 일해도 서로의 일을 제대로 모른다. 만날 기회나 계기가 없어서 묻고 싶은 것이 생겨도 알음알음한다. 그래서 마감이 한창이라도 보름에 한 번은 이들을 만나 묻는다. 어떤 일을 어떻게 하며, 어떤 고민을 하고 있는지. 그렇게 정리된 인터뷰는 기본적으로 책의 세계에 속한 사람들을 돕고 내부의 이야기를 외부로 전하는 역할을 한다.

올해 가장 공들이고 있는 일은 출판사 정기 구독자를 모으고 만나는 일이다. 지금은 콘텐츠 홍수 시대다. 매일 새로운 콘텐츠가 쏟아져 나오고, 좋은 콘텐츠가 넘쳐난다. 여기서 가장 좋은 콘텐츠 하나를 골라내는 것이 과연 의미 있을까? 불가능하기도 하고, 꾸준히 읽는

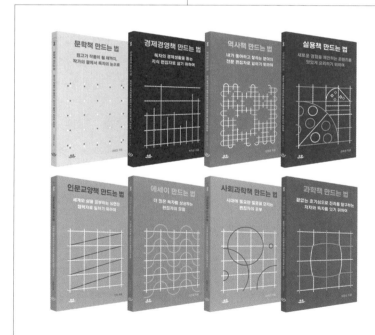

유유의 '편집자 공부책' 시리즈.
(출처: 유유 제공)

유유의 뉴스레터 '보름 유유'.
(출처: 유유 제공)

독자에게라면 의미 없는 일이라고 생각한다. 대신 신뢰할 만한
제공자가 권하는 충분히 좋은 콘텐츠를 조금 더 깊이 접하는 건
의미도 있고 재미도 있는 일일 거라 생각했다. 그래서 한 달에 한 권,
자신 있게 권할 만한 단단한 책 한 권을 고른다. 책이 다루는 분야의
전문가 한 명을 섭외해서 이 책이 어떤 책인지, 어떤 면에서 읽을
만하고 어떻게 읽으면 더 좋은지를 써주십사 의뢰한다. 그 글을
'읽기 가이드'로 엮고, 담당 편집자의 '편집자 레터'도 작성한다. 책에
동봉해서 정기 구독자들에게 매달 직접 발송한다. 아직 서점에도
보내지 않은 신간으로만 구성하기에 이미 산 책을 받을 가능성은
없다. 책을 보낸 지 한 달여가 지나면 온라인 북토크 방을 열어서
저자와 독자의 소통 계기를 만든다.
첫 구독자 모집을 시작한 지 이제 7개월이 지났다. 무슨 책인지도
모르면서 우리가 권하는 책이라면 믿고 받아 보겠다는 독자들을 직접
만나며, 만드는 사람으로서의 책임감이 점점 더 커지고 있다.

계속 읽는 독자가 있기에 해볼 수 있는 일들

2021년부터는 책에 날개를 없애기로 결정했다. 책날개는 어떤 역할을
할까? 책날개는 책의 필수 요소일까? 책의 물성과 형태를 다룬

책을 찾아보았지만 이렇다 할 답을 얻지 못했다. 경력이 많은 제작 전문가도 책날개가 책을 보호하는 데 반드시 필요하다고 이야기하지 않는다. 영미권의 페이퍼백은 날개 없이 제작된다. 그 책의 독자들은 날개 없는 책을 특별히 불편해하지 않는다. 그렇다면 우리도 날개를 떼어 내볼 수 있지 않을까? 책의 판형을 줄이는 데 앞장서 보았듯 책날개를 없애는 일도 먼저 해보기로 했다. 서점 매대에서는 가끔 책날개가 없어서 앞표지가 들린 채 누워 있는 책을 보기도 한다. 하지만 책을 꽂아 두고 꺼내 읽는 독자들은 크게 불편해하지 않는다. 책날개가 책을 읽는 데 꼭 필요한 요소는 아니기 때문이다.

책의 본질은 무엇일까? 분주하고 어려워도, 꾸준히 읽는 독자가 있다면 그들을 믿고 이런 질문을 던져 보며 일할 수 있다. 그리고 그럴 수 있다면 더 부지런히 질문하며 일해야 한다고 생각한다. 뉴스레터를 발행하려고 만나는 동료들에게도 이런 질문을 던진다.

"서점의 본질은 무엇일까요?"

서점은 책을 파는 가게다. 하지만 책 읽는 사람이 줄며 서점 찾는 사람이 줄고, 훌륭한 큐레이터를 갖춘 특색 있는 동네 책방도 생존하기 어렵게 되었다. 그런데도 서점은 계속 책만 팔아야 할까? 얼마 전 만난 '오키로북스'는 '성장을 파는 서점'을 표방한다. 책이 아니라 성장을 돕는 구체적인 방식을 파는 것이다. 아침 시간을 효율적으로 활용하는 법, 일할 체력을 기르는 법, 경제 지식으로 임금 이외의 추가 소득을 얻는 법 등을 개발하고 제안한다. 그리고 그 과정에서 꼭 필요한 책을 선별해서 보여 준다. 책과 친하지 않지만 성장 욕구는 있는 사람, 즉 지금보다 나은 삶을 살고 싶어 하는 이들을 책 곁으로 안내하고, 그렇게 서점의 역할을 확대해 나간다. 서점을 떠올리면 자연스레 연상되는 정돈된 서가나 가지런한 매대는 없지만, 책과 사람을 잇고 필요한 책을 발견하게 하는 곳이라는 점에서 서점의 본질은 또렷하게 가지고 있다.

독서의 본질은 무엇일까? 많은 동료들이 영감을 얻는다는 뉴스레터 '인스피아' 발행인 김스피는 매주 구체적인 주제 한 가지를 정한

다음 그 주제의 공부를 돕는 책 몇 권을 엮어서 이 책은 이런 면에서, 저 책은 저런 면에서 각각 읽어 볼 가치가 있다고 전한다. 그는 책을 권하기에 앞서 산재해 있는 해결할 문제들을 언급한다. 코로나19, 친환경 먹거리, 노키즈존, NFT, 혐오, 공감 능력, 반지성주의. 그리고 이런 문제를 만났을 때 문제 해결을 돕는 가장 좋은 길잡이, 읽을거리, 지식의 원천이 바로 이 책, 나아가 책이라는 매체라고 소개한다. 책은 그 자체로 충분히 가치 있지만 일상을 버거워하는 사람들에게 당위와 필요만으로 읽기를 권하는 일이 공허할 수 있음을 스스로 경험해 본 독자였기에 책을 권하는 자기 나름의 방법을 궁리해 낸 거다.

인쇄된 종이를 보고 읽는 것만이 독서라는 생각은 나부터 바꿔 가고 있다. 출퇴근길에 가장 많이 보는 것은 여전히 종이책 그리고 전자책이지만 작년에는 오디오북을 꽤 여러 권 들었고, 올해는 한 꼭지씩 끊어 연재되는 콘텐츠를 많이 읽는다. 책을 듣는 것을 '독'서라고 할 수 있을까? 한 권이 아니라 한 편, 책이 아니라 화면 속에만 존재하는 글을 읽는 것도 독'서'일까? 책을 듣는 행위도, 아직 책이 아닌 콘텐츠를 끊어 읽는 행위도 처음에는 어색하고 의아했지만 이제는 이 일들을 독서가 아니라고 쉽게 단정하지 못한다. 그 속에도

책 만드는 편집자가 큐레이터가 되어 독자에게 직접 말을 걸면 어떨까?

전문가 또는 저자가 알파리더(alpha reader)가 되어, 나는 어떻게 읽었는지, 어떤 식으로 읽으면 더 깊이, 재미있게 읽을 수 있는지 소개하고 소통하면 어떨까?

유유의 정기구독 소개.
(출처: 유유 제공)

저자와 편집자가 있고, 독자에게 전하는 메시지가 있다. 독자인 나는 그 메시지에 설득당해, 들어 보니 더 궁금해진 책을 사기도 하고 연재 마감 후 책으로 출간된 그 글을 다시 사서 읽어 보기도 한다.

당연한 것들을 의심하고 가능한 변화들을 기꺼이 시도하는 이 일들은 모두 본질에 대한 고민에서 비롯되었다. 그리고 책을 둘러싼 이런 고민을 할 수 있는 건 꾸준히 읽는 독자가 있기 때문이다.

책 만드는 일과 독자를 돕는 일

몇 년 전부터 사람들을 만나면 "작은 출판사에서 일하면 더 힘들지 않아요?" 하는 질문을 자주 받는다. 편집도 만만치 않을 텐데, 사람이 적어 해야 할 다른 일도 너무 많지 않냐는 이야기다. 그런데 주어진 일에서 편집과 편집 아닌 것을 구분할 필요가 있을까?

적어도 내가 일하는 이곳에서만큼은 이미 희미해지고 있는 일의 경계를 다시 또렷하게 그을 필요가 없다고 생각한다. 책을 기획할 때 독자를 떠올린 사람이 편집자라면, 책을 어떻게 팔지 궁리하는 사람 역시 편집자여서 안 될 게 무엇인가. 그 독자가 좋아할 만한 뉴스레터를 만드는 일과 독자가 관심 가질 구독 모델을 만드는 일도 편집자의 일과 무관하지 않다. 결국 이곳에서 책 만드는 일과 독자를 돕는 일 사이의 경계는 무의미하다는 걸 깨닫게 됐다. 없어도 되는 경계라면 앞으로도 생각하지 않고 일하고 싶다. 우리 일의 본질만 잃지 않으면 된다.

사공영
유유 편집자. 재미있어 보이는 일이면 뭐든 해보고 싶어 하고,
독특한 일을 하는 사람들에게 질문하기를 좋아한다. 유유에서
일하며 안상순 작가의 『우리말 어감 사전』, 김정선 작가의 『끝내주는
맞춤법』, 김겨울 작가의 『책의 말들』, 선수 편집자들이 쓴 '편집자
공부책' 등을 만들었다.

문학

서울리뷰오브북스
Seoul Review of Books

드림캐처

최제훈

"드림캐처 점검 나왔습니다."

남자는 기다리는 동안 모자를 고쳐 쓰고 풀어 놓았던 유니폼의 목 단추를 채웠다. 꽤 더운 날씨였다. 하절기 유니폼까지 검은색을 고수하는 경직성에 대해 투덜거리는 직원이 많았지만 남자는 딱히 불만이 없었다. 사람들에게 '까마귀'라는 상서롭지 못한 별칭으로 불리는 것도 은근히 즐기는 편이었다. 현관문을 열고 나오는 고객이 머리부터 발끝까지 시커먼 유니폼 앞에서 저도 모르게 움찔하는…….

"들어오세요."

여자는 움찔하는 기색을 보이지 않았다. 30대 중반, 더위를 안 타는지 회색 맥시 원피스 위에 하얀 니트 카디건을 걸치고 있었다. 여자는 다소 피곤하게 보이는 미소를 머금은 채 남자를 안으로 안내했다. 둘둘 뭉쳐 나무젓가락을 찔러 놓은 머리채가 움직일 때마다 금방이라도 흘러내릴 것처럼 출렁거렸다.

실내는 깔끔하게 정돈돼 있었다. 30분 전까지는 나다분히 어질러져 있지 않았을까, 남자는 추측했다. 하루에 살림집 이삼십 군데를 드나들다 보니 딱 둘러보면 느낌이 왔다. 물건들이 오랜 시간에 걸쳐 자연스럽게 제자리를 찾은 것인지, 급하게 보이는 곳만 치운 것인지.

인터폰 옆에 대여섯 살 먹은 사내아이가 미끄럼틀에 앉아 활짝 웃는 사진이 걸려 있었다. 아이답지 않은 그윽한 눈매와 얇은 입술이 여자를 쏙 빼닮았다. 인터폰 옆에 사진을 걸어 놓는 집이 흔치 않

최제훈

아서인지 유독 눈에 띄었다.

"문자를 받긴 했는데, 기계에 이상이 생겨서 점검한다는 건가요? 아이스커피 드릴까요, 오렌지주스 드시겠어요?"

남자는 첫 번째 질문부터 답을 하려 했으나 여자가 대뜸 냉장고 문을 열어젖히기에 순서를 바꾸어야 했다.

"그냥 물 한 잔 주시면 됩니다. 냉수 말고 정수로 부탁드릴게요."

여자는 식기 건조대에서 맥주 글라스를 꺼내어 정수기 앞으로 갔다.

"드림캐처에 이상이 있는지는 이제 살펴봐야죠. 규정상 일주일 이상 송전이 되지 않으면 점검 대상인데……."

남자는 태블릿PC에서 고객 기본 정보를 확인했다. 제이하우스 203호, 거주자 1인, 한은별, 34세, C등급.

"고객님의 경우는 어제까지 11일째 송전 기록이 없네요."

"그래요? 왜 그러지?"

여자는 심드렁하게 대꾸하며 물이 담긴 글라스를 남자에게 건넸다. 프린트된 'CASS' 로고가 흐릿하게 지워져 있었다.

"감사합니다."

손바닥에 닿는 유리의 표면이 차가웠다. 남자는 물로 입술만 적시고 글라스를 식탁에 내려놓았다. 장이 예민한 편이라서 업무 중에는 냉수를 마시지 않았다. 작업차 방문한 집에서 화장실을 사용하는 건 피차 불편한 일이었다.

"제가 원래 발전량이 적다고 계속 C등급이에요. 가뜩이나 전기세도 비싼데."

"그래도 열흘 넘도록 송전 기준량에 미달하는 경우는 정상이 아니라서요. 혹시 그동안 꿈을 자각하신 적이 있나요?"

여자는 어깨를 으쓱했다.

"아뇨. 이젠 꿈이 뭔지도 가물가물한데요."

그건 남자 역시 마찬가지였다. 드림캐처 사용이 의무화된 지 벌써 10년이 넘었다. 악몽, 길몽, 흉몽, 예지몽, 태몽, 자각몽, 몽중몽, 모두 사라진 단어였다. 해몽, 동상이몽, 일장춘몽, 미몽, 호접몽, 비몽사몽 등도 용도 폐기되었다. 몽 씨 가문에서 살아남은 건 '백일몽' 정도였다.

"트랜스시버부터 체크해 볼게요. 앞머리를 좀 올려 주시겠어요."

여자는 두 손으로 앞머리를 쓸어 올렸다. 남자는 체온계처럼 생긴 스캐너를 꺼내어 여자의 이마에 가까이 가져갔다. 이마 피부 아래, 두개골에 박힌 마이크로 칩이 희미하게 녹색 빛을 뿜었다. 남자는 버튼을 눌러 전기 신호로 변환된 샘플 꿈을 방사했다. 삐익, 삑, 하는 신호음을 따라 여자의 눈썹이 치켜 올라가며 이마에 주름살이 잡혔다.

"머리통이 폭발하거나 하는 거 아니죠?"

"그런 일은 없습니다. 아직까지는."

여자에게서 풍기는 향수 냄새가 독특했다. 아쿠아 향인 것 같은

216

최제훈

데, 염도가 높고 어둑한 심해의 느낌이랄까. 남자는 잠시 긴다리해
파리가 되어 바닷속을 부유하는 꿈을 꾼다. 푸른빛을 내뿜는 투명한
갓을 쓰고 기다란 촉수로 물결에 맞춰 춤을 춘다. 하늘하늘, 흐늘흐
늘, 데굴데굴. 뿔고둥 하나가 모래 바닥을 굴러간다. 껍데기의 뿔로
모래를 찍으며 춤을 추듯 굴러간다. 바닥이 갈라진 시커먼 틈새로
떨어지는 뿔고둥. 잡아 주려 촉수를 뻗다가, 아, 나는 독을 품고 있
는데…… 소주. 여자의 아쿠아 향 아래 소주 냄새가 묻혀 있는 것
같았다.

"송수신 상태는 양호하네요. 칩을 다시 이식할 필요는 없습니다."

"다행이네요."

"드림캐처는 어디에 있죠?"

여자는 남자를 침실로 안내했다. 싱글침대 위의 시트와 차렵이불
이 보란 듯이 흐트러져 있었다. 까마귀가 뜨면 사람들은 침대부터
정리하기 마련이건만. 남자는 침대 머리맡 벽에 설치된 드림캐처의
패널 나사를 풀었다. 협탁에 세워진 아크릴 액자 속에서 그윽한 눈
매의 사내아이가 갈색 푸들 강아지를 끌어안고 남자를 곁눈질했다.
집에는 아이의 흔적도 강아지의 흔적도 보이지 않았다.

"여기에 충격이 가해지거나 한 적은 없나요?"

"그런 적은 없는데…… 모르죠, 잠결에 팔을 휘둘러 쳤을지도."

남자는 가방에서 멀티미터를 꺼내어 중앙의 D-컨버터와 연결된
회로를 하나하나 점검했다. 신비로운 기능에 비해 드림캐처의 내부

구조는 단순했다. 물론 그 신비는 A/S 직원은 건드릴 수 없는 핵심 부품인 D-컨버터에 집중돼 있었다. 골프공만 한 반구형의 검은 덮개 아래에서 무슨 일이 벌어지는지는 그도 전혀 알지 못했다.

"이게 정말 사람 꿈을 에너지로 바꿔 주는 건가요?"

팔짱을 끼고 서 있던 여자가 고개를 들이밀며 물었다. 확실히 소주 냄새였다.

"정확히 말하자면, 꿈을 꿀 때 시상하부에서 발생하는 특수한 뇌파를 전기 에너지로 변환시키는 거죠."

그 변환 과정에서 당사자는 꿈을 자각할 수 없게 되기 때문에, 결과적으로 꿈을 빼앗기는 대신 전기 에너지를 얻는 셈이었다.

"신기하네요. 근데 인터넷에 보니까 다른 설들도 많던데."

드림캐처에 대해 다양한 음모론이 떠도는 건 남자도 알지만 일부러 찾아볼 필요는 없었다. 어차피 고객들이 항상 최신 버전을 알려 주니까.

"꿈을 검열해서 잠재적 범죄자를 미리 걸러내는 시스템이라고 하더라고요. 사람들 꿈을 수집해서 각종 콘텐츠로 팔아먹는다는 얘기도 있고."

"사실이면 좋겠네요."

"왜요?"

"발전기 A/S 일보다는 훨씬 흥미진진하게 들리는데요. 왠지 연봉도 더 받게 될 것 같고."

최제훈

남자는 전면 패널을 다시 부착했다. 드림캐처의 기능에는 아무런 이상이 없었다. 블랙박스를 체크했지만 재밍 장비에 의해 전파가 교란된 흔적 역시 없었다. 그렇다면 사용자를 체크할 차례였다.

"이쪽도 이상이 없는 것 같네요."

"그래요? 그럼 제가 꿈을 안 꾸어서 그랬나 봐요. 요즘 투잡 뛰느라 엄청 피곤하거든요. 집에 오면 바로 쓰러져서 곯아떨어져요."

그럴 리는 없다고, 남자는 굳이 반박하지 않았다.

'꿈은 여전히 미지의 영역입니다. 꿈이 단순히 잠의 수호자인지, 억압된 욕망을 충족시켜 주는 변태 히어로인지, 정서적 스트레스를 줄여 주는 개인 영화관인지, 낮의 기억을 정리하는 유능한 비서인지 아무도 모릅니다. 한 가지 확실한 것은, 우리가 자각하건 못하건 누구나 꿈을 꾼다는 겁니다. 매일.'

신입 직원 오리엔테이션에 강사로 왔던 심리학 박사는 단호한 어조로 '매일'을 한 번 더 덧붙였다. 따라서 '고객이 투잡으로 피곤해서 11일 동안 꿈을 꾸지 않았음'이라는 식의 보고서를 올리면 남자는 웃음거리가 될 것이다. 그 웃음은 고스란히 인사 고과에 반영될 테고.

"다른 방해 요소가 있는지 집을 좀 둘러볼게요."

"집을, 둘러본다고요?"

"예. 에너지 공급 합리화법에 따라, 드림캐처가 기술적 결함 없이 장기간 작동하지 않을 경우 원인 규명을 위한 조사 활동을 벌일 수 있습니다."

남자는 태블릿PC로 고객의 개인 정보 열람 및 간이 수색 영장 승인을 요청했다. 사실상 요식 행위에 불과해서 엔터 버튼을 터치하는 것과 동시에 승인이 떨어졌다.

한은별 씨는 미혼모로 아들 한서현 군을 혼자 양육해 왔다. 작년에 승용차 조수석에 아이를 태우고 제2자유로를 달리던 중 트럭과 충돌하는 사고를 겪었다. 졸음운전으로 중앙선을 침범한 본인 과실이었다. 한은별 씨는 운 좋게 오른팔 복합 골절과 전신 타박상에 그쳤으나 아이는 현장에서 사망했다. 지난 12일이 한서현 군의 1주기였다. 드림캐처에 꿈이 축적되지 않은 기간과 정확히 겹쳐졌다.

"혹시 프로이트라는 장비 들어보셨나요?"

"프로이트? 그거 사람 이름 아닌가요?"

여자의 목소리가 살짝 가늘어졌다.

"예. 오래전에 『꿈의 해석』이라는 책을 쓴 무슨 박사라고 해요. 드림캐처를 무력화시키는 전파 방해 장치를 만들어 파는 업자들이 있는데, 거기에 그 박사의 이름을 붙인 모양이에요."

"그런 장치가 왜 필요한 거죠?"

"몰래 꿈을 꾸고 싶은 사람들이 있으니까요."

여자는 '그래요'라고 입속말로 웅얼거렸다. 문맥상 의문문이어야 하는데 말꼬리가 축 늘어지는 바람에 물음표가 사라졌다.

"대부분은 단순한 호기심이고, 간혹 꿈에 신비한 능력이 있다고 믿는 무속인들이 그러죠. 혹은 꿈에서라도 꼭 보고 싶은 사람이 있다거나."

"저는 기계 쪽은 잘 몰라서……."

"알 필요도 없습니다. 머리맡에 놔두기만 하면 되거든요."

프로이트는 드림 에너지 프로젝트의 암세포 같은 존재였다. 자신이 정상 세포인 줄 알고 마구 증식해 건전한 순환을 방해하고 결국 본체를 파괴하는. 회사에서는 모든 드림캐처에 블랙박스를 추가로 설치해서 프로이트 사용 흔적을 잡아내는 수밖에 없었다. 막대한 비용이 투입된 이 우직한 방어책은 한동안 효과를 봤다. 최근에 신형 프로이트가 나오기 전까지.

"새로 나온 버전은 드림캐처에 아무런 흔적도 남기지 않고 꿈의 전기 에너지 전환을 방해한다더군요. 돈을 얼마나 버는지 모르겠지만, 그 정도 기술이면 회사에서 당장 최고 대우로 스카우트할 텐데."

여자가 표나지 않게 마른침을 삼켰다.

"값도 비싸겠네요."

"비싸죠. 신형 프로이트에는 크립토나스라는 희귀 물질이 사용된다는 걸 연구팀에서 밝혀냈거든요. 군용 스텔스 기술에 사용되는 물질이라는데, 일반 가정에서는 검출될 일이 전혀 없죠."

남자는 전기 충격기처럼 생긴 크립토나스 탐지기를 꺼냈다. 일주일 전에 지급받은 장비인데 실제 사용하는 것은 처음이었다. 여자의 얼굴이 급격히 어두워졌다.

　　남자는 침대 밑, 화장대 서랍, 옷장의 이불 사이사이에 탐지기를 들이밀었다. 표시창의 바늘은 미동도 하지 않았다. 침실을 나와 잡동사니가 들어찬 작은방으로 갔지만 역시 바늘은 움직이지 않았다. 눈에 익은 변신 로봇이 텅 빈 책장 위에 우뚝 서서 남자를 지켜보았다. 남자도 조카에게 사준 적이 있는 로봇이었다. 다시 욕실로 갔지만 바늘은 계속 누워서 잠만 잤다.

　　주방 냉장고 앞을 지나는데 바늘이 까딱 고개를 들었다. 남자는 냉장고 문을 열고 칸칸이 탐지기를 들이밀었다. 바늘은 힘없이 흔들리기만 했다. 다시 문을 닫는 순간 바늘이 악몽을 꾸다가 깨어나듯이 벌떡 몸을 일으켰다.

　　냉장고 문에는 마그네틱이 십여 개 붙어 있었다. 로마, 북해도, 멕시코, 스위스…… 모두 채색된 색상이 선명했고 먼지가 전혀 끼어 있지 않았다. 'I ♥ PARIS!' 탐지기는 에펠탑과 개선문과 노트르담 성당이 뒤엉켜 있는 마그네틱을 지목했다.

　　"이젠 소형화돼서 잘 때 드림캐처 패널에 붙여 놓는 방식이군요. 머리 잘 썼네."

　　남자는 마그네틱 뒷면의 틈새에 일자 드라이버를 밀어 넣어 덮개를 열었다. 중앙의 새끼손톱만 한 반도체를 중심으로 얇은 금속 섬유가 사방으로 퍼져 있었다. 다리가 수십 개 달린 거미처럼 보였다. 마그네틱을 증거물 봉투에 집어넣고 남자는 태블릿PC에 점검 결과를 입력했다.

최제훈

"한은별 고객님의 행위는 고의적 방해물 사용에 해당합니다. 에너지 공급 합리화법 시행령 제4조 제3항에 의거하여, 오늘부터 1년간 전기세가 50퍼센트 할증되어 부과됩니다."

여자는 울상을 지으며 남자의 팔을 덥석 붙잡았다.

"제발…… 제발 그러지 마세요. 지금도 충분히 힘들어요."

힘들 것이다. 4인 가족 생활비에서 전기세가 차지하는 비중이 60퍼센트에 육박하는 시대이니까. 화석연료는 고갈된 지 오래이고, 세계 곳곳에서 빈발하는 지진과 해일로 원자력 시설이 하나둘 폐쇄되었다. 기후변화가 재생 에너지 효율까지 마이너스로 떨어뜨린 지금, 꿈은 인류의 유일한 에너지원이었다. 공해를 배출하지 않고 고갈될 염려가 없는, 그야말로 꿈의 에너지. 하지만 비싸다.

"죄송해요. 다시는 이런 일 없을 거예요. 우리 서현이, 한 번만 더 보고 싶어서……."

여자의 시선이 인터폰 쪽을 향했다. 초인종이 울릴 때마다 아이의 사진을 보고 싶었던 걸까? 남자는 잠시 마리아나 해구에 가라앉는 뿔고둥이 되는 꿈을 꾼다. 입을 꽉 다물고 세상에서 가장 깊은 바다의 틈새로 내려간다. 아무 소리도 들리지 않는…… 아무것도 보이지 않는…… 언젠가는, 바닥에 닿겠지.

"여기 서명 부탁드립니다."

남자는 한 손에 태블릿PC를 들고 다른 손으로 터치펜을 내밀었다. 여자는 주춤거리며 물러나 식탁 의자에 털썩 주저앉았다. 꿈을 꾸듯 망연한 표정이었다. 남자는 식탁으로 다가가 여자의 앞에 태블릿PC와 터치펜을 올려놓았다.

"여깁니다."

여자는 남자의 손가락이 가리키는 공란을 멍하니 내려다보다가 펜을 쥐고 서명을 휘갈겼다.

"블랙리스트에 올랐으니 1년 동안 부정기적으로 점검이 나올 겁니다. 또 한 번 불법 사용이 적발되면 2년간 할증 100퍼센트가 적용됩니다."

남자는 여자를 식탁에 남겨 놓은 채 가방에 장비를 챙겨 넣었다. 꿈을 꾸고 싶은 고객들의 사연을 일일이 귀담아듣다 보면 업무는 불가능하다. 그 역시 열심히 일해서 전기세를 감당해야 하는 계약직 직원이었다. 그래야 퇴근 후 땀에 전 검은 유니폼을 세탁기에 던져 넣을 수 있고, 시원한 맥주를 마시며 야구 중계를 볼 수 있고, 잠을 못 이루는 밤이면 파도 소리 ASMR을 틀어 놓을 수 있으니까.

남자는 현관 앞에서 뒤를 돌아보았다. 식탁 의자에 앉은 여자의 뒷모습은 골반과 등허리와 머리가 각각 다른 방향으로 기울어져 위태롭게 쌓인 젠가 탑처럼 보였다. 블록 하나만 더 뽑으면 와르르 무너져 내릴 듯한……. 정 꿈을 꾸고 싶다면 불을 켜지 말고 지내면 된다. 전자 제품들의 코드를 뽑아버리고 불편하게 살면 된다. 빛과 어둠을 다 가지려 하지 말고.

"꿈속에선 항상 오른쪽으로 틀어요."

최제훈

남자는 운동화를 신던 손을 멈췄다.

"그날과 반대로, 운전대를 오른쪽으로 틀어요. 본능…… 그래요, 본능적으로. 트럭의 헤드라이트 불빛이 나를 향해 정면으로 다가오죠."

"……."

"쾅, 소리와 함께 앞 유리가 산산조각 나고, 유리 파편들이 나를 향해 달려들어요. 이마에, 뺨에, 목에, 팔뚝에…… 왼쪽 가슴을 파고 들어 심장을 꿰뚫는 유리 조각이…… 생생히 느껴져요."

남자는 허리를 숙인 채 오른발에만 운동화를 꿰고 여자의 넋두리를 들었다.

"조수석에 서현이가 괜찮은지 보고 싶은데, 고개를 돌릴 수가 없어요. 대신 심장에 박힌 유리 파편에 모습이 비쳐요. 희미하게. 아이는, 무사해요. 안도의 한숨과 함께 심장에서 뿜어진 피가, 유리에 비친 서현이의 미소를 타고 흘러요. 그 순간이 너무나…… 슬프고 황홀해서…… 저 빌어먹을 기계가 어떤 원리로 작동하는지는 모르겠지만…… 맞아요. 꿈은 에너지가 돼요."

남자는 여자의 말이 끝난 걸 확인한 후 왼발을 운동화에 밀어 넣었다.

"안녕히 계세요."

여자는 현관을 향해 오른팔을 천천히 뻗어 가운뎃손가락을 들어 보였다.

　1층으로 내려온 남자는 다음 방문지를 확인하기 위해 태블릿PC를 켰다. 한은별 고객의 결과 보고서가 화면에 그대로 떠 있었다. 전송 버튼을 터치하는 걸 잊었던 모양이다. 고의적 방해물 사용, 고의적 방해물 사용, 고의적, 방해물, 사용…… 남자는 화면을 내려다보며 유니폼의 목 단추를 풀었다. 꽤 더운 날씨였다.

　'비고의적 실수에 의한 회로 손상, 할증률 10퍼센트, 할증 기간 3개월.'

　남자는 보고서를 수정한 후 생각할 틈을 주지 않고 전송 버튼을 터치했다. 간이 수색 영장까지 청구해 놓고 비고의적 회로 손상이라니. 딱부리 팀장이 틀림없이 눈을 부라리며 이유를 추궁할 것이다. '박성하 씨, 장난해?'

　차량 뒷좌석에 장비 가방을 던져 넣고 남자는 운전석에 앉았다. 다음 방문지는 1.5킬로미터 떨어진 아파트 단지였다. 아이가 공룡 피규어로 장난을 치다가 패널이 파손되었다는 신고였다. 후진으로 차를 빼면서 남자는 잠시 유리 파편이 되는 꿈을 꾼다. 매끈한 자동차 앞 유리에 몸을 숨기고 있다가, 쾅, 산산이 부서지며 태어나, 세상에서 가장 깊은 바다의 틈새로, 뿔고둥과 함께 떨어지는…….

최제훈
2007년 《문학과사회》 신인상으로 작품 활동을 시작했다. 소설집으로 『퀴르발 남작의 성』, 『위험한 비유』가, 장편소설로 『일곱 개의 고양이 눈』, 『나비잠』, 『천사의 사슬』, 『단지 살인마』가 있다. 한국일보문학상과 한무숙문학상을 수상했다.

최제훈

이 책들을
다 어이할꼬?

이정모

사람들이 잘 안 믿는데, 나는 대한민국 공무원이다. 정말이다. 흔히 말하는 어공, 어쩌다 공무원이다. 하지만 지난 12년 동안 단 하루도 쉬지 않고 공무원이었으니 거의 늘공, 늘 공무원급이라고 할 수 있다. 그 사이에 직급도 슬금슬금 올라서 내 신분증에는 '일반직고위공무원'이라고 적혀 있다. 누가 이런 민망한 직급명을 만들었는지는 모르지만 아무튼 그렇다.

나는 심지어 모범 공무원을 자처한다. 사람들은 외부 강연이나 방송 출연이 잦은 나의 근태를 걱정하지만 나는 근무 시간에는 절대로 외부 활동을 하지 않는다. 유연근무나 외출 또는 휴가를 사용한다. 공무원은 근태가 제일 중요하다! (공무원만 그런 게 아니다. 모든 직장인에게 근태는 가장 중요하다. 아니 돈벌이 하는 모든 사람이 그렇고, 돈벌이가 아니라 봉사나 종교 활동을 하는 사람에게도 근태는 중요하다.) 휴가는 악착같이 마지막 1시간까지 다 사용하지만 가장 먼저 출근한다.

내가 보기에 나는 그냥 완벽한 공무원이다. 장관 표창을 두 번, 대통령 훈장도 한 번 받았다. 심지어 공무원 연금 대상자이기도 하다. 모범 공무원이 될수록 처음 공무원이 되었을 때 가졌던 패기나 참신함은 엷어지고 있다. 그런데 공무원답지 못한 게 하나 있으니 바로 사무실 짐이다. 공무원들의 특징은 짐이 단출하다는 거다. 인사이동 철이 되면 품 안에 들어가는 작은 박스 하나만 달랑 들고 움직인다. 그런데 나는 서울시립과학관에서 지금의 과천과학관으로 옮길 때는 이사 트럭을 불러야 했다.

모범 공무원답지 않게 나는 왜 이렇게 많은 짐을 사무실에 두게 되었을까? 여럿이서 함께 사용하는 공간에서 일해 본 적이 없기 때문인 것 같다. 대학에 있을 때 처음에는 둘이서 한 방을 쓰다가 곧 독방을 가지게 되었고, 이후에는 줄곧 관장으로 일해 왔으니 크든 작든 나만의 방이 있었다. 혼자 방을 쓰게 된 이후로 꼭 한 번씩은 아내를 내 사무실로 불러서 자랑을 하곤 했다. "나 이런 사람이야~"라며 으스대는 거다. 이때마다 아내는 내 기대와는 다른 반응을 했다. "이 책들 다 어떻게 할 거야? 집에 가지고 올 생각 하지 마!"

사무실에 책이 몇 권이나 되는지 세어 볼 시간은 없다. 하지만 책을 꽂아 놓은 길이가 55미터 정도 되는 것은 쉽게 어림짐작할 수 있다. 책 한 권의 두께를 2.5센티미터라고 한다면 대략 2,200권이다. "음, 다행이다. 생각보다 많지는 않군." 이건 내 느낌이다. 아내는 다르게 생각할 거다. "다행은 뭐가 다행! 이걸 다 어쩔 건데!" 그렇다. 이제 공무원 생활을 6개월 남겨 두고 있는 내게 가장 큰 걱정은 저 책들을 다 어디로 옮길 것인가 하는 거다.

내게는 몇 개의 옵션이 있다. 첫째는 무작정 집에 가지고 들어가는 거다. 매일 새벽 5시 53분에 집을 나서며 가족을 부양한 근면하고 성실한 남편이 퇴직하면서 책 좀 가지고 들어왔다고 심하게 타박할 아내가 세상에 어디에 있겠는가! 흠……. 있다. 1606호 아주머니가 그렇다. 이건 불가능하다. 5년 전 49평이라는 초대형 아파트를

이 책들을 다 어이할꼬?   229

사서 들어갈 때 이미 다짐했다. 절대로 거실 두 벽을 넘는 책을 갖지 않기로 말이다.

둘째는 동네 술친구이자 장서가인 이권우 선생처럼 따로 책을 위한 집을 마련하는 거다. 그는 단독 저택의 2층 절반을 자기만의 책 수장고로 사용하고 있다. 지금의 저택으로 이사하기 전에는 집 근처에 지하를 얻어서 책을 보관했었다. 그런데 아무리 생각해도 두 번째 옵션은 첫 번째 옵션보다 아내에게 허락받기가 더 어려울 것 같다.

셋째는 최소한만 남기고 팔거나 선물하는 거다. 지금 사무실에 있는 책들은 대부분 과학책이거나 SF 작품들이다. 나름대로 잘 큐레이션 되어 있다. 게다가 중요한 부분은 형광펜으로 표시도 잘 해놨고, 오류도 지적해 놨다. 이걸 그대로 옮겨서 사이언스 북 카페를 열면 어떨까? 커피에 관해서는 거의 장인급이고 (아내 아버지를 뜻하는 그 장인이 아니다) 카페에서 책 읽기 모임을 자주 갖는 아내의 입장에서 봐도 매력적일 것 같다.

그런데 이 방안은 근본적인 한계가 있다. 고위공무원인 나는 매년 재산 등록을 한다. 내 재산뿐만 아니라 아내와 두 딸의 재산도 등록한다. 재산 등록을 할 때마다 깜짝 놀란다. 어떻게 세 여인은 숨겨놓은 재산이 하나도 없는 것인가! 장관 후보자들을 보면 아내가 몰래 축적한 재산이 너무 많아 문제던데 왜 내 아내는 공무원도 아니면서 이리도 청렴한 것인가! 건물을 사지 못하고 세 들어서 북 카페

이정모

를 차린다는 꿈은 생각만 해도 악몽이다. 그 짐을 매번 가지고 움직
인다고? 그렇지 않아도 방송 출연 때마다 코디네이터에게 목소리
를 줄여 가며 흑채 좀 뿌려 달라고 부탁하고 있는 판에 얼마 되지 않
는 머리숱이 남아나지 않을 거다.

이쯤 되면 자포자기에 빠질 것 같지만 그렇지 않다. 네 번째 옵션
이 있다. 큐레이션이 잘된 책을 대략 74센티미터 단위로 묶어서 판
매하는 것이다. 제법 잘 팔릴 것 같다. 값도 헌책 값이 아니라 제대로
받을지도 모른다. 일부 선물하면 고맙다는 소리도 들을 수 있을 것
같고.

하지만 네 번째 옵션은 거의 범죄에 가깝다. 책을 팔거나 선물하
는 게 왜 범죄냐고? 범죄 맞다. 그것도 반자본주의적인 경제 사범이
다. 시장 질서를 흐트러뜨리기 때문이다. 알라딘 중고서점을 당당하
게 이용하는 친구들에게는 대단히 미안하지만 내 생각은 그렇다. 책
이 한 권 만들어지기 위해서는 작가, 출판사, 인쇄소의 노동이 들어
가고 그 수익을 서점과 함께 나눈다. 하지만 책 중고 거래의 수익은
오로지 서점이 다 취한다.

그게 뭐가 문제냐고? 중고 가구를 거래한다고 해서 가구 장인의
수익을 가로챈다고는 하지 않잖아! 맞다. 그런 식이라면 중고 거래
시장은 모두 범죄다. 하지만 그것은 말이 안 된다. 그런데 책 시장은
다르다. 특히 나처럼 내 방에 꽂혀 있는 책의 절반을 선물로 받은 사
람들에겐 말이다.

나는 꽃 장사를 하는 내 친구가 알라딘 중고서점을 이용하는 것에 대해 별 불만이 없다. (음, 좋겠다. 꽃은 중고 시장이 없다.) 하지만 저작권으로 먹고사는 사람, 책 선물을 받은 사람은 그러면 안 된다. 책 관련 예능 프로그램에 출연했을 때 한 젊은 소설가와 대기실에서 이야기하면서 충격을 받았다. 그는 출판사가 책을 보내면 다 읽고 중고 서점에 팔아 용돈에 보탠다고 했다. 깜짝 놀랐다. 출판사는 책 홍보를 위해 보냈다가 한 권의 수익을 놓친 셈이 되었다. 출판사에 미안하지 않은가!

장서가 많은 사람들의 특징이 있다. 일단 부자다. 돈이 있어야 책을 산다. 그런데 별로 돈도 없는 것 같은데 책이 많은 사람도 있다. 대부분 작가들이다. 출판사로부터 선물로 책을 받는 사람들이다. 나도 그렇다. 그런데 여기엔 아이러니가 있다. 한참 봐야 할 책은 많지만 돈이 없던 젊은 시절에는 모든 책을 내가 내 돈으로 사야 했다. 그런데 지적 호기심이 급감하고 세상살이에 바빠 책 읽을 시간도 별로 없을뿐더러 수입도 제법 많아져서 자기 돈으로 책을 사는 게 전혀 부담이 되지 않는 때가 되자 출판사는 책을 정말로 열심히 보내 주신다.

그러면 그 많은 책을 어떻게 하란 말이냐? 방법이 있다. 우리에게는 다섯 번째 옵션이 있다. 바로 버리는 것이다. 보관하기 힘든 책, 보관하고 싶지 않은 책은 그냥 버리자. 시장 질서를 흐트러뜨리지 말고 그냥 버리자. 나무 베어 만든 책을 버리면 낭비 아니냐고? 환경

이정모

파괴 아니냐고? 아무 데나 버리지 마시고 꼭 재활용 쓰레기로 버리
시라.

문제는 버리는 게 쉬운 일이 아니라는 거다. 한때는 내가 사랑했
던 책이고 나를 먹여 살려 준 책인데 어떻게 쉽게 정을 떼겠는가? 책
을 버릴 때마다 책을 일별하기 위해 꼼꼼히 살피게 된다. 몇 년 전부
터 즐겨 보는 표정훈 선생님의 페이스북 타임라인의 몇 퍼센트는 책
버리는 이야기다. 그는 책을 버리기 위해 나름대로 논리적 근거를
세우고 그 원칙에 따라 구분한다. 그 와중에 책을 다시 구분하고 정
리하면서 사고 체계를 다시 세운다. 훌륭하다. 그런데 이렇게 꼼꼼
하게 버리기 위해서는 시간이 필요하다. 자기 공간 안에 일단 책이
들어와 있어야 한다.

곧 사무실을 비워야 하는 나로서는 힘든 일이다. 5년 전 지금 집
으로 이사 올 때도 책을 2,500권쯤 버려야 했다. 버리려고 드니 버
릴 책이 하나도 없더라. 그래서 말도 안 되는 기준을 세웠다. 폰트가
작은 책은 버린다. 1980년대 책은 대충 버리게 되더라. 다음에는 아
내 책은 버린다. 아내가 적극 찬성하여 어렵지 않았다. 이삿날은 다
가오는데 책은 줄어들지 않았다.

역시 작가에겐 마감일이 최고의 동력이다. 아주 간단한 방법이
있었다. '안방 오른쪽 책장의 책은 다 버린다.' 다 내다 버리는데 1시
간도 걸리지 않았다. 책을 그렇게 버려도 되냐고? 5년이 지난 지금
생각하면 그 책이 뭐였는지 기억도 안 난다. 다시 필요하면 어떻게

하냐고? 그럴 일도 없지만, 그렇다면 새로 사면 된다.

앞으로 6개월 안에 사무실의 책 2,200권을 처분해야 한다. 이번에도 마감에 쫓기고 싶지는 않다. 아, 괴롭다! 책 버리기는 건강에 안 좋은 술친구 안희곤 버리기보다도 어렵다. 여보, 그냥 집에 가지고 가면 안 될까?

이정모

국립과천과학관장. 연세대학교와 같은 대학원에서 생화학을 공부하고 독일 본 대학교에서
유기화학을 연구했지만 박사는 아니다. 대중의 과학화를 위한 저술과 강연을 하고 있다.
『과학이 가르쳐 준 것들』, 『저도 과학은 어렵습니다만』, 『달력과 권력』 등을 썼으며 『인간 이력서』,
『매드 사이언스 북』 등을 우리말로 옮겼다.

이정모

책은
어떻게
삶의 무기가
되었나

손민규

235

한국 나이로 마흔을 앞두고 있다. 2018년 기준으로 한국인 평균 연령이 42.1세였으니, 한국에는 나보다 나이가 많은 사람이 더 많다. 이런 상황에서 감히 '라떼는' 화법을 구사하는 게 적절할지 모르겠으나 그럼에도 과거를 들먹이면, 예전에는 이런 분위기가 있었던 듯하다. 대략 20년 전에 말이다.

"요즘 책 읽으세요?"

"아, 읽어야 하는데. (머리 긁으며) 사는 게 바빠서."

반면, 요즘 대화는 이렇다.

"책 좀 읽으세요?"

"아뇨. 볼 게 얼마나 많은데요. 정보도 인터넷이 더 빨라요."

종이책을 둘러싼 화폐의 흐름이 주는 월급으로 13년째 살면서, 이런 변화가 아쉽지 않다면 거짓말. 현실은 현실이다. 더는 책이 담론을 주도하지 않으며, 책만이 지적 권위를 담보하지 않고, 책 외에도 즐길 게 넘치는 세상이다. 활자 혁명과 대중문화의 탄생 이후 한동안 독서는 모든 사람에게 당위였으나 현재에는 여러 기호 중 하나다. 특히 종이책을 읽는다는 건, 레트로한 소수의 취미다.

그래도 아직까지 육아, 자녀 교육 책에서는 한결같이 화면을 보여 주기보다 종이책을 읽혀 주는 게 아이 발달에 좋다고 하니, 위안을 삼아야 할까. 일부 저자가 쓴 동기 부여 책에도 독서의 중요성이 등장하곤 한다. 1,000권을 읽으면 삶이 바뀌고 성공한다는 가르침. 그 정도 읽으면 돈 버는 방법이 생각나고, 다른 사람이 어떤 생각을

손민규

하는지 보인다더라!

대학생 때까지 완독한 책만 1,000권이 넘은 내가 증명한다. 책 아무리 읽어도 안 보인다. 어떻게 돈 벌어야 할지, 출세할지, 연애할지, 코스피가 언제 급등하고 떡락할지 안 보였다. 지금까지 획득한 자산이라든지 사회적 성취 중 내세울 만한 게 없다. 책을 읽으면 성적이 좋아진다, 책을 읽으면 돈을 많이 벌 수 있다, 책을 읽으면 출세한다는 말을 믿지 않는다. 책 안 읽고도 좋은 점수 받고, 돈 많이 벌고, 출세한 사람 많이 봤다.

그렇다면 왜 난 책을 읽었을까. 아직도 읽고 있을까.

그림책을 제외하고 처음부터 끝까지 다 읽은 최초의 책은 당시 초등학생 사이에서 선풍적인 인기를 끌었던 『못말리는 사고뭉치 샘골 복이』였다. 많은 사람이 동의할 텐데 재미로 치면 이야기만 한 게 없다. 재밌으니, 읽었다.

책을 읽으니 선생님과 부모님이 칭찬해 줬다. 아들러 심리학에서는 동기 유발 요인으로 '보상'을 사용하는 데 부정적이다. 보상이 사라졌을 때 흥미를 잃을 수 있다는 이유에서인데, 적어도 나의 경우에는 아니었다. 보상 효과가 좋았다. 지금까지도 취미 삼고 있는 등산과 독서, 모두 부모님과 선생님의 칭찬 덕분이다. 초등학교 때 산 타고 책 읽으면 어김없이 칭찬을 들었다. 가끔은 뭔가를 얻어 냈다. 일기장에 이런 이야기를 쓰면 담임 선생님도 칭찬해 주셨다. 처음에는 타인으로부터 인정받고자 읽고 걷다, 책과 산의 맛을 알아버렸다.

초등학교 고학년 시절부터 용돈을 받았다. 용돈을 모으고 모아 남포동 서점에 가는 날은 기분이 째졌다. 초등학생 용돈으로 그나마 부담 없이 살 수 있는 책은 빨간색 표지가 인상적이었던 애거서 크리스티 추리소설과 세계문학 시리즈였다. 제목이 멋있어 보이는 작품을 골랐다. 『좁은 문』, 『수레바퀴 아래서』, 『심판』이런 작품 중에서 가장 가격이 싼 출판사 걸 골랐다. 헤르만 헤세, 앙드레 지드, 프란츠 카프카를 이렇게 만났다. 그들이 좋아한 사상가가 프리드리히 니체였다. 니체를 읽었다.

니체는 젊었을 때 쇼펜하우어를 읽었다고 했다. 쇼펜하우어에 관심이 갔다. 니체 전집을 읽고 『의지와 표상으로서의 세계』를 펼쳤다. 쇼펜하우어는 인도 세계관에 관심이 많았다. 어쩌다 보니 불교 철학에 관심이 갔다. 이해하기 어려웠지만 12연기, 사성제, 유식불교, 공관사상 이런 걸 읽고 또 읽었다. 쇼펜하우어 인식론은 상당히 염세적이다. 한마디로 요약하자면, 삶은 무의미하다!

왜 이런 세계관에 빠졌을까. 중학생 시절은 내 인생 최악의 시기였다. 군대와 중학생 시절 중 언제가 더 힘들었냐고 물으면 중학교 때라고 망설이지 않고 답한다. 학교에는 폭력이 만연했다. 선생님과 양아치들이 사냥감을 발견하려고 눈에 불을 켜고 돌아다녔다. 시시하고 따분한 이유로 맞았다. 점심시간에 축구해서 땀 냄새 난다고 맞고, 쪽지 시험 틀린 개수대로 맞고. 맞는 건 아무리 맞아도 익숙해지지 않았다. 무섭고 짜증 났다.

이런 상황이다 보니, 쇼펜하우어 인식론에서 위안을 얻었다. 그래, 세계는 어차피 똥이지. 니체, 쇼펜하우어, 불교 세계관을 완전히 이해하진 못했지만 '세상에 기대하지 말라, 인간이라는 게 그렇게 위대한 존재가 아니다.' 이런 글이 나오면 필사했다. 애거서 크리스티의 추리소설과 세계문학과 자연스레 멀어졌다. 어느 대학에 갈지는 몰라도, 어떤 학교에 가든 전공하고 싶은 학문은 정해졌다.

인문학.

20년 전이나 지금이나 인문학은 취업에 불리하다. 그저 불리하다 정도가 아니라 '극도로' 불리하다. 자식이 인문학 공부하겠다고 했을 때 아버지는 반대했지만 자식의 뜻을 꺾지는 못했다. 그 시기 대학은 대개 학부제였고, 나는 인문대학에 입학했다. 신입생 때는 선배, 동기들과 술 마시러 다니고 대학 생활에 적응하느라 정신이 없었다. 2학년 때부터 도서관에 틀어박혔다. 과제와 시험을 위해 읽어야 할 책이 많기도 했지만 읽고 싶은 책이 무궁무진했다. 연애나 여행이나 영화 감상은 죄다 돈 드는 일이었고 지방 출신 자취생에게는 100원짜리 하나도 소중했다. 돈을 안 쓰고 가장 재밌게 시간을 보낼 수 있는 곳이 도서관이었다.

다시는 겪고 싶지 않은 일, 기억하기조차 싫은 일이 종종 꿈으로 나타난다. 악몽이다. 수능 시험장에서 식은땀을 흘리며 수학 문제를 푼다거나, 머리를 빡빡 깎은 채 연병장에 서 있다거나, 입사 지원한 회사에서 떨어졌다는 소식을 확인하는 장면이 그러하다. 내가 자주 꾸는 악몽이다.

자주 꾸는 악몽 하나 더 소개해 보자면, 무대는 대학교 도서관. 졸업하고 13년도 넘게 가본 적 없는 곳이다. 도서관 대출 담당자가 무표정한 채로 내게 말했다. 빌린 책을 제때 반납하지 못해 연체료가 수십만 원이니, 도서 연체료를 내기 전에는 졸업할 수 없다고. 어렵사리 합격한 회사 입사가 취소될 판이다. 이거 정말 짜증 나는 상황이구만, 하며 잠에서 깬다.

이상한 장면이다. 나는 단 한 번도 도서관에 책을 빌리고는 연체한 적이 없기 때문이다. 그럼에도 이런 꿈을 꾼 이유를 생각해 보면, 아마도 대학 4년 동안 가장 자주 갔고 많은 시간을 보낸 곳이 도서관이라서가 아닐까 싶다. 과장 조금 보태, 수업 시간과 먹고 자는 시간 빼고 대부분은 도서관에 살았다.

빌리기도 많이 빌렸지만, 가장 좋아했던 기초 학습실에서 시간을 많이 보냈다. 그곳에는 한길그레이트북스, 까치글방, 나남신서처럼 두껍고 멋진 책이 빼곡하게 꽂혀 있었다. 에릭 홉스봄의 장기 19세기 3부작, 미셸 푸코의 『광기의 역사』와 『감시와 처벌』을 재밌게 읽었다. 현대 사상가를 일반 독자도 알기 쉽게 설명한 앨피 출판사의 루틀리지 시리즈도 인상 깊었다. 이 시리즈로 가야트리 스피박, 주디스 버틀러, 프레드릭 제임슨 등의 저작을 접하고, 정작 원서는 제대로 읽어 보지 않았지만 이야기가 나오면 마치 읽은 척 대화에 슬며시 낄 수 있었다. 중고등학교 시절처럼 이런 책을 읽으며 든 생각은 이랬다. 역시 근대성은 똥이야.

딱딱한 인문학 책을 읽다 지루해질 때는 한국 소설을 봤다. 한겨레문학상과 문학동네 수상작을 좋아했다. 권리, 김언수, 박민규, 박생강, 심윤경, 윤고은, 천명관, 한창훈을 읽으며 꿈꿨다. 소설가의 꿈. 신춘문예 냈다. 당연히 떨어졌지만.

지금 배우자를 만난 곳이 도서관이었다. 남들이 그리 궁금해하지 않을 사연을 다 빼고 요약하자면, 나는 책을 많이 읽었고 롤랑 바르트 책 후기를 썼다. 그 덕분에 지금 배우자를 만났으며, 어쩌다 보니 결혼도 하게 됐다. 돈과 사회적 명예는 얻지 못했지만 책으로 인연을 얻었어요! 책 덕분에 직장도 얻었다. 건설, 여행, 유통, 플랫폼 등 전공 무관, 원서를 쓸 수 있는 회사는 다 썼다. 유일하게 붙여 준 회사가 바로 서점이었다. 이 또한 책이 맺어 준 소중한 인연이다.

연애도 하고 직장도 생기니 세상을 바라보는 태도가 다소 덜 염세적으로 변했다. 게다가 서점에 와서 만난 책의 세계는 내가 알던 것과 달랐다. 내가 읽었던 책은 거의 읽히지 않았고, 많이 읽히는 책은 내가 읽어 본 적 없는 분야였다. 대표적인 게 동기 부여, 재테크 책. 신기하게도 읽다 보니 재밌고 관심도 갔다. 특히 결혼하고 나서 집으로 고민할 때 만난 다양한 부동산 책은 합리적인 판단과 실행을 할 때 큰 도움을 줬다. 결혼과 육아도 책으로 도움을 많이 얻었다. 『부모로 산다는 것』, 『양육가설』, 『닥치고 군대 육아』 등 두서없이 읽어 나간 책 덕분에 힘들었던 그 시기를 지날 수 있었다.

알튀세르의 '인식론적 단절'이라는 개념이 떠오른다. 헤겔 철학을 공부하던 청년 마르크스가 쓴 저작과 『자본론』으로 대표되는 후기 마르크스가 남긴 저작은 결이 다르다. 알튀세르는 마르크스주의가 계승해야 할 모습은 소외와 같은 개념에 주목한 휴머니스트 철학자 마르크스가 아니라고 말한다. 그보다는 과학적 사회주의자로서의 면모에 주목해야 한다고 주장했다. 그러니까 노동자 계급이 주체가 되어 자본주의의 폐해를 극복하고 사회주의를 실현할 수 있도록 정치경제학적·이론적 기반을 제공한 사회과학자 마르크스 말이다. 지금은 마르크스주의가 힘을 잃었고 과학적 사회주의는 대체 뭔소리냐 하는 분위기인지라 알튀세르의 주장을 진지하게 고려하는 사람은 찾아보기 어렵다. 그럼에도 알튀세르가 지적한 대로 마르크스 저서가 출간 시기에 따라 결이 많이 다른 건 사실이다.

어디 마르크스뿐인가. 프리드리히 니체가 쓴 『차라투스트라는 이렇게 말했다』와 『도덕의 계보』 역시 같은 사람이 쓴 게 맞나 싶을 정도로 문체와 구성이 다르다. 그나마 마르크스나 니체는 양반이다. 아주 희미하게나마 이 사람이 무엇에 관심이 있는지, 우리에게 뭘 말하고 싶은지 주제는 비교적 일관되니까.

당황스러운 사람은 기타 잇키(北一輝)와 같은 존재다. 젊은 시절에는 사회주의와 아나키즘에 빠졌다가 점점 군국주의와 천황주의로 흐르고 결국에는 우익 군사 쿠데타의 사상적 기반을 제공한 그에게서, 진짜 기타 잇키의 생각은 무엇이었는지를 묻는 건 무의미한 일일지도 모르겠다. 극단에서 극단으로 옮겨 간 사람으로 기타 잇키만이 유일한 사례는 아니다. 사상가는 아니지만 조제프 푸셰와 같은 정치인의 변덕은 더 심했다. 그는 공화주의자, 왕당파, 보나파르트파를 자유자재로 오가며 기요틴에 피가 마를 시간이 없었던 순간에도 살아남았다.

역사에 한 줄 올린 위인만이 아니라 대부분의 사람이 이렇게 살아간다. 여기로 갔다가, 저기로 갔다가 갈지자로 횡보한다. 한 사람이 평생에 걸쳐 쌓아올린 독서 이력은 한 길로 뻗어 나가지 않는다. 나처럼 평범한 사람이 독서 방향을 바꾸는 건 마르크스처럼 해박한 지식을 쌓아서라거나 붓다처럼 엄청난 깨달음을 갑자기 얻었다거나 하는 대단한 명분이 생겨서는 아니다. 그냥 살다 보니, 어쩌다 읽은 책의 종류가 달라질 뿐. 책의 세계는 방대하여, 삶의 순간 순간마다 그 시기에 맞는 책이 있더라. 고개를 돌려 찾아보면 있었다. 나에게 필요한 책이.

앞으로 어떤 책을 읽을지는 모르겠지만, 지금까지 경험으로 미뤄 보건대 나는 계속 책을 읽을 듯하다. 그리고 또 어떤 삶의 여정에서 책은 무기가 될 수도 있겠지.

손민규
예스24 직원, 『밥보다 등산』 저자. 부산에서 나고 자랐다. 초등학교 때부터 책을 좋아했고 지금은 예스24에서 인문, 정치·사회, 역사, 종교 도서를 담당하고 있다. 헤비메탈과 산과 책을 좋아한다.

[편집자] 〈신간 책꽂이〉에는 최근 발간된 신간 가운데
눈에 띄는 책을 골라 추천 이유와 함께 소개한다.
이 책들의 선정과 소개에 도움을 주신 분들은 다음과 같다.
김경영(알라딘 인문 담당 MD), 김수현(교보문고 인문 담당 MD),
손민규(예스24 인문 담당 MD), 안찬수(책읽는사회문화재단 상임이사),
이현진(와우컬처랩 대표) (가나다순)

『집에서 혼자 죽기를 권하다』 우에노 지즈코 지음,
이주희 옮김, 동양북스
고령화 시대의 가장 큰 관심사, '어떻게 죽는 것이 가장 행복하고
평화로운지'에 대한 화두를 던지는 책. 노후에 대한 상식을 바꿔
놓는다.(김수현)

『자기계발 수업』 안나 카타리나 샤프너 지음,
윤희기 옮김, 디플롯
기나긴 자기계발의 역사를 망라하며 공통적으로 다뤄졌던
핵심 주제 10가지를 하나씩 짚는다. 자기계발을 사회
전체 차원에서도 중요한 문제로 다루고 있다는 점 또한
인상적이다.(김수현)

『단테『신곡』 강의』 이마미치 도모노부 지음,
이영미 옮김, 교유서가
50년이 넘도록 단테를 연구해 온 저자가 매주 토요일마다
단테에 대해 강의한 내용을 단행본으로 묶은 책이니만큼,
단테의『신곡』을 향하는 최상의 가이드북이 되어 줄
것이다.(김수현)

『사라져가는 장소들의 지도』 트래비스 엘버러 지음,
성소회 옮김, 한겨레출판
기후변화 탓에 해수면이 상승하고 풍경이 사라지거나 심각하게
훼손되어 인간들의 시야에서 사라져 가는 풍경과 장소들을
보여 주며 특별히 제작된 지도와 사진으로 안타까움을
더한다.(이현진)

『머나먼 섬들의 지도』 유디트 샬란스키 지음, 권상희 옮김, 눌와
지구상 어딘가에는 분명히 존재하는 외딴섬들의 이야기.
지도책이 이렇게 재미있고 신비롭고 아름다울 수 있다니
놀랍다. 각 섬에 깃든 이야기에 홀연히 마음을 빼앗기게
된다.(김수현)

『콘텐츠 만드는 마음』 서해인 지음, 문예출판사
콘텐츠 덕후라면 이 책을 그냥 지나칠 수 없을 것이다. 콘텐츠를
만드는 마음, 소비하는 마음, 공유하는 마음…… 콘텐츠에 얽힌
모든 마음을 응원하고 싶어진다.(김수현)

『높은 자존감의 사랑법』 정아은 지음, 마름모
소설가 정아은의 시선으로 바라본 다양한 사랑의 유형. 인간은
언제 사랑에 빠지고, 사랑으로 무엇을 얻고 잃는가.(손민규)

『외모 자존감 수업』 부운주 지음, 그래도봄
누구에게나 하나쯤 있는 외모 콤플렉스. 외모 자존감을 지키는
법을 구체적인 사례와 함께 소개한다.(손민규)

『자유죽음』 장 아메리 지음, 김희상 옮김, 위즈덤하우스
저자는 '자살'이라는 말을 '자유죽음'으로 대체하자고 주장하며
여러 질문을 던진다. 죽음을 '선택'할 수 있다는 것이 갖는
함의에 대해, 존엄과 자유에 대해 생각하게 만드는 책.(김수현)

『눈물 한 방울』 이어령 지음, 김영사
시대의 지성이자 스승, 이어령은 마지막 순간까지 펜을 놓지
않았다. 삶과 죽음에 대한 단상을 끝의 끝까지 써내려 갔다. 눈물
한 방울의 의미를 반추하며 오래도록 읽고 싶은 책.(김수현)

『비터스위트』 수전 케인 지음, 정미나 옮김, 알에이치코리아
'내향인'들의 열렬한 지지를 받았던 책, 『콰이어트』의 저자
수전 케인의 신작. '달콤씁쓸한' 감정이 인생에서 어떤
역할을 하는지 다양한 연구 자료와 자전적인 이야기를 통해
내보인다.(김수현)
『콰이어트』 수전 케인의 신작. 인생은 달콤하고 쓰다. 삶을 견딜
수 있게 하는 달콤씁쓸한 감정에 관한 통찰.(손민규)

『우는 법을 잃어버린 당신에게』 김영아 지음, 쌤앤파커스
그림책에도, 심리학에도 푹 빠지게 만든다. 각종 심리학
이론을 그림책을 매개로 풀어내 지루할 틈 없이 흥미롭다.
그림책을 통해 스스로의 마음을 들여다보고 싶은 이들에게
추천한다.(김수현)

『서평의 언어』 메리케이 윌머스 지음, 송섬별 옮김, 돌베개
《런던 리뷰 오브 북스》의 전설적인 편집장 윌머스의
글들을 모았다. 때로 통쾌하고 주로 통렬한 이 글들을 통해
풍성하고 뾰족한 메리케이 세계의 매력을 충만하게 발견할
것이다.(김경영)

245

『그라시재라』 조정 지음, 이소노미아

조정 시인의 참신한 도전. 이 시집의 모든 시편은 서남 전라도 방언으로 쓰여 있다. 전남 영암이 고향이라는 조정 시인은 자신의 시가 "대부분 비 온 뒤 물꼬 터지듯 편편 기억들을 받아 적"은 것이라고 말한다. 시의 화자(말하는 사람)는 주로 할머니들이다. 그 옛날 마실꾼 할머니들이다. 할머니들의 사투리는 그냥 사투리가 아니다. 곡진한 사투리가 있어서, 할머니들의 곡진한 삶이 이야기될 수 있었다.(안찬수)

『그림자를 가지러 가야 한다』 신동호 지음, 창비

손택수 시인의 추천사를 여기에 옮기는 것이 좋겠다. "황쏘가리와 양미리와 꺽지와 메기와 피라미와 빙어와 끄리를 품은 구술세계의 웅숭깊은 수심으로부터 멸종 위기종으로 몰린 북방의 서사가 귀환했다. (……) 가족사와 성장사를 거대한 역사적 시간대에 비끄러맨 신동호 시의 도저한 여정이 빛을 발하는 대목은 뜻밖에 사소한 일상의 자리이다."(안찬수)

『그 여자는 화가 난다』 마야 리 랑그바드 지음, 손화수 옮김, 난다

입양이라는 이름으로 수출품이 된 저자는 슬픔과 분노의 언어로 국가와 인종, 사회적 계급 간의 힘의 불균형이 우리 사회에 미치는 영향을 낱낱이 밝힌다.(이현진)

『그후의 삶』 압둘라자크 구르나 지음, 강동혁 옮김, 문학동네

압둘라자크 구르나는 우리를 낯선 동아프리카의 해안으로 데려가 그 시대를 살았던 우리나라 사람들과 그다지 다르지 않았을, 지워지고 잊혀진 이들의 평범한 삶을 마주 보게 한다.(이현진)

《자음과모음》 2022 여름호(제53호) '그림책', 자음과모음

이 책은 단행본이 아니라 잡지다. 하지만 이번 추천 목록에 올리지 않을 수 없다. 이번 호는 게스트 에디터로 활약한 이지원 씨의 말처럼 "그림책이라는 세계를 구성하고 있는 여러 지점"을 살펴볼 수 있도록 기획된 '그림책 호'이다. 그림책에 관심이 있는 분이라면 놓치지 마시길.(안찬수)

『고독사 워크숍』 박지영 지음, 민음사

혼자하는 고독사를 함께하는 워크숍에 참여한 13명의 이야기. 지금 희망 없는 삶, 의미 없는 삶을 살아가고 있다면 쪽지를 받게 될 것이다. '오늘부터 고독사를 시작하시겠습니까?'(이현진)

『**출생을 넘어서**』황경문 지음, 백광열 옮김, 너머북스
대한민국을 만든 사람은 누군가? 조선에서 제2신분이었던
중인, 향리, 서얼, 서북인, 무반 가문의 활약을
분석했다.(손민규)
전환기 제2신분 집단의 부상과 사회 위계의 수정이 한국
근대성의 핵심이라고 보는 이 책은 한국 사회가 직면한
문제인 특권과 기회 불평등의 뿌리를 이해하는 데 도움을
준다.(이현진)

『**뉴욕 정신과 의사의 사람 도서관**』나종호 지음, 아몬드
낙인과 편견이 왜 심리적 문제로 이어지는지, 공감과 공존을
위해 우리는 타인을 어떻게 대해야 하는지 모색했다.(손민규)

『**계속 가보겠습니다**』임은정 지음, 메디치미디어
화제의 인물이라 할 수 있는 '검사 임은정'의 책이다. 이연주
변호사는 추천사를 통해 "이 책은 검찰판 난중일기"라고
소개한다. 실제로 이 책의 1부 제목이 '난중일기'이고, 2부의
제목은 '나는 고발한다'이다. 이 땅의 검찰을 이대로 둘 수
없다는 생각을 가지고 있는 사람이라면 읽어 보아야 할 책이다.
임 검사는 오늘도 검란(檢亂)의 소용돌이를 헤쳐 나가고
있다.(안찬수)

『**우리의 사이와 차이**』얀 그루에 지음, 손화수 옮김, 아르테
조금 다른 몸으로 살아온, 살아가는 삶에 대한 이야기. 깊이
성찰적이고 문학적인 논픽션이다. 저자의 다른 책들도 번역되어
나오길 기대한다.(김경영)

『**공정 이후의 세계**』김정희원 지음, 창비
'공정한가'. 이 마법의 질문은 복잡한 이해관계와 불평등을
덮어 한국 사회의 수많은 문제를 납작하게 만든다. 나만을 위한
공정에서 벗어나 우리가 함께 사는 더 나은 세계를 고민하고자
한다면.(김경영)

『**그림자를 이으면 길이 된다**』D 지음, 동녘
D는 그 자신이 당한 피해로부터 생존자가 된 이후 같은
고통을 겪는 이들을 위해 싸우는 전사가 되었다. 피해자,
연대자로서 깊숙이 들여다본 법정은 상식과 거리가 먼 지점이
많다.(김경영)

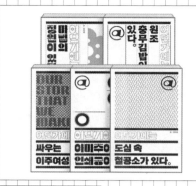

『어딘가에는 @ 있다』 시리즈
장성해·한인정·이동행·정용재·임다은 지음,
온다프레스·포도밭·이유출판·열매하나·남해의봄날
서울이 아닌, 대도시가 아닌 어딘가에서 묵묵하고 단단하게
자기 삶과 주변을 일구어 나가는 사람들의 이야기. 다섯 로컬
출판사가 함께 선보이는 멋진 발견들이다.(김경영)

『김용균, 김용균들』 권미정·림보·희음 지음, 오월의봄
김용균은 비정규직 청년 노동자, 산재 사고 피해자를 대변하는
상징적인 이름으로 남았다. 이름이 남았다면 현실도 변해야
하는데, 이름만 짙은 채로 사회는 견고하다. 김용균 재단의 첫
책.(김경영)

『톡 까놓고 이야기하는 노동: 플랫폼, 자동차 산업, 노동 정책에
대하여』, 오민규 외 지음, 숨쉬는책공장
이 책은 2021년에 진행한 세 차례의 노동 관련 좌담회
내용을 지면으로 옮기고 여러 차례 수정, 보완한 결과물. 민생
연구·지원단체 더불어삶과 노동문제연구소 해방의 오민규
연구실장이 주도적으로 좌담회를 기획했으며, 주제별로 현장
활동가 또는 노동자를 초청해서 질문을 던지고 답변을 들었다.
세 차례 좌담회의 주제는 각각 플랫폼 노동, 자동차 산업 전환,
노동 정책 비판이다. 노동 현장의 더 많은 이야기가 책으로
나와야 한다.(안찬수)

『어떤 호소의 말들』 최은숙 지음, 창비
이 세상 누군가는 들어 줘야 하는 이야기를 들어 주는 사람인
인권조사관을 통해 듣는 사연들이 안타까워 다음 장을 넘기다
보면 어느새 마지막에 다다르고 긴 여운이 남는다.(이현진)

『풍요의 시대, 무엇이 가난인가』 루스 리스터 지음, 장상미 옮김,
갈라파고스
가난은 여러 입에 자주 함부로 오르지만 사실 빈곤의 정의에
대한 사회적 합의는 성기다. '거지', '가난' 같은 단어들을
얄팍하게 사용하는 사회가 간과하는 현실의 여러 구석을 살피는
책.(김경영)

『기본소득, 공상 혹은 환상』 김공회 지음, 오월의봄
저자는 격변기마다 등장했던 기본소득을 소개하고 시기마다
현실화되지 못한 이유를 설명한다. 기본소득의 모든 문제를
해결해 줄 수 없다면 다른 대안은 무엇일까? (이현진)

『기본소득 101: 시간 주권을 잃어버린 사회』 김찬휘 지음,
스리체어스

김찬휘 씨는 현재 녹색당 공동대표이자, 기본소득한국네트워크
운영위원, 농민기본소득전국운동본부 교육홍보위원장,
선거제도개혁연대 공동대표로 활동하는 분이다. 왜 지금
기본소득인지, 기본소득이 기존 복지를 대체하는 것인지 등
기본소득에 대한 여러 가지 쟁점을 상세하게 다루고 있다.
(안찬수)

『녹색 계급의 출현』 브뤼노 라투르·니콜라이 슐츠 지음,
이규현 옮김, 이음

우리가 가야 할 길이 인간과 비인간 모두를 아우르는
시스템임을 인지한 당신, 녹색 계급이다. 브뤼노 라투르가 이
시대의 계급을 새로이 정의한 이유는 선명해 보인다. 기후붕괴
시대의 절실함과 급박함.(김경영)

『민중의 이름으로』 이보 모슬리 지음, 김정현 옮김, 녹색평론사

이 책은 오늘날의 '민주주의'는 정말로 민주주의인가를
묻으며, 대의제가 민주주의라는 착각을 버릴 때가 되었음을
주장하고 있다. 선거대의제를 채택하고 있는 '민주주의
국가'의 현실이 대부분 관료 체제와 사회 양극화의 고질병에
시달리고 있다는 것. "선거대의제는 우리에게 어떤 종류의
과두제를 가져다주었는가? 우리의 (정치)기관들과 엘리트들은
민중의 이익을 위해 봉사하고 있는가? 인간의 사악함은
법, 정부, 기관들에 의해 억제되고 있는가 아니면 오히려
조장되는가?"(안찬수)

『치유라는 이름의 폭력』 김은정 지음, 강진경·강진영 옮김,
후마니타스

장애와 질병의 극복 서사에 대한 비장애인의 기대, '치유의
판타지'는 장애, 질병 당사자에게 여러 방면의 폭력을 가한다.
근현대 한국 사회의 문화적 텍스트들을 치유 폭력의 관점으로
파헤치는 탁월한 저작.(김경영)

『여자를 위한 도시는 없다』 레슬리 컨 지음, 황가한 옮김,
열린책들

이 책에서 우리는 여자들의 도시 내 이동 방식에서부터 도시
건축물에 숨겨진 성 편향적 상징주의, 젠트리피케이션에서
여성이 갖는 역할에 대해 연구해 온 도시 사상가를 만날 수 있다.
몇 년 전, 전 세계적으로 하나의 물결처럼 휩쓸고 지나간 미투
운동을 지리환경학이라는 분야에서 만난다고 할까? (안찬수)

『성소수자 지지자를 위한 동료 시민 안내서』
지니 게인스버그 지음, 허원 옮김, 현암사
친구나 가족이 용기 내준 순간을 나의 부족함으로 망치고 싶지
않은 앨라이(ally)를 위한 필독서. 용어의 사용부터 편견에 대한
설명, 적절한 대화법까지 친절하게 알려 주는 책이다.(김경영)

『보통 일베들의 시대』 김학준 지음, 오월의봄
일베의 적은 누구이고 그들은 무엇을 욕망하는가? 혐오 표현을
구사하는 일베 이용자들의 목소리로 일상화된 '농담의 탈을 쓴
혐오'를 분석한다.(이현진)

『정상은 없다』 로이 리처드 그린커 지음, 정해영 옮김, 메멘토
낙인이 자본주의와 전쟁, 담론에 따라 어떻게 변했는지를
추적한다. 정신의학에 종사해 온 저자의 가족사도
흥미롭다.(손민규)

『타인의 기원』 토니 모리슨 지음, 이다희 옮김, 바다출판사
토니 모리슨은 묻는다. "인종은 특별한 종을 의미하는 것이며,
우리는 인류라는 종에 속할 뿐이다. 그것이 전부이다. 그렇다면
다른 것들은 다 무엇인가? 적개심은 무엇이며, 사회적
인종차별은 무엇이고, 게다가 타자화란 대체 무엇인가?"
미국과 미국 사회, 그리고 자신의 문학이 어떤 것에 뿌리를 두고
있는가에 대한 날카로운 통찰이 담겨 있는 책이다.(안찬수)

『거의 모든 전쟁의 역사』 제러미 블랙 지음,
유나영 옮김, 서해문집
각 전쟁이 세계사 전개에 어떤 영향을 줬는지 분석한다. 이 책 한
권으로 세계사 흐름을 대강 파악할 수 있다.(손민규)

『인류본사』 이희수 지음, 휴머니스트
아나톨리아 문명에서부터 오스만제국과 무굴제국에
이르기까지 오리엔트-중동 지역 역사를 한 권에 담은
책.(손민규)

『이사도라 덩컨의 영혼의 몸짓』 이사도라 덩컨 지음,
서나연 옮김, 이다북스
180여 쪽의 얇은 책이지만, 이 책에 담긴 덩컨의 메시지는
얇지 않다. "대지의 움직임, 풀과 나무와 동물의 움직임, 바람과
파도의 움직임을 연구하라. 그런 다음 아이들의 동작을 배워라.
그러면 자연 속에서 생동하는 모든 존재의 움직임은 서로
조화를 이루며 자신을 표현한다는 사실을 깨달을 것이다."
(안찬수)

『조선시대 사가기록화, 옛 그림에 담긴 조선 양반가의 특별한
순간들』박정혜 지음, 혜화1117
712쪽, 원고지 약 2,500매, 수록 도판 약 450장. 조선
사가기록화에 관한 거의 모든 걸 담았다.(손민규)

『어디에나 우리가 1』이승현 지음, 하모니북
이승현은 지리산 귀촌 4년차 청년이다. 지리산마을교육공동체
사회적협동조합에 속되어 '어디에나 우리가' 인터뷰를
진행하고 있다. 이 책은 삶의 터전으로 지리산권(경남 산청군,
경남 하동군, 경남 함양군, 전남 구례군, 전남 남원시)를 선택한
스물다섯 명의 이야기를 싣고 있다. 모든 사람이 삶의 전환이
필요한 것은 아니지만, 우리 사회 어딘가에 '이런 사람'도
있으며, '이런 메시지'도 있다는 것을 전하는 책이다.(안찬수)

『뛰는 사람』베른트 하인리히 지음, 조은영 옮김, 윌북
기본적으로 달리기 예찬론이면서 생물학적 노화와 아름다운
노년을 어떻게 조화할지에 관한 인생론.(손민규)

『그래서 우리는 달에 간다』곽재식 지음, 동아시아
우리나라에도 찾아온 우주 개발 대항해시대, 저자는 우리가
달에 가야 하는 이유를 설명하며 달에 관한 모든 것을 알려 준다.
달에는 인류의 미래가 있고 해답이 있다.(이현진)

『거의 모든 물질의 화학』김병민 지음, 현암사
우리 현실에 만연한 화학물질에 대한 두려움인 케모포비아를
합리적이고 이성적으로 이해시켜 줄 뿐 아니라 우리 주변과
자신이 화학적 결합물이듯 모든 물질에 관한 이야기까지 보여
준다.(이현진)

『병든 의료』세이머스 오마호니 지음, 권호창 옮김, 사월의책
팬데믹을 거치며 우리 사회에 의료 자원이 한정되어 있다는
것과 공공 의료체계의 확충이 필요하다는 것에 대한 공감대가
확산되었다. 인간의 삶과 죽음이 의료화한 시대에 의산
복합체에 대한 비판과 성찰은 단지 의학계만의 문제는 아닐
것이다. 또한 좀 더 인간적인 의료제도를 모색하는 일은 영국뿐
아니라 한국에서도 중요한 사회적 과제다. "의사들과 환자들
모두 의산복합체의 노예가 된 상황이지만, 이제는 모두가
반란을 일으킬 때가 되었다"는 저자의 발언은 파격적인 것만은
아니다.(안찬수)

지금 읽고 있습니다

강예린

《미스테리아》 39호
엘릭시르, 2022

처음으로 본 도면은 밀실 살인 사건을 다룬 가스통 르루의 책 『노란방의 비밀』 책 속 삽화였다. 나는 추리소설의 배경이 되는 건물과 도시의 특성을 엿보는 것에 흥미를 갖게 되었다. 여름 휴가 기간 펼쳐본 《미스테리아》 39호는 '실내범죄도감' 특집으로 서양식 주택, 모델하우스, 다세대 주택, 다가구주택, 아파트 등을 범죄를 구성하는 수행 주체로 보여 주고 있다. 범죄의 배경을 넘어서, 범죄를 구성하는 하나의 주요한 요소가 되는 공간으로서의 건축은 무엇일까?

권보드래

『어른 없는 사회: 사회수선론자가 말하는 각자도생 시대의 생존법』
우치다 타츠루 지음, 김경옥 옮김, 민들레, 2016

요즘 우리는 소비자 주체성을 삶의 기본 형식으로 삼아 버리고 마는 것이 아닐까. 우치다 타츠루는 보수와 진보의 감각을 넘나들면서, 소비자 주체성에 먹히지 않기 위해 민족국가와 아버지와 스승이 '아직' 유효하다고 역설한다. '꼰대스럽다'고 욕하기 딱 좋다. 그렇지만 마음이 움직인다.

김두얼

『차이나 쇼크, 한국의 선택: 왜 지금 중국이 문제인가?』
한청훤 지음, 사이드웨이, 2022

나처럼 중국을 전문적으로 보지 않는 사람이 중국에 대해 가지고 있는 조각난 정보들을 종합해서 이해하는 데 큰 도움이 되는 책이다.

김영민

『나사와 검은 물』
쓰게 요시하루·야마시타 유지 지음, 한윤아 옮김, 타이그레스온페이퍼, 2022

타이그레스온페이퍼가 마침내 쓰게 요시하루의 만화집을 출간했다. 쓰게 요시하루는 일본 만화의 숨은 신이다.

김홍중

『조립식 보리수나무』
조하형 지음, 문학과 지성, 2008

드라이(dry)하고 산문적인 아포칼립스 재난 소설. 모든 것이 불탄다. 참과 거짓 모두.

박진호

『활자본색: 우리가 몰랐던 조선 활자 이야기』
이재정 지음, 책과함께, 2022

국립중앙박물관 등에서 오랫동안 잠자고 있던 조선의 금속활자 실물을 발굴하고 세상에 소개한 이의 생생한 증언이 담겨 있다. 우리나라가 세계 최초로 금속활자를 발명했다는 표면적 사실에 그치지 않고 그 이면으로 한 걸음 더 들어가서 알아보고 싶은 이들을 위한 좋은 안내서이다.

송지우

WHAT WE OWE THE FUTURE
William MacAskill, ONEWORLD EXPORT, 2022

장기적 미래에 긍정적 영향을 끼치는 것이 "우리 시대의 핵심 도덕적 우선순위(key moral priority of our time)"라는 장기주의(longtermism)를 설파하는 신간. 논증은 의문을 남기지만 대중적으로 영향력 있는 책이다.

심채경

『우주의 바다로 간다면』
케빈 피터 핸드 지음, 조은영 옮김, 해나무, 2022

고전적인 골디락스 영역은 잠시 잊자. 지구 밖 생명체가 존재할 수 있는 후보지로 얼음 천체들의 깊은 바다를 지목하는 이유.

조문영

『하얼빈』
김훈 지음, 문학동네, 2022

오래 전 현지조사를 했던 하얼빈에 대한 그리움에 덥석 읽기 시작했다. 그런데 소설 중반이 지나서야 안중근과 이토가 하얼빈에서 아주 잠시 만났다. 소설 속 안중근은 그의 총처럼 올곧고 선명하다. 외려 이토의 번잡한 고민에, 김아려의 침묵에 눈길이 갔다.

홍성욱

『인류세의 인문학: 기후변화 시대에서 지속가능성의 시대로』
캐럴린 머천트 지음, 우석영 옮김, 동아시아, 2022

이제는 고전의 반열에 오른 『자연의 죽음』의 저자 캐럴린 머천트가 인류세로 돌아왔다. 지붕마다 태양광 전지판, 차고마다 자전거, 그리고 뒤뜰마다 채소들. 이렇게 세상은 바뀔 수 있다.

『칼의 노래』를 넘어서는 김훈의 새로운 대표작

'영웅'의 그늘을 걷어낸
청년 안중근의 가장 치열했던 일주일

세상에 맨몸으로 맞선 안중근의
망설임과 고뇌, 그리고 투신

하얼빈

김훈 장편소설

그에게 이순신이 '현실주의자'라면, 안중근은 희망으로 나아가는 청춘이다. _MBC

『하얼빈』의 힘과 감동은 무엇보다 두 청년이 뿜어내는 '에너지'에서 온다. _한겨레

김훈은 역사적 인물의 내면에 밀착한 글쓰기에 능하다. 건조한 문장으로 쌓아올린 표현은 매우 꼼꼼하다.
『하얼빈』에서도 이런 강점을 유감없이 발휘했다. _한국일보

www.munhak.com 문학동네

인간은 왜 계속 편을 가르는가?

"우리 시대를 위한 책이다.
당파성 현상을 균형감 있으면서도 빼어나게 조명한다"

스티븐 핑커

우리편 편향

신념은 어떻게 편향이 되는가?

The Bias
That
Divides
Us

키스 E. 스타노비치 지음 김홍옥 옮김

The Science and Politics
of Myside Thinking

바다출판사

우리편 편향

아무리 똑똑한 사람도 편을 가르면 편향이 시작된다

키스 E. 스타노비치 지음 | 김홍옥 옮김 | 17,800원

과학적 심리학의 선도자, 스타노비치 교수가 전하는
편가르기의 본성과 과학

100만부 밀리언셀러 『아몬드』의 손원평이 이 시대에 보내는 강력한 응원

운명을 바꾸기로 결심한 한 남자의 인생 개조 프로젝트

이 맛깔스러운 소설엔 단맛, 짠맛, 신맛, 매운맛이 모두 잘 어우러져 있으며 초라한 토스트에 발라진 버터처럼 참신한 유머가 소설 전편을 부드럽게 감싸고 있다. **천명관** 소설가

누군가는 말한다. 세상에는 우리의 힘으로 바꿀 수 없는 일들이 있다고. 이 책은 그 수면 위에 잔잔한 물결을 그려내기 충분한 돌멩이다. **남다름** 배우

『튜브』는 실패조차 흔하고 평범해서 아무도 주의를 기울이지 않는 이들의 낙담에 작가가 보내는 응원가인 셈이다. **한겨레**

적당한 속도감에 유머러스한 문장, 섬세한 표현이 잘 어우러졌다. 작가의 유머는 무거운 소재를 다룰 때 더 빛난다. **한국일보**

뻔한 성공담으로 끝나지 않는다. 튜브는 언제든 찢어질 수 있지만, 그럴 때마다 포기하지 않는 법이 중요하다고 말해준다. **조선일보**

출간 즉시 베스트셀러!

"실패한 내 인생도 다시 떠오를 기회가 있을까?"

튜브

손 원 평 장 편 소 설

값 15,000원

창비
Changbi Publishers

29일간의
독서모임

서울리뷰오브북스의 독자분들을
29일간의 특별한 독서모임에 초대합니다.

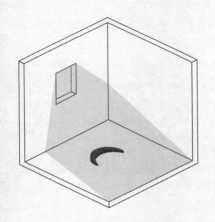

더 나은 지식공론장을 만들기 위해 노력하는
서울리뷰오브북스가 독서플랫폼
그믐과 온라인 독서모임을 진행합니다.

서울리뷰오브북스 7호를 함께 읽고
서평의 저자들, 다양한 독자들과 함께 생각을
나누고 성장하는 경험에 참여해 보세요.

서울리뷰오브북스 X 그믐 독서모임

모임 기간
2022년 9월 20일 ~10월 18일 (29일)

활동 내용
"서울리뷰오브북스 7호"를 읽으며, 서평의 저자들과 함께 생각을 나누고 성장하기
(서울리뷰오브북스 구독자분들은 모임 기간 중 자유롭게 독서모임에 참여하실 수 있습니다.)

그믐에서 참여하세요.

www.gmeum.com

사월의눈 사진책

나에게 완벽히 어울리는 곳은 존재하지 않겠지만,
제자리가 어디인지 알지 못한 채 계속 헤매야 하는 걸까.
나는 어디쯤 있는지, 진짜 있어야 할 곳은 어디인지
알 수 없다. — 이정은

사진책은 사진을 어항에 가두지 않는다.
사진과 이미지들을 새로운 물에 살아있는 물고기처럼
풀어놓는 것이 사진책의 이상일 것이다. — 정병규

개 한 마리는 이 모든 생태적 요소들을 함축하고 있는
하나의 시적 존재이다. 북한산은 찡찡이와 단비라는 작품으로
자신을 표현하는 것이다. — 권도연

주제에 대한 해박함과 이에 대한
저자의 관계를 밑바탕으로 아이디어를
가장 효율적으로 전달하는 공동의
모색은 끈끈한 협업 관계의 기초다.
이로 인해 책은 편집자 혹은 디자이너
중심이 되기 보다는, 제3의 미지의
영역으로 나아간다.
— 스튜어트 베르톨로티-베일리

www.aprilsnow.kr

2022 한국에서 가장 아름다운 책

서평은 그 자체로 하나의 우주이다

당신에게 서평은 〇〇〇〇〇입니까?
우리에게 서평은 생각의 공명입니다!

한국에도 서평 전문지가 필요합니다
하루에도 수십 권의 책이 쏟아져 나오는 시대, '어떤' 책을 '왜' 읽어야 하는가?
《서울리뷰오브북스》는 그 답을 서평에서 찾습니다.

더 나은 지식 공론장을 만들기 위한 서평 전문지
《서울리뷰오브북스》를 만드는 13인의 편집진은 오랜 토론을 거쳐서 주제와
책을 선정하고 서평을 쓴 뒤에, 이를 내부에서 돌려가며 읽으면서 비판을 듣고,
이런 비판을 반영해서 글을 고칩니다. 타인의 책을 비평하고 비판하듯이,
우리 자신들의 글도 같은 비판의 과정을 거칩니다.

책을 아끼고 좋아하는 분들과 함께 이 우주를 담고 싶습니다
그리고 우리는 독자들과 공감하는 글을 만들기 위해 독자들의 의견을
수렴하고 반영하는 개방된 창구를 항상 열어둘 것입니다. 우리 역시
"계속 해답을 찾아 나가는" 존재가 되어《서울리뷰오브북스》를
틀과 틀이 부딪치는 공론장으로 만들어 가겠습니다.

정기구독 및 뉴스레터 구독 문의
seoulreviewofbooks@naver.com
자세한 사항은 QR코드를 스캔해 주세요.

📷 @seoul_reviewofbooks

서울리뷰오브북스
Seoul Review of Books

서울리뷰오브북스
Seoul Review of Books

작가: 박경종
제목: Tagman
제작년도: 2018년

발행일	2022년 9월 5일
발행인	홍성욱
편집위원	강예린, 권보드래, 김두얼, 김영민, 김홍중, 송지우, 심채경, 박진호, 박 훈, 이석재, 조문영, 홍성욱

편집장	홍성욱
책임편집	권보드래
출판PM	알렙
편집	표선아
디자인	정재완
사진 촬영	임효진
제작	(주)민언프린텍

발행처	(사)서울서평포럼
등록일	2020년 12월 4일
등록번호	서초, 바00195호
주소	서울시 서초구 반포대로13길 33, 3층 301호(서초동)
전자우편	seoulreviewofbooks@naver.com
웹사이트	www.seoulreviewofbooks.com

구독 문의	seoulreviewofbooks@naver.com
정기구독	60,000원 (1년/4권) → 50,000원(17% 할인)

자세한 사항은 QR코드를 스캔해 주세요.

광고 문의   출판, 전시, 공연 등 다양한 영역에서 서울리뷰오브북스의 파트너가 되어 주실 분들을 찾습니다. 제휴 및 광고 문의는 seoulreviewofbooks@naver.com로 부탁드립니다. 단, 서울리뷰오브북스에 실리는 서평은 광고와는 무관합니다.

ISSN 2765-1053   23   값 15,000원

사용 서체

평균 Regular Radical

산돌명조네오1

산돌고딕네오1

본고딕

을유1945

서울리뷰오브북스는 한국고등교육재단의 후원을 받고 있습니다.